Naslagwerk Nederlands

helder

met schrijf- en spreekkaders die werken

Carl-Jan Van den Wijngaerde
Tina Boeykens Bart Vandenberghe

Nederlands

Fotoverantwoording
Corbis: p. 66, 67, 170 (x 2), 175 (x 3), 180 (x 2), 183, 190, 191, 194, 196 (x 2), 200, 206, 207.

Kaftontwerp: Inge Tanghe

2de druk, 3de oplage 2014

© 2010 Uitgeverij De Boeck nv, Berchem
Verantwoordelijke uitgever: Uitgeverij De Boeck nv, Belpairestraat 20, 2600 Berchem

Alle rechten voorbehouden. Behoudens de uitdrukkelijk bij wet bepaalde uitzonderingen mag niets uit deze uitgave worden verveelvoudigd, opgeslagen in en geautomatiseerd gegevensbestand of openbaar gemaakt, op welke wijze ook, zonder de voorafgaande en schriftelijke toestemming van de uitgever.
De uitgever en de auteurs streven permanent naar een volledige betrouwbaarheid van de gepubliceerde informatie, zij kunnen voor die informatie en de toepassing ervan echter niet aansprakelijk gesteld worden.
De uitgever heeft geprobeerd rechthebbenden te contacteren. Mogelijk is dat niet in alle gevallen gelukt. Wie toch denkt rechten te kunnen doen gelden, wordt verzocht contact op te nemen met de uitgever.

Wettelijk depot: 2010/9442/195
ISBN 978 90 455 3294 3
NUR 116

VOORWOORD

Helder Nederlands vertrekt vanuit de verschillende taken die in de eindtermen en diverse leerplannen van het secundair onderwijs vermeld staan en voegt daar nog enkele aan toe die in het middelbaar onderwijs gangbaar zijn. Zo krijgen leerlingen in haast alle vakken de opdracht om begrippen met elkaar te vergelijken – een voorbeeld van de fameuze *instructietaal*. Daarom mag de vergelijkingsstructuur hier niet ontbreken. Hetzelfde geldt voor de telefoonmemo, een handig kader om zakelijke telefoongesprekken overzichtelijk te ordenen.

Het onderdeel over het *communicatieschema* legt de nadruk op de verschillende strategieën en stappen die de taalgebruiker in acht moet nemen om zijn boodschap zonder ruis over te brengen. Inhoud, structuur, taalgebruik en vorm zijn de vier basisgegevens die telkens meegenomen moeten worden in de uitvoering van taaltaken. De hoofdstukken over *luisteren* en *spreken* geven een overzicht van de verschillende strategieën die de lezer of luisteraar kan toepassen om op basis van het doel dat hij zichzelf gesteld heeft, het maximum aan informatie uit een luister- of leestekst te halen. De argumentatieleer is ondergebracht bij spreken, maar had met andere, aangepaste voorbeelden ook bij schrijven kunnen staan. De voorbeelden zijn uit de spreektaal gekozen, omdat ze in gesproken vorm vaak moeilijker te herkennen zijn, juist door de snelheid en vluchtigheid ervan.

Hoofdstuk 2 over *efficiënt taalgebruik* en hoofdstuk 3 over *spelling* en *leestekens* bieden informatie ter ondersteuning van de vaardigheden. Zij behandelen resp. het taalgebruik en de vormelijke aspecten waarop in de paragraaf over het communicatieschema al gewezen werd. Hoofdstuk 4 geeft een overzicht van de grammaticale termen en regels om tot correct taalgebruik te komen. Het is bedoeld als naslagwerk, een hulp bij het zo juist mogelijk formuleren. Ook andere taalkundige begrippen komen hier aan bod.

In een naslagwerk over Nederlands mocht de literatuur niet ontbreken. We zijn er ons van bewust dat hierover boekdelen en encyclopedieën volgeschreven zijn. De keuze van de lemma's is dan ook ingegeven door wat in de verschillende leerplannen voorop wordt gesteld.

Helder Nederlands biedt handvatten om taaltaken efficiënt aan te pakken zonder veel complexen. We hopen dat ieder die zich van de Nederlandse taal wil bedienen daardoor spreek- en schrijfdurf krijgt en meer zelfvertrouwen ontwikkelt.

Waar het op aankomt, is wat je uiteindelijk doet met taal.
Deze handleiding wil van de lezer een gebruiker maken en hem op weg zetten.

De auteurs

INHOUD

HOOFDSTUK 1 — Communicatieproces — 11

1 Het communicatieproces — 11

- Wat is communicatie? — 11
- Hoe werkt communicatie? — 11
- Wanneer werkt communicatie? — 12
- Hoe efficiënt communiceren? — 12
  - Informatieve boodschap — 12
  - Instructieve boodschap — 12
  - Persuasieve en activerende boodschap — 12

2 Schrijven — 13

- Beargumenteerde en gedocumenteerde tekst — 13
- Bibliografie opstellen — 15
- Curriculum Vitae — 17
- Informatie over jezelf — 19
- Instructie — 20
- Interview — 21
- Leesbalansverslag — 22
- Lezersbrief — 23
- Persoonsbeschrijving — 25
- Recensie — 26
- Schema — 29
- Synthese of samenvatting — 32
- Sollicitatiebrief — 34
- Sollicitatiebrief voor een vakantiejob — 37
- Vaste tekststructuren — 39
  - Hoe bouw je een tekst op? — 39
  - Evaluatiestructuur — 40
  - Maatregelstructuur — 42
  - Onderzoeksstructuur — 43
  - Probleemstructuur — 45
  - Vergelijkingsstructuur — 47
- Telefoonmemo — 49
- Uitnodiging — 50
- Verslag van een vergadering — 52
- Verslag van een wetenschappelijke proef — 55
- Verslag van een gebeurtenis — 57
- Zakelijke brief — 59
- Zakelijke e-mail — 61

3 Spreken — 63

- Argumentatie — 63
  - Soorten argumenten — 63
  - Drogredenen — 64
- Instructie — 66
- Interview — 68
- Presentatie — 70
- Presenteren met PowerPoint — 73
- Sollicitatiegesprek — 74
- Telefoongesprek — 76
  - Jij wordt opgebeld — 76
  - Jij belt op — 77
- Vergadering — 78

4 Lezen — 81

5 Luisteren en kijken — 82

HOOFDSTUK 2 Efficiënt taalgebruik 83

Aantrekkelijke taal

- Afwisseling in de zinsbouw 83
- Naamwoordstijl of nominalisering 88
- Omslachtige taal 89
- Passivitis 91
- Pleonasme 90
- Tautologie 90
- Woordherhaling 97
- Zinslengte 98

Correcte taal

- Barbarisme (anglicisme, gallicisme, germanisme) 92
- Beknopte bijzin 83
- Congruentie 84
- Contaminatie 90
- Correcte zinsbouw 85
- Dialectisme 92
- Dubbele ontkenning 85
- Genus of woordgeslacht 86
- Inversie (tantebetjestijl) 87
- Onvolledige zinnen 90 (de ellips of weglating)
- Purisme 92
- Samentrekking 91
- Verwarde woorden 93
- Verwijzing of verwijswoord 96
- Volgorde van de werkwoorden 96

Gepaste taal

- Cliché 84
- Gevoelswaarde 88
- Modetaal 84
- Stijlbreuk 93
- Stijlverschillen of registers 93
  - *Archaïsche of ouderwetse taal* 94
  - *Formele taal* 94
  - *Informele taal* 94
  - *Vulgaire taal* 94

Heldere taal

- Dubbelzinnige taal (ambigue taal of ambiguïteit, eenduidigheid en meerduidigheid) 86
- Moeilijke woorden 88
- Ongenuanceerde taal 89
- Tangconstructie 95
- Vage woorden 96

HOOFDSTUK 3 Spelling en leestekens 99

1 Spelling 99

- Algemene spellingprincipes van de Nederlandse taal 99
- Aaneenschrijven 99
- Aanspreektitel, eretitel, beroep 101
- Aardrijkskundige namen 101
- Afkortingen 101
- Bezitsvorm (genitief): -s, 's of '? 102
- Bijwoorden: waar, daar, hier, er 103
- Eigennamen en soortnamen 103
- Getallen: hoofdtelwoorden 100), rangtelwoorden (100ste) en breuken 104
- Godsdienstige of heiligennamen 105
- Historische gebeurtenissen en periodes 105
- Hoofdletters 106
- Initiaalwoorden 107
- Koppelteken of liggend streepje 107
- Letters 109
- Letterwoorden en verkortingen 109
- Meervouden 109
- Namen van dagen, maanden en feesten 110
- Namen van munten 110
- Namen van organisaties, instellingen, bedrijven, merken ... 110
- Talen 111
- Te veel en te kort 111
- Titels van boeken, films, kranten, dvd's, cd-roms ... 111
- Tussenklank -(e)n in afleidingen 112
- Tussenklank -(e)n in samenstellingen 112
- Tussenklank -s in afleidingen 113
- Verkleinwoorden 113
- Volkeren en etnische groepen 114
- Vreemde woorden uit het Duits 114
- Vreemde woorden uit het Engels 114
- Vreemde woorden uit het Frans 115
- Werkwoorden: vervoeging 115
- Werkwoorden van Engelse oorsprong 118
- Woordafbreking 119

2 Leestekens 120

- Aanhalingstekens (" ") of (' ') 120
- Beletselteken (...) 121
- Dubbele punt of dubbelpunt (:) 121
- Gedachtestreep (−) 121
- Haakjes ( ) 122
- Komma (,) 123
- Punt (.) 125
- Puntkomma of kommapunt (;) 125
- Uitroepteken (!) 126
- Vraagteken (?) 126

HOOFDSTUK 4 — Taalkundig lexicon — 127

1 Klanken

Intonatie	141
Klanksymboliek	143
Stemhebbende medeklinker	151
Stemloze medeklinker	151

2 Woorden

■ **Woordsoorten**	127/161
Bijvoeglijk naamwoord (adjectief)	133
Bijwoord	133
• Voegwoordelijk bijwoord	156
• Voornaamwoordelijk bijwoord	157
Breuk(getal)	152
Functiewoord	138
Lidwoord	143
Telwoord	152
• Hoofdtelwoord	152
• Rangtelwoord	152
Tussenwerpsel	153
Voegwoord	156
Voornaamwoord	127
• Aanwijzend voornaamwoord	131
• Betrekkelijk voornaamwoord	132
• Bezittelijk voornaamwoord	132
• Onbepaald voornaamwoord	147
• Persoonlijk voornaamwoord	149
• Vragend voornaamwoord	157
• Wederkerend voornaamwoord	158
• Wederkerig voornaamwoord	158
Voorzetsel	157
Werkwoord	158
• Deelwoord	134
— Tegenwoordig deelwoord	134
— Voltooid deelwoord	134
• Getal	138
— Enkelvoud	139
— Meervoud	139
• Inversie	141
• Persoonsvorm	149
• Soorten	
— Hulpwerkwoord	159
— Koppelwerkwoord	158
— Onovergankelijk of intransitief werkwoord	159
— Onpersoonlijk werkwoord	159
— Overgankelijk of transitief werkwoord	159
— Wederkerend of reflexief werkwoord	159
— Zelfstandig werkwoord	158
• Vervoeging	155
— Onregelmatig werkwoord	155
— Regelmatig werkwoord	155
— Uitgang	153
• Werkwoordstijd	159
— Tegenwoordige tijden	159
— Toekomende tijden	159
— Verleden tijden	159
• Wijs of wijze	160
— Aanvoegende wijs of conjunctief	160
— Aantonende wijs of indicatief	160
— Gebiedende wijs of imperatief	138
— Onbepaalde wijs of infinitief	141
Zelfstandig naamwoord (substantief)	163

■ **Woordvorm(ing)**	162
Achtervoegsel of suffix	162
Affix	131
Afleiding	162
Getal	138
• Enkelvoud	139
• Meervoud	139
Flexie	137
Genus of woordgeslacht	138
Grondwoord	140
Kernwoord	142
Samenstellende afleiding	163
Samenstelling	162
Trappen van vergelijking	152
• Overtreffende trap of superlatief	152
• Stellende trap	152
• Vergrotende trap of comparatief	152
Uitgang	153
Verbuiging	155
Voorvoegsel of prefix	162
■ **Herkomst**	136
Bastaardwoord	146
Beeldspraak	146
Eponiem	136
Etymologie	137
Geoniem	138
Klanksymboliek	143
Klanknabootsing of onomatopee	143
Leenwoord	146
Metafoor	146
Metoniem	146
Neologisme	146
Ontlening	146
Verkorting	146
Volksetymologie	137
Vreemd woord	146
Woordschepping	146
Woordvorming	162

3 De zin

- **Soorten en delen** 128
  - Actieve zin 148
  - Bevelende zin 164
  - Bevestigende zin 132
  - Bijzin 134
  - Directe rede 135
  - Enkelvoudige zin 136
  - Indirecte rede 135
  - Kernwoord 142
  - Mededelende zin 164
  - Nevenschikking 146
  - Onderschikking 147
  - Ontkennende zin 132
  - Onvolledige of elliptische zin 164
  - Passieve zin 148
  - Samengestelde zin 136
  - Signaalwoord 154
  - Uitroepende zin 164
  - Verbindingswoord 154
  - Vragende zin 164
  - Woordgroep 161
  - Zinsdeel 165
  - Zinsdeelstuk 166

- **Functies in de zin** 129
  - Antecedent 132
  - Bepaling van gesteldheid 130
  - Bijstelling 133
  - Bijvoeglijke bepaling 133
  - Bijwoordelijke bepaling 134
  - Gezegde 139
  - Handelend voorwerp 140
  - Lijdend voorwerp 144
  - Meewerkend voorwerp 144
  - Naamwoordelijk gezegde 139
  - Onderwerp 148
  - Predicaat 150
  - Signaalwoord en verbindingswoord 154
  - Verwijswoord of verwijzing 155
  - Voorzetselvoorwerp 157
  - Werkwoordelijk gezegde 139
  - Zinsontleding 166

- **Modaliteit** 144

Betekenis en woordverbanden 161

- Antoniem 162
- Denotatie 139
- Dysfemisme 137
- Eufemisme 137
- Figuurlijk 143
- Gevoelswaarde of connotatie 139
- Homofoon 162
- Homograaf of homogram 162
- Homoniem 162
- Hyperoniem 162
- Hyponiem 162
- Letterlijk 143
- Polysemie 149
- Synoniem 161

- **Woordenboeken** 160
  - AN-woordenboek 160
  - Dialectwoordenboek 160
  - Etymologisch woordenboek 160
  - Lemma 143
  - Lexicaal 143
  - Lexicon 143
  - Spellingwoordenboek 160
  - Spreekwoordenboek 160
  - Synoniemenwoordenboek 161
  - Systematisch woordenboek 161
  - Uitspraakwoordenboek 161
  - Vak- of terminologisch woordenboek 161
  - Verklarend woordenboek 160
  - Vertaalwoordenboek 160

4 Talen en taalvarianten

- **Talen**
  - Afrikaans 131
  - Indo-Europees 141
  - Nederlands 145
    - Middelnederlands
    - modern of Nieuwnederlands
    - Oudnederlands

- **Taalvarianten of -variëteiten** 151
  - Algemeen Cités 142
  - AN of Algemeen Nederlands 150
  - Bargoens 132
  - Contextuele taalvariant 151
  - Dialect of streektaal 135
  - Etnolect of etnisch Nederlands 137
  - Geografische of regionale taalvariant 151
  - Historische of diachrone taalvariant 151
  - Idiolect 141
  - Individuele taalvariant 151
  - Jargon 142
  - Jongerentaal 142
  - Poldernederlands 151
  - Slang 150
  - Sociale taalvariant 151
  - Sociolect of groepstaal 150
  - Standaardtaal 150
  - Standaardnederlands 150
  - Straattaal 142
  - Tussentaal of Verkavelingsvlaams 152
  - Vaktaal 153
  - VRT-Nederlands 151

5 Taalkunde of linguïstiek

- Fonetiek of klankleer 151
- Morfologie of vormleer 151
- Semantiek of betekenisleer 151
- Syntaxis of zinsleer 151

HOOFDSTUK 5 — Literair lexicon — 167

1 Algemeen

Fictie 180
Adolescentenliteratuur 167
Experimentele literatuur 179
Jeugdliteratuur 184
Poëzie 193
Proza 194
Triviaalliteratuur 208
Utopische literatuur 209

Non-fictie (of didactiek) 191

2 Genres 191

Lyriek 187
Acrostichon 167
Ballade 170
Elegie (treurlied, treurzang, grafdicht, klaaglied, klaagzang) 177
Fabel 179
Haiku 181
Limerick 187
Ode 191
Sonnet 203

Epiek 177
Verhaalsoorten
- Autobiografie 170
- Dierenverhaal 176
- Epos of heldendicht 178
- Fantasy 180
- Groteske 181
- Kortverhaal of short story 186
- Legende 187
- Mythe 190
- Novelle 191
- Roman 198
- Sage 201
- Sprookje 203
- Stadssage of broodje-aap(verhaal) 204
- Striproman of graphic novel 205

Romansoorten 198
- Antiroman 169
- Avonturenroman 198
- Dagboekroman 198
- Detective(roman) 198
- Documentaire roman of faction 198
- Fantasy 180
- Griezelroman of horrorroman 199
- Historische roman 199
- Ideeënroman of filosofische roman 199
- Initiatieroman 199
- Misdaadroman 199
- Ontwikkelingsroman 200
- Psychologische roman 199
- Sciencefictionroman 199
- Sociale roman 199
- Tendensroman 200
- Tijdroman 200
- Toekomstroman 200
- Thriller 199

Dramatiek 176
Podium
- Cabaret 171
- Docudrama 176
- Klucht 186
- Komedie of blijspel 186
- Melodrama 188
- Monoloog 189
- Sketch 202
- Stand-upcomedy 204
- Tragedie of treurspel 208
- Tragikomedie 208

Radio, televisie of film
- Docudrama 176
- Luister- of hoorspel 187
- Reality-tv 194
- Sitcom 202
- Soap (opera) 203

Didactiek 176
Autobiografie 170
Column 173
Essay 178
Recensie 195
Rede(voering) 195
Retorica of redekunst 197

3 Poëtische technieken

■ Basisbegrippen
Enjambement	177
Metrum of versmaat	188
Refrein	195
Strofe (distichon, terzine, kwatrijn, stanza)	205
Vers	210
Vrij Vers	211

■ Rijm
Acconsonantie	197
Alliteratie	197
Assonantie	197
Binnenrijm	197
Eindrijm	197
Mannelijk of staand rijm	197
Middenrijm	197
Rijmschema	198
Ritme	198
Vrouwelijk of slepend rijm	197

4 Verhaaltechnieken (epiek en dramatiek)

■ Basisbegrippen/opbouw
Ab ovo	183
Anachronisme	168
Anticlimax	169
Chronologische volgorde	172
Cirkelstructuur	172
Citaat	172
Cliffhanger	173
Climax	173
Crisis	173
Deus ex machina	175
Dramatische ironie	176
Epiloog	178
Flashback of vooruitwijzing	181
Flashforward of terugverwijzing	181
Illusie	182
In medias res	183
Intrige	184
Kaderverhaal of raamvertelling	184
Karaktertekening	185
Keerpunt of wending	186
Leidmotief	190
Motief	190
Motorisch moment	190
Ontknoping	191
Open einde	192
Personage	192
Plot	192
Post rem	193
Proloog	194
Ritme	198
Ruimte	201
Stijl	205
Structuur of opbouw	205
Thema	207
Tijd	208
Verhaallijn	210
Verteller (vertelstandpunt, vertelperspectief, vertelsituatie)	210
Vertraging of retardering	211

■ Personages
Antagonist	168
Antiheld	169
Dramatis personae	176
Held	182
Protagonist	194
Rond karakter	185
Stereotype	204
Type	209
Vlak karakter	185

5 Dramatische technieken (zie ook verhaaltechnieken)

■ Basisbegrippen/opbouw
Bedrijf of akte	171
Catharsis	172
Dialoog	175
Drie eenheden	177
Monoloog	189
Scenario of script	202
Scène	202
Sketch	202
Structuur of opbouw	205
Toneel	207
Vervreemdingseffect	211

■ Theaterproductie
Decor	175
Dictie	176
Dramaturg	177
Enscenering of mise-en-scène	177
Mimiek	189
Podium	202
Regie	196
Regisseur	196
Rekwisieten of toneelattributen	196
Scène	202
Toneel	208

6 Taalgebruik

Beeldspraak 171
- Allegorie 171
- Metafoor 171
- Metoniem 171
- Personificatie 171
- Vergelijking 171

Stijlfiguren (retorische figuren) 205
- Allusie of zinspeling 168
- Anagram 168
- Antropomorfisme 169
- Associatie 169
- Contradictio in terminis 173
- Epitheton 178
- Oxymoron 191
- Paradox 192
- Retorische vraag 197
- Stijlfiguur 205

7 Humor 182

Soorten
- Absurde humor (kolder, nonsens) 167
- Cynisme 174
- Ironie 184
- Parodie 192
- Sarcasme 201
- Satire 201
- Zwarte humor of galgenhumor 212

Technieken
- Allusie 168
- Karikatuur 185
- Karakterhumor 185
- Pointe of clou 193
- Situatiehumor 203
- Taalhumor 182
- Understatement 209
- Woordspel(ing) 212

8 Stromingen, perioden, opvattingen

- Avant-garde 170
- Barok 170
- Dadaïsme 174
- Decadentisme 180
- Estheticisme 180
- Existentialisme 178
- Expressionisme 179
- Fin de siècle 180
- Humanisme 182
- Impressionisme 183
- Intertekstualiteit 183
- Kunst om de kunst 168
- Magisch realisme 188
- Modernisme 189
- Naturalisme 190
- Nieuwe zakelijkheid 191
- Postmodernisme 193
- Realisme 194
- Renaissance 196
- Romantiek 200
- Surrealisme 206
- Symbolisme 207
- Verlichting of aufklärung 210
- Vitalisme 179

COMMUNICATIE

1 Het communicatieproces

Wat is communicatie?

Communicatie ontstaat wanneer je aan iemand anders iets laat weten met een bepaald doel. Jij bent dan de **zender**, de ander is de **ontvanger**. Wat je wilt overbrengen is de **boodschap**. Die boodschap kun je via verschillende **kanalen** of **media** overbrengen. Meestal gebeurt dit mondeling, maar het kan ook schriftelijk (bv. met een e-mail of in een krant) of audiovisueel (bv. over de tv).

Verder maken we altijd gebruik van een bepaalde **code**. Als het om een taal gaat zoals het Nederlands of Engels, dan gebeurt de communicatie verbaal. We spreken van non-verbale communicatie als we een beroep doen op allerlei gebaren of tekens, bv. lichaamstaal (bv. een knipoog), gebarentaal, pictogrammen of rooksignalen. Om je boodschap goed over te brengen, moet je je taal extra verzorgen, vooral de woordkeuze, en zinsbouw. Bij mondelinge communicatie zijn intonatie en uitspraak belangrijk, terwijl bij schriftelijk taalgebruik spelling, zinsbouw, alinea-indeling ... een rol spelen. De ontvanger decodeert ten slotte de boodschap. Er is sprake van **ruis** wanneer de boodschap niet aankomt of verkeerd begrepen wordt. Met de **situatie** bedoelen we de omstandigheden waarbinnen de communicatie plaatsvindt, bv. een gesprek met vrienden of de directeur.

 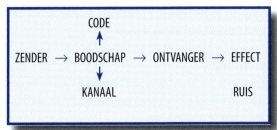

Hoe werkt communicatie?

Communicatie gebeurt altijd met een bepaald doel:
- informeren (informatief doel): de zender wil kennis en feiten overbrengen;
- instrueren (instructief doel): de zender wil nieuwe vaardigheden aanleren;
- overtuigen (persuasief doel): de zender wil de mening, opvattingen of houding van de ontvanger veranderen;
- activeren (activerend of motiverend doel): de zender wil de ontvanger tot iets aansporen, d.w.z. invloed uitoefenen op zijn gedrag;
- amuseren (amuserend doel): de zender wil de ontvanger vermaken;
- ontroeren (affectief of emotioneel doel): de zender wil emoties, gevoelens opwekken. Dat gebeurt via kunst, bv. de literatuur.

In de praktijk is er vaak sprake van een mengeling van doelen. Een goed voorbeeld daarvan is reclame. Wil je iemand ertoe aanzetten iets te kopen, dan moet je niet alleen inspelen op zijn gevoelens, maar daarnaast ook informatie over het product geven.

Wanneer werkt communicatie?

Om de communicatie te doen slagen, moet je een aantal stappen ondernemen.
- Houd een spreek- of schrijf**doel** voor ogen. Wat wil je als zender bereiken?
- Maak gebruik van **strategieën**. Een strategie is een **stappenplan** dat je volgt om je doel te bereiken. Je stelt dus een spreek- of schrijfplan op. Dit is vaak opgebouwd volgens het OVUR-principe: oriënteren – voorbereiden – uitvoeren – reflecteren.
- Vorm je een beeld van je lezers of luisteraars. Wie is je **doelpubliek**?

Hoe efficiënt communiceren?

Hoe een **informatieve boodschap** efficiënt overbrengen?
- De **inhoud** van de informatie moet aansluiten bij de **voorkennis** van de ontvanger. Is de boodschap te moeilijk, dan haakt de ontvanger af. Hetzelfde gebeurt bij een te gemakkelijke boodschap, want die kent de ontvanger al. In beide gevallen zal de lezer of toehoorder de aandacht die hij aan de boodschap moet besteden, bestempelen als verloren tijd en moeite.
- Breng **structuur** aan in je boodschap. Een goede structuur bevat een inleiding, midden en slot.
- Let op het **taalgebruik** van je boodschap. Te veel complexe zinnen en onbekende woorden maken een tekst moeilijk toegankelijk.
- Ook de vormgeving of **lay-out** is belangrijk. Let op het type en de grootte van de letter, de witruimte en eventuele illustraties. Veel witruimte maakt een tekst technisch makkelijker leesbaar.

Hoe een **instructieve boodschap** efficiënt overbrengen?
- De instructie moet **volledig** zijn. Maar al te vaak beschouwt de zender een aantal stappen als vanzelfsprekend en veronderstelt hij dat de ontvanger die kent, terwijl dat niet het geval is. De uitleg over de werking van een nieuwe digitale camera of gsm-toestel is daar een sprekend voorbeeld van.
- De instructies moeten in de **juiste volgorde** van uitvoering staan.
- De instructies moeten opgesteld zijn in een **duidelijke taal**. Vermijd al te technische termen of leg ze uit.
- Ook hier is de **vormgeving** of **lay-out** belangrijk. Zorg voor duidelijk herkenbare stappen.

Hoe een **persuasieve en activerende boodschap** efficiënt overbrengen?
- Je zorgt in de eerste plaats voor goede, degelijke **argumenten** (zie p. 63-65).
- **Beloning en straf**. Je legt de nadruk op de voordelen, de gunstige gevolgen van een product. Je belooft dat wanneer de lezer of toehoorder de boodschap uitvoert, zijn probleem is opgelost. Je benadrukt de ongunstige gevolgen wanneer de boodschap niet opgenomen wordt.
- **Humor**. Onderschat de kracht ervan niet. Humor houdt de aandacht van de ontvanger vast.
- **Goed gevoel**. Je verbindt de boodschap met een sfeer, levensstijl of gevoel die inspelen op het verlangen van de doelgroep.
- **Taal**. Ook nu weer spelen de stijl en de woordenschat die je gebruikt een belangrijke rol om je boodschap aan de man te brengen.

de beargumenteerde en gedocumenteerde tekst

Voorbeeld	Wat	Hoe
Zijn er grenzen aan de vrije meningsuiting?	1 Oriënteren op je opdracht	Stel jezelf de volgende vragen. - Wat moet ik precies doen op basis van de titel? - Welk bouwplan of welke structuur zal ik toepassen: onderzoeks-, probleem-, chronologische, voor- en nadelenstructuur? Zie ook p. 39 t.e.m. 48. - Voor welk publiek schrijf ik deze tekst?
Deze titel leent zich voor de voor- en nadelenstructuur. Welke argumenten zijn er pro vrije meningsuiting, welke argumenten zijn contra? Daarnaast kan ook de chronologische structuur aan bod komen: hoe was dat in het verleden? Je duikt dus even de geschiedenis in. Googelen op het onderwerp *vrije meningsuiting* levert al heel wat informatie op. Ook de plaatselijke bibliotheek kan je flink op weg helpen. Maak beslist gebruik van de catalogus die je via de computer kunt raadplegen of vraag raad aan de bibliothecaris of bibliothecaresse.	2 Voorbereiden	**1 Informatie verzamelen** - Brainstormen over argumenten voor en tegen. Bij het brainstormen helpen de vragen: wie, wat, waar, waarom, wanneer, welke, hoe? - Ga na welke bronnen je kunt gebruiken en waar je die vindt: internet, tijdschriften, boeken, personen ...? **2 Informatie selecteren + ordenen** - Maak een schema met twee kolommen: pro en contra. - Orden de argumenten van belangrijk naar minder belangrijk.
- Als je ooit Londen bezoekt, moet je beslist naar *Speaker's Corner* in Hyde Park. Al sinds het einde van de negentiende eeuw heeft iedereen het recht om er luidkeels zijn mening te verkondigen. Ook vandaag nog maken mensen gretig gebruik van deze mogelijkheid. *of* - Iedereen is toch vrij om te zeggen wat hij denkt, niet? Mag je dan moslims 'geitenneukers' noemen en aanhangers van het Vlaams Belang als 'mestkevers' bestempelen? Of zijn er grenzen aan de vrije meningsuiting? Kun je nog wel van een democratie spreken als je niet alles mag zeggen wat je denkt? *of* - Deze tekst gaat over vrije meningsuiting. *Eerst* probeer ik het begrip vrije meningsuiting te verklaren. *Daarna* volgt een historisch overzicht over hoe de term vroeger werd ingevuld. *Vervolgens* komen de voor- en nadelen aan bod. Als *besluit* kunnen we ons afvragen of het recht op vrije meningsuiting in alle omstandigheden wel kan worden toegepast.	3 Uitvoeren a) inleiding	Zorg voor een pakkende inleiding om aandacht te trekken. De inleiding bevat een van de volgende elementen of een combinatie ervan: - een citaat of een anekdote uit het verleden of de actualiteit waarin je het probleem schetst; - een overzicht van het probleem in de vorm van vragen; - een overzicht van de verschillende onderdelen die je gaat behandelen.

2 Schrijven

Voorbeeld	Wat	Hoe
De vrijheid van meningsuiting is uiterst belangrijk in een democratie. In zowat heel Europa wordt dat recht nadrukkelijk beschermd door het Europees verdrag voor de Rechten van de Mens. De vrije meningsuiting geeft de mensen de mogelijkheid hun mening te zeggen over hun bestuurders, de politici. *Toch* kwamen er in de meeste democratische landen enkele beperkingen op dat recht van vrij spreken. In Groot-Brittannië, waar de vrijheid van meningsuiting traditioneel hoog in het vaandel staat, was dat nog maar pas het geval. Na de bomaanslagen in Londen in juli 2005 kondigde de Britse regering een aantal maatregelen aan om te beletten dat radicale moslimgroepen nog verder tot geweld zouden oproepen. *Ook* in België zijn er sinds het ontstaan van de grondwet een aantal beperkingen bijgekomen. Zo is het in ons land verboden om racistische uitspraken te doen of om op te roepen tot volkerenmoord. Een aantal mensen meent dat door al die beperkingen het recht op vrije meningsuiting uitgehold is. *Toch* kun je niet zeggen dat de mensenrechten in ons land nu echt bedreigd zijn. Het Europees Hof voor de Rechten van de Mens stelt trouwens uitdrukkelijk dat de vrijheid van meningsuiting nooit absoluut is. Ze mag *dus* niet misbruikt worden om andere mensen schade te berokkenen.	Uitvoeren b) midden **Voor- en nadelen-structuur**	De **kern** van je gedocumenteerde tekst: de voor- en nadelenstructuur.
Wat wij nu zo vanzelfsprekend vinden was dat vroeger helemaal niet. Vóór de *Franse Revolutie* had je bijvoorbeeld altijd de toelating van de overheid nodig om een boek uit te geven. En *recenter tijdens de Duitse bezetting* onder de nazi's vloog je naar een concentratiekamp voor een verkeerd woord. Ook *nu* nog zijn er landen die nauwkeurig in het oog houden welke websites mogen verschijnen en welke niet. Dat is onder meer het geval in China waar de zoekmachine Google niet alle websites mag aanbieden aan de internetgebruiker.	Uitvoeren	De **kern**: de chronologische structuur = antwoord op de vraag *wanneer*. + de geografische structuur = antwoord op de vraag *waar*.
Het recht op vrije meningsuiting is dus recent. *Bovendien* is de beperking ervan wel degelijk verantwoord. Je mag *immers* niet iemand nodeloos kwetsen. Een democratie heeft trouwens het recht zich te beschermen tegen personen die oproepen om haar omver te werpen. Alleen moeten die beperkingen zo minimaal mogelijk zijn.	Uitvoeren c) slot	Het **besluit**: je wijst je lezers nog eens op de kern, het thema van je tekst.
Huyse, L. *Alles gaat voorbij, behalve het verleden*. Leuven: Van Halewyck, 2007.	**Bibliografie** met verwijzing naar: - boeken - tijdschriften, kranten - naslagwerken - internetsites	Vermeld de boeken, naslagwerken, tijdschriften en de sites op het internet die je geraadpleegd hebt. Een bibliografie beantwoordt aan bepaalde normen qua vorm.

Voorbeeld	Wat	Hoe
	Bibliografie extra voorbeelden	
VAN GORP, H., *Lexicon van literaire termen en begrippen*, Wolters Plantyn, Mechelen, 2004.	Boek	AUTEUR, eerste letter van de voornaam met punt, *Titel*, de uitgeverij, de plaats van uitgave, het jaar van uitgave.
VVKSO, *Rapporteren. Voorschriften en nuttige wenken*, Licap, Brussel, 2007 (vijfde druk), 24 p.	Brochure	ORGANISATIE, *Titel*, uitgeverij, plaats, jaar van uitgave (# druk), pagina's.
T'SAS, J., Hoe schrijf ik het?, *Vonk*, jaargang 38, oktober 2008, p. 63 – 67.	Tijdschrift- of krantenartikel	AUTEUR, Initiaal van de voornaam., Titel van het artikel, *titel van de krant of het tijdschrift*, nummer of datum, jaargang (jg), (maand +) jaar, begin- en eindpagina.
KAMP, E., *Wie wint?*, De Morgen online, 2006-11-12, (www.demorgen.be).	Internetartikel	AUTEUR, Initiaal van de voornaam., *Titel*, naam van de digitale bron, datum (jjjj-mm-dd), (website).
http://www.ond.vlaanderen.be/decreten (geraadpleegd op 2008-10-14).	Website	URL (datum van raadpleging: jjjj-mm-dd).
VRT, *Het overzicht van het jaar*, cd-rom, Active Media, 2008.	Cd-rom of dvd	AUTEUR, Initiaal voornaam., / ORGANISATIE, *Titel*, cd-rom, uitgeverij, plaats, datum.
MICHIELS, J. (bedrijfsleider LAM), *Hoe mensen motiveren?* Interview door E. Janssen, E. Vervotte en D. Daniëls, Hasselt, 2008-10-14.	Interview	GEÏNTERVIEWDE (eventueel functie), *Onderwerp*. Interviewers, plaats, datum (jjjj-mm-dd).
MLA (boek): Huyse, Luc. *Alles gaat voorbij, behalve het verleden*. Leuven: Van Halewyck, 2007. APA (boek): Huyse, L. (2007). *Alles gaat voorbij, behalve het verleden*. Leuven: Van Halewyck.	Bibliografie-conventies	Er zijn verschillende manieren om een bibliografie op te stellen: - volgens de sectorcommissie Handel van het VVKSO: zie voorbeelden hierboven; - volgens de MLA-normen (Modern Language Association) die gevolgd worden door de meeste Amerikaanse universiteiten; - volgens de APA-normen (American Psychological Association). De MLA- en APA-normen zijn gebruikelijk in academische middens.

Voorbeeld			Wat	Hoe
1 De structuur	ja	nee	**4 Reflecteren**	Aan de hand van een checklist controleer je je tekst nog eens voor je hem inlevert.
- Is de titel duidelijk en attractief?	❑	❑		Een tekst wordt beoordeeld op vier grote onderdelen:
- Zijn de inleiding, het midden en het slot duidelijk herkenbaar?	❑	❑		- structuur: inleiding, midden, slot; de samenhang tussen de alinea's; het gebruik van signaalwoorden;
- Is er een samenhang tussen de alinea's?	❑	❑		- inhoud: zijn de feiten correct;
- Gebruik je signaalwoorden om die samenhang duidelijk te maken?	❑	❑		- taalgebruik: zinsbouw, woordenschat, vakjargon;
				- presentatie: spelling, leestekens, BIN-normen, lay-out.
2 De inhoud				
- Is wat je schrijft juist? Staan er geen foute feiten in?	❑	❑		
- Is de inhoud volledig? Heb je bijvoorbeeld een antwoord gevonden op de meeste vragen *wie, wat, wanneer, waarom, waar, welke, hoe*?	❑	❑		
3 Het taalgebruik				
- Is de zinsbouw correct en afwisselend?	❑	❑		
- Is de woordenschat rijk en afwisselend?	❑	❑		
- Is het vakjargon gepast en correct?	❑	❑		
4 De presentatie				
- Zijn de woorden correct gespeld?	❑	❑		
- Leestekens. Begin je de zin met een hoofdletter en eindig je met een punt of vraagteken?	❑	❑		
- Staat er een komma tussen twee vervoegde werkwoorden?	❑	❑		
- Pas je de BIN-normen toe?	❑	❑		
- Is de lay-out aangenaam? Gebruik je bijvoorbeeld een witregel tussen elke alinea als dat gevraagd wordt?	❑	❑		

Schrijfkader

Gedocumenteerd schrijven

Dit artikel gaat over het volgende onderwerp/probleem/fenomeen/gebeurtenis/voorval …

Het artikel is als volgt opgebouwd.
De structuur van het artikel is als volgt.

Ten eerste wordt getracht een definitie te geven van het probleem.
Het probleem kan als volgt omschreven worden …

Ten tweede gaan we na *waar* het fenomeen zich voordoet.
Als tweede stap kijken we *waar* de gebeurtenis plaatsvindt.

Daarna volgt een overzicht/geschiedenis/stand van zaken van het probleem.
Aan dit geschiedenisoverzicht koppelen we de vraag *wanneer* het fenomeen zich voordoet.

Vervolgens wordt dieper/nader ingegaan op de voordelen van deze situatie.

Een eerste voordeel is …

In een tweede deel worden de nadelen behandeld.
Dan komen de nadelen aan bod.

Wat daarbij als eerste nadeel opvalt, is …

Uit dit alles kunnen we het volgende besluiten/concluderen …

het curriculum vitae

Voorbeeld	Wat	Hoe
CURRICULUM VITAE	Titel	Curriculum vitae
Persoonlijke gegevens Vervaeken Bert Diestersteenweg 3 3000 LEUVEN 0478 23 56 89 bvervaeke@telegeniek.be Geboren op 14 augustus 1990 in Diest Ongehuwd	Persoonlijke gegevens	Naam Voornaam Adres Telefoonnummer E-mailadres Geboortedatum en -plaats Burgerlijke staat (on/gehuwd, samenwonend …)
Studies Middelbaar onderwijs: Industriële Wetenschappen (IW) aan het Sint-Augustinusinstituut in Mol. Hoger onderwijs: Bachelor in de economie, Arteveldehogeschool Gent, 2005 – 2008.	Studies	Middelbaar onderwijs Specialisatiejaar (extra 7de jaar) Hoger onderwijs Stage(s) Studie in het buitenland (Erasmus)

Voorbeeld	Wat	Hoe
Werkervaring Indien geen, dan laat je dit onderdeel weg uit je cv.	Werkervaring	Relevant vakantiewerk: vakantiewerk dat ertoe doet. Relevante bijbaantjes die in relatie staan tot het werk waarvoor je solliciteert. Stages. Beroepservaring (vorig en huidig).
Avondonderwijs Spaans sinds 2007.	Bijkomende opleidingen	Seminaries Cursussen (bijvoorbeeld: ICT) Onderwijs Sociale Promotie (volwassenenonderwijs)
Sociale activiteiten Lid van het Rode Kruis Leuven sinds 2008.	Sociale activiteiten	Lidmaatschappen van organisaties: Rode Kruis, jeugd- en sportvereniging, socioculturele verenigingen.
	Referenties	Referenties vermeld je enkel als die gevraagd worden in de advertentie. Je vraagt eerst toestemming aan de personen die je als referentie gebruikt.

Informatie over jezelf

Voorbeeld	Wat	Hoe
Ik ben Jeroen Vandeperre.	Naam	Mijn naam is … Ik ben … Ik heet …
Ik ben 16 …	Leeftijd	Ik ben …
… en studeer aan het Technisch Instituut in Mechelen. Ik volg daar de richting mediatechnieken.	Beroep of studie	Ik studeer …
Ik woon in Waver.	Woonplaats	Ik woon in … Ik ben afkomstig van …
Ik heb al vakantiewerk gedaan in een bedrijfje van de vader van een vriend. Ik heb er o.a. meegeholpen om nieuwe computers aan te sluiten.	Ervaring	Ik heb stage gelopen bij … Ik heb vakantiewerk gedaan bij …
Mijn grootste hobby is de computer en alles wat daarmee van ver of nabij te maken heeft. Zo speel ik graag computerspelletjes en lees ik nogal wat tijdschriften die over computers gaan. *Clickx* is mijn favoriete tijdschrift.	Engagement en hobby's	Ik ben geïnteresseerd in … Ik hou me vooral bezig met … Mijn belangstelling gaat uit naar … Mijn hobby's zijn … Ik zet me in voor …
Ik ben de jongste thuis en heb nog één oudere zus.	Persoonlijke en familiale informatie	Ik heb nog … broers en … zussen. Mijn vader is …/werkt als … Mijn moeder is …/werkt als …

Schrijfkader

Jezelf voorstellen

Mijn naam is/ik heet/ik ben …

Ik ben geboren op …

Ik ben leerling/student/… aan …

Ik woon in …

Ik heb stage gelopen in/ik heb al vakantiewerk gedaan bij …

Ik ben lid van …

Mijn belangstelling gaat vooral uit naar …

Mijn hobby's zijn …

de instructie

Voorbeeld	Wat	Hoe
Hoe bouw je een vlot telefoongesprek op?	Zorg voor een duidelijke titel.	Bevat de instructie een **titel** die het onderwerp aangeeft?

Voor het bellen
Zet even op een rijtje wat je wilt zeggen.
 	
Tijdens het bellen
- Vermeld *eerst* je naam of die van je firma.
- Vermeld *daarna* duidelijk de reden waarom je belt: klacht, uitleg, informatie.
- Blijf hoffelijk tijdens het gesprek: glimlach aan de telefoon, ook al ziet de ander je niet. Dat heeft invloed op je stem.
- Herhaal eventueel je naam en geef je telefoonnummer en adres waarop men je kan bereiken indien dit nodig mocht blijken.
- Rond het gesprek *ten slotte* af op een positieve manier:
  ° 'Hartelijk dank.'
  ° 'Tot ziens.'
  ° 'Nog een prettige dag.'
	Bouw je instructie (chrono-)logisch op.	Bevat de instructie **alle stappen** of handelingen in chronologische en logische volgorde?
		
		Doel van de instructie is iemand informatie geven om hem de opdracht goed te laten uitvoeren.
		
		Duid een logische volgorde aan. Dat kan op verschillende manieren, bijvoorbeeld:
		- via nummering: 1, 2, 3, 4;
		- via signaalwoorden: ten eerste, ten tweede, op de eerste plaats, op de tweede plaats, vervolgens, daarna, uiteindelijk, ten slotte;
		- via opsommingstekens, bv. ❏;
		- na liggende streepjes.

	Ondersteun je instructie met een duidelijke tekening of foto.	Als je illustraties gebruikt, ga dan na of ze voldoende duidelijk zijn. Staat de illustratie op de juiste plaats?

Schrijfkader

Instructie over ...

Deze instructie wil je helpen bij de opbouw van ... / de wegbeschrijving naar ...

Eerst doe je ...
Eerst ga je richting ...

Daarna zorg je (er)voor ...
Daarna neem je ...

Vervolgens breng je ...
Vervolgens rij je ...

Een volgende stap is ...
Aan je linkerkant zie je dan ...

Als laatste element moet je ...
Uiteindelijk zie je voor je ...

het interview

Voorbeeld	Wat	Hoe
'Voor Story werken, wie wil dat in godsnaam doen?'	Zorg voor een goede titel.	Gebruik daarvoor een pittige uitspraak van je gesprekspartner.
Dinsdag is het D-day voor Thomas Siffer, hoofdredacteur van *Story*, ex-presentator van *Ideale maten* op VT4 en jurylid van de *Soundmixshow* op dezelfde zender.	Situeer de geïnterviewde.	Wie is hij? Wat doet hij?
Dan ligt onder zijn leiding het volledig vernieuwde *Story* in de krantenwinkels. En dat heeft hem bloed, zweet en tranen gekost. 'Geen enkel blad is moeilijker te maken dan *Story*.'	Geef een motief voor het interview.	Waarom interview je juist deze persoon? Wat heeft hij speciaal gedaan?
Thomas Siffer heeft zijn zaakjes goed voor elkaar. Vanuit zijn kantoor, vier hoog in Antwerpen, heeft hij een prachtig uitzicht over de stad. De bureaus in zijn directe omgeving zijn ingepalmd door jonge, knappe vrouwen die ijverig op hun computer zitten te tokkelen.	Situeer het gesprek.	Waar vond het gesprek plaats, wanneer, in welke omstandigheden?
Wat wil je met *Story* bereiken? Zullen de vernieuwingen het huidige lezerspubliek van *Story* niet wegjagen? Het blad moet ook mannelijker worden. Vinden we vanaf volgende week ook autopagina's in *Story*? Is *Dag Allemaal* de grote concurrent? Je durft het hoofdredacteurschap van *Story* weleens het moeilijkste te noemen dat je ooit hebt gedaan. Waarom? Uit: *De Morgen*.	Uitschrijven van het eigenlijke vraaggesprek. Soorten vragen.* Open vraag Gesloten, suggestieve vraag Gesloten, suggestieve vraag Gesloten vraag Open doorvraag	Een goede gesprekspartner is natuurlijk in staat om ook op gesloten vragen een uitgebreid antwoord te geven. Maar dan heb je wel met geoefende sprekers te maken. Minder goede praters geven vaak korte antwoorden op gesloten vragen.

*Zie voor het onderscheid tussen open, gesloten en suggestieve vragen *Interview – spreekvaardigheid,* p. 68-69.

Schrijfkader

Inleiding op het interview

Op een mooie vrijdagmiddag maken/maakten we een afspraak met …
Zij is vooral bekend van …
Wij zoeken/zochten haar op in …
We ontmoeten/ontmoetten haar in …
De reden waarom we haar wilden interviewen, is dat …
Ze verwelkomt ons met …

het leesbalansverslag

Voorbeeld	Wat	Hoe
Een terugblik op zes jaar literatuuronderwijs	Doel.	In een leesbalansverslag maak je, zoals het woord zelf zegt, de balans op van zes jaar literatuuronderwijs.
Het soort boeken dat ik het liefst lees, zijn thrillers en detectives. De reden is dat ze spannend zijn en vlot geschreven. Helaas lezen we die niet op school. Mijn lievelingsauteur is de Zweedse schrijver Henning Mankell. De moorden die hij beschrijft, zijn altijd spectaculair en houden op een vreemde manier met elkaar verband. Daarnaar zoeken als lezer is best spannend. *Daarnaast* stopt hij in zijn verhalen heel wat maatschappijkritiek.	Wat is positief geweest? Waarom?	Welke schrijvers, dichters, tijdschriften, genres ... dragen je voorkeur weg?
De schrijver of eigenlijk de dichter die mij het meest is bijgebleven uit de literatuurlessen, is Herman de Coninck, omdat de gedichten die we lazen vaak een grappige toon hadden.	Wat neem je mee uit de literatuurlessen?	Welke stijlstromingen en auteurs zijn je bijgebleven?
Terwijl we in de eerste jaren van het middelbaar onze boeken zelf mochten kiezen, veranderde dat in de hogere jaren. Toen werd de vrije keuze vervangen door boekenlijsten waaruit je moest kiezen. Die verplichting zette een domper op mijn leesplezier.	Wat is negatief geweest?	Welke gebeurtenissen maken dat je een minder goede herinnering aan literatuur hebt overgehouden?
Wat mij absoluut tegenstond, waren de dichters uit de renaissance: Hooft, Vondel en Bredero. Ik snap ook wel dat ze tot het 'literaire erfgoed' behoren, maar echt van hun sonnetten genieten kon ik niet. Daarvoor waren ze te saai.		Welke schrijvers, onderwerpen, thema's of stijlstromingen hebben je het minst aangesproken?
Ik wil wel blijven lezen, maar ik vrees dat het niet de grote literatuur van op school zal zijn.	Hoe zie je je leestoekomst?	In hoeverre heeft je smaak zich ontwikkeld? Ben je van plan in de toekomst nog te lezen en wat?

Schrijfkader

Leesbalansverslag literatuur

De afgelopen jaren heb ik de volgende boeken en tijdschriften gelezen: ...

Daarbij gaat mijn voorkeur uit naar ...

Het boek dat/tijdschrift dat/de auteur die mij het meest heeft aangesproken, is ...

De reden daarvoor is ...

Het personage dat mij het meest is bijgebleven uit de literatuurlessen, is ... omdat ...

Wat ik absoluut niet kon waarderen, is ... omdat ...

Van de literatuurlessen op school vind ik dat ...

Het besluit van zes jaar literatuur op school is dat ...

Als iemand mij zou vragen hoe literatuur op school aangepakt moet worden, dan zou ik ...
In de toekomst ben ik van plan ...

de lezersbrief

Voorbeeld	Wat	Hoe
Ronald Verheyen 16 februari 2009 Beukenstraat 12 2000 ANTWERPEN 03 254 76 78	Afzender: je eigen naam + adres Datum	Afzender: bovenaan links. Adres: bovenaan rechts, zonder plaatsnaam.
De Morgen Arduinkaai 9 1000 BRUSSEL	Geadresseerde: de naam + adres van de persoon of organisatie naar wie je schrijft	Onder de afzender met minimaal twee witregels ertussen.
Lezersbrief over artikel *Geen beesten in A* van 11/04	Onderwerp	
Geachte redactie	Aanspreking	
In haar artikel over dierentuinen (*De Morgen* 11/4) pleit Margot Vanderstraeten voor de afschaffing ervan. Volgens haar heeft de zoo geen enkele waarde voor mensen die zich een juist idee willen vormen over hoe dieren in het wild leven. Met deze opvatting doet ze dierentuinen onrecht aan. Moderne zoos zijn vandaag echte biotoopparken waarin de natuurlijke omgeving van de dieren zo goed mogelijk wordt nagebootst. Voor honderden soorten zijn de dierentuinen trouwens de enige plaats waar de dieren als soort nog verder bestaan. In het wild zijn ze vaak al uitgeroeid. Ik denk bijvoorbeeld aan de Arabische oryx of de Europese wisent (bizon). Dierentuinen zijn ook wetenschappelijke instituten waar zeldzame soorten gekweekt worden die daarna weer in het wild worden uitgezet.	Briefinhoud, -gesprek	1 Verwijs naar het artikel uit de krant of het tijdschrift waarop je reageert. 2 Vat de gebeurtenis of het artikel waarop je reageert kort samen zonder dat de lezer het origineel gezien of gelezen hoeft te hebben. 3 Formuleer je eigen standpunt of mening duidelijk. 4 Zet je standpunt kracht bij met argumenten. 5 Gebruik signaalwoorden om je argumenten te ordenen: ten eerste, ten tweede, vervolgens, bovendien, ook, trouwens, ten slotte ... 6 Gebruik een witregel tussen elke alinea.

Voorbeeld	Wat	Hoe
Hoogachtend	Slotformule	Hoogachtend = formeel Met vriendelijke groet(en) = informeel, minder stijf …
R. Verheyen R. Verheyen	Handtekening + getypte naam	

Uit: *De Morgen*

Schrijfkader

Lezersbrief …

Geachte redactie

In de krant van … stond een artikel over …

In het artikel wordt beweerd/gezegd dat …

Ik ben het hier niet mee eens om de volgende redenen.

Ten eerste is het zo dat …

Ten tweede …

Vervolgens …

Ten slotte …

Met vriendelijke groet

de persoonsbeschrijving

Voorbeeld	Wat	Hoe
Zij is ongeveer 1,65 meter groot ...	Gestalte	Hij is ongeveer ... meter groot.
... en is slank gebouwd.	Lichaamsbouw	Fors, tenger, slank, dik.
Zij heeft een ovaal gelaat met sproeten rond de neus. Zij draagt kortgeknipt blond haar. Haar ogen zijn amandelvormig en hebben een blauwe kleur. Haar mond is hartvormig met dunne lippen.	Beschrijving van het gezicht	Vorm: rond, langwerpig, vierkant, uitstekende jukbeenderen ... Haar: kleur en lengte. Ogen: kleur en type. Mond en tanden.
Zij is 15 jaar, maar ziet er ouder uit voor haar leeftijd.	Leeftijd	Zij is ongeveer ... oud.
Zij draagt een groene T-shirt met de letters *Mexx* op de voorkant en een bruine jeans van het merk *Wrangler*. Ze draagt zwarte pumps.	Kleding	Jas, hemd, blouse, broek, rok, schoenen.
Ze spreekt met een licht Antwerps accent.	Taal	Nederlands of niet?
Ze heeft een tatoeage in de vorm van een bloem op haar linkerschouder.	Opvallende kenmerken	Tatoeages, geboortevlekken, bril, stem ...

Schrijfkader

Persoonsbeschrijving

Het gaat om een meisje/jongen/man/vrouw van ... jaar oud.

Voor haar leeftijd ziet zij er echter ...

Zij is ongeveer ... groot.

Ze heeft een ... lichaamsbouw.

Het gezicht van het meisje ziet eruit als ...

Het meest opvallende aan haar gezicht zijn/is ... die eruitzien/ziet als ...

Zij draagt ...

Wat het meest in het oog springt aan haar kleding ...

Een opvallend kenmerk is bovendien ...

Zij spreekt ... Nederlands.

Als je haar voor de eerste keer ontmoet, denk je spontaan ...

de recensie

Voorbeeld	Wat	Hoe
BLOEDSTOLLENDE GAME *Wat voorafging aan **In de ban van de ring***	Zorg voor een **titel** die de aandacht van de lezer trekt.	- Informatief: duid aan waarover de recensie zal gaan. Hier: bespreking van een *game*. - Attractief: trekt onmiddellijk de aandacht via de stijl = manier van formuleren. - Evaluatie: positieve of negatieve beoordeling. Hier is de evaluatie positief, nl. *bloedstollend*.
Het is al even geleden dat de filmtrilogie *In de ban van de ring* van Peter Jackson te zien was op het grote en kleine scherm. Heel wat mensen willen weten wat voorafging aan de gebeurtenissen die Midden Aarde in een oorlog stortten. *Electronic Arts Studios* heeft dat goed begrepen. Het maakte een bloedstollende game die zich vierentwintig jaar voor Frodo's tocht afspeelt.	Zorg voor een vlotte **openingszin** of **-alinea**. Een goede opening is belangrijk omdat de lezer vaak hier al beslist of hij verder zal lezen.	- Een pakkende scène of citaat uit de film of het boek. - Een anekdote of weetje over de auteur/regisseur. - Een anekdote over de ontstaansgeschiedenis van het boek/de film. - Een oordeel (positief of negatief) over boek of film. - Een verwijzing naar vorig werk van de auteur of regisseur.
In de game *De witte raad* kies je bij welk van de vier rassen je wilt behoren: bij de mensen, de dwergen, de hobbits of de elfen. Samen met je soortgenoten trek je ten strijde tegen de krachten van het kwaad.	**Evaluatiestructuur** Inhoud	Je vertelt de inhoud in grote lijnen zonder de climax of ontknoping te verklappen.
Opnieuw wordt het een strijd van goed tegen kwaad. Zijn jouw kennis en kunde als speler voldoende om het tij te doen keren?	Thema	- Belangrijke thema's in boeken, verhalen en films zijn vaak: liefde en vriendschap, haat en jaloersheid, verlies en dood, oorlog, incest, volwassen worden, … - Gebruik citaten uit het boek of scènes uit de film om het thema te verduidelijken.

Voorbeeld	Wat	Hoe
Je maakt kennis met de hobbit Bilbo, de tovenaar Gandalf en de Orks die er op uit zijn hun heerschappij overal te verspreiden. Zoals altijd staat de wijze Gandalf klaar om de voortvarende Bilbo uit de nood te helpen.	Personages: enkel de belangrijkste.	- Welke zijn de belangrijkste personages? - Wat zeggen ze? Wat doen ze? Wat denken ze? Kortom, hoe gedragen ze zich? Zijn ze sympathiek of antipathiek?
Dankzij de technische mogelijkheden van de nieuwe spelconsoles krijg je de indruk midden in een film te zitten of zelfs in het echte Midden Aarde.	Ruimte en tijd.	Waar speelt het verhaal zich af? Hoe ziet de ruimte eruit? Wanneer speelt het verhaal zich af? In welke tijdsperiode? Vraag je af of ruimte en tijd een belangrijke rol spelen in het verhaal. Indien niet, hoef je ze ook niet te behandelen.
	Muziek, decor en kostuums: enkel bij film en theater.	Je bespreekt ze enkel als ze een rol spelen.
De technische mogelijkheden zijn verbluffend, het spel is bloedstollend spannend. Je hebt er in elk geval uren gameplezier aan. Uit: *iD*	Beoordeling	Wat vind jij van het boek, de film, het toneelstuk? Raad je het aan? Geef daarvoor argumenten. Haal die argumenten uit de onderdelen die je besproken hebt: thema, personages, tijd en ruimte, muziek, spanning …

Schrijfkader

Recensie - boek

Titel die aanspreekt: …

Het boek/de film gaat over …

Het hoofdpersonage is een …

Zijn voornaamste karaktertrek is …

Zijn belangrijkste tegenstander …

Het probleem waarmee het hoofdpersonage kampt, is …

Hij lost het op door …

De tijd waarin het verhaal zich afspeelt, is …

De voornaamste gebeurtenissen vinden plaats in …

Een passage of scène die me bijzonder is bijgebleven, handelt over …

De moraal/boodschap/het thema van het verhaal is …

Daarom vind ik het boek … en geef ik het een cijfer van … op 10.

Recensie - film

Pakkende titel: …

De film … van regisseur … boeit van het begin tot het einde.
Regisseur X heeft met zijn film Y de miskleun van het jaar afgeleverd.

Het verhaal gaat over …

Het centrale thema van de film is …

Een pakkende scène is bijvoorbeeld wanneer …

Het verhaal speelt zich grotendeels af in …
Het verhaal is gesitueerd in …

De belangrijkste personages zijn … Hun voornaamste karaktertrek is …
Ze gedragen zich als …

Het genre waartoe de film behoort, kunnen we omschrijven als …, omdat …

De film is bijgevolg een echte aanrader/afknapper.
We kunnen besluiten dat de film …

het schema

Wat zijn de risico's van druggebruik?

Drugshandel is een illegale praktijk waarmee veel geld gemoeid is. Dikwijls wordt er geknoeid met drugs. Als gebruiker weet je dan niet wat je koopt. De drugs zijn onzuiver (heroïne, xtc) omdat er stoffen in verwerkt zijn waarvan de effecten ongekend en zeer gevaarlijk zijn.

Bij sommige verdovende drugs zoals heroïne en GHB is er maar weinig verschil tussen de hoeveelheid die het gewenste effect oplevert en de hoeveelheid die een overdosis veroorzaakt. Zo kunnen er ernstige ademhalingsstoornissen optreden, soms met coma of de dood tot gevolg.

Soms gaan gebruikers over tot het combineren van drugs. Ze gebruiken drugs bijvoorbeeld samen met alcohol of medicijnen. Het spreekt vanzelf dat de effecten daarvan onvoorspelbaar zijn.

Tot welke gevolgen kan druggebruik leiden?

De meeste drugs veroorzaken op korte of lange termijn altijd lichamelijke schade. Nogal wat drugs veroorzaken bloeddrukstoornissen en hartritmestoornissen. Alcohol tast verschillende organen aan, waaronder de lever en de hersenen. De teerproducten in sigaretten en joints zetten zich vast in de longblaasjes en bemoeilijken de longfunctie. Teer is ook een kankerverwekkende stof. Door te roken verhoogt het risico op longkanker.

Bij heel wat drugs ontstaat er bovendien gewenning: gebruikers hebben steeds een hogere dosis nodig om het gewenste effect te bekomen.

Ten opzichte van veel drugs onstaat een psychische afhankelijkheid. Om zich goed te voelen, heeft men de drug nodig. Men voelt dan voortdurend een grote drang of hunkering naar de drug. Het gebruik ervan staat centraal in het leven van de gebruiker. Zijn gedachten en gevoelens zijn er voortdurend mee bezig.

Soms geraakt het lichaam van de druggebruiker ingesteld op de aanwezigheid van de drug. Er is dan sprake van fysieke of lichamelijke afhankelijkheid. Wanneer de drug niet gebruikt wordt, onstaan er onaangename onthoudingsverschijnselen zoals beven, misselijkheid en angst. De verschijnselen verdwijnen als de drug opnieuw wordt gebruikt.

Psychische en fysieke afhankelijkheid leiden tot verslaving. Zodra men verslaafd is, is het zeer moeilijk om zonder drugs te kunnen functioneren.

Druggebruik kan ernstige sociale gevolgen hebben. Er ontstaan tal van spanningen in de omgeving van de gebruiker: slechte schoolprestaties, afwezigheid op het werk, relationele problemen ... Druggebruikers geraken daardoor sociaal geïsoleerd.

Sommige drugs zijn ook erg duur. Regelmatige gebruikers komen daardoor in financiële problemen. In sommige gevallen kan dat leiden tot crimineel gedrag.

Uit: Luc D'Haeninck en Leen Dekeersmaeker, *Biogenie 3*, Uitg. De Boeck, 2008.

Voorbeeld	Wat	Hoe

T-schema
 	
T-Schema Les: 'Risico's en gevolgen van druggebruik in het algemeen'
 	
1 Risico's
• onzuivere drugs → wegens onbekende stoffen.
• gevaar van overdosis → gevolg: ademhalingsstoornissen, coma en soms de dood
• combineren van drugs → alcohol, medicijnen, drugs
 	
2 Gevolgen
• lichamelijke schade → bloeddruk- en hartritmestoornissen
  alcohol tast lever en hersenen aan
  teer van sigaretten en joints in de longen → kanker
• gewenning → steeds grotere dosis
• psychische afhankelijkheid → nodig om zich goed te voelen
• fysieke of lichamelijke afhankelijkheid → onthoudingsverschijnselen: angst en misselijkheid
• verslaving → = een combinatie van fysieke en psychische afhankelijkheid
• sociale gevolgen → sociale isolatie en soms crimineel gedrag (dure drugs)
	Schema's werken met kernwoorden. Dat zijn woorden die de kern van een stukje tekst – meestal een alinea – weergeven. Het is ook mogelijk dat je een hele zin als kern van een alinea kunt aanduiden.
	
	T-schema
	Bovenaan komt de titel van de taak. Links van de verticale streep staan de belangrijkste kernwoorden, rechts de details die meer uitleg geven over de kernwoorden.
		Hoe ga je het best te werk?
		1 De titel van het boek of hoofdstuk geeft al een eerste aanwijzing van het belangrijkste kernwoord. Let ook op de tussentitels in de tekst.
		2 Om het kernwoord in een alinea te vinden, ga je op zoek naar een woord of begrip dat herhaaldelijk aan bod komt of waar herhaaldelijk naar verwezen wordt via verwijswoorden in de alinea. Dat begrip is meestal een zelfstandig naamwoord of een samenhangende groep van zelfstandige naamwoorden.
		3 Verwijswoorden verwijzen naar andere woorden en dus ook naar de kernwoorden. Voorbeelden van verwijswoorden: *die, dat, deze, hij, zij, ze, hiermee, daar …*
		4 In de meeste gevallen staat het kernwoord in de eerste of de laatste zin van een alinea. Besteed daarom speciale aandacht aan die zinnen.
		5 Soms heb je te maken met een belangrijke zin. Zo'n kernzin vind je vooraan (als stelling of bewering) of achteraan (als besluit) in een alinea.
		6 Besteed aandacht aan de signaalwoorden. Zij geven structuur aan een tekst.
		Voorbeelden: *in de eerste plaats, enerzijds … anderzijds, immers, zodra, zolang, terwijl, daardoor, zodat, omdat, daarom, want, maar, daarentegen, in tegenstelling tot, zoals, evenals, indien, wanneer, alleen als, kortom, dus …* Zie voor een overzicht van de signaalwoorden het taallexicon p. 136.

Voorbeeld	Wat
Mindmap/spindiagram	Wie graag met beelden werkt, kan gebruikmaken van een mindmap of spindiagram. Dit zijn ook goede hulpmiddelen om te brainstormen.

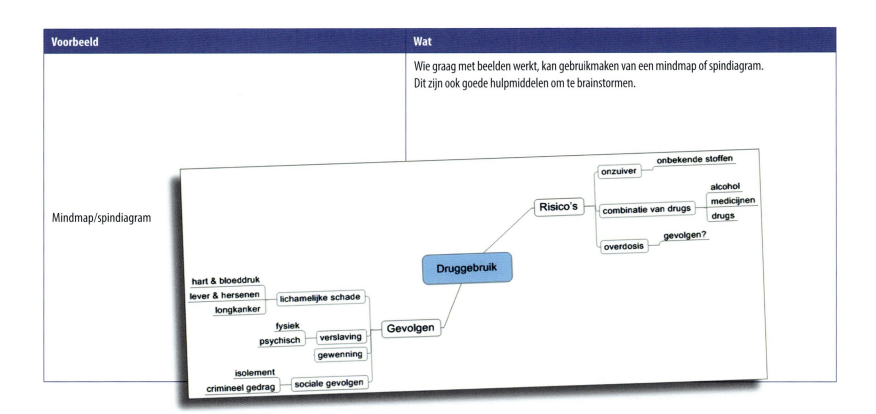

de synthese of de samenvatting

Voorbeeld	Wat	Hoe
In het deel over *biosociale problemen* besteden de auteurs Luc D'Haeninck en Leen Dekeersmaeker een hoofdstuk aan de risico's en gevolgen van druggebruik.	Inleidende zin met verwijzing naar: 1 bron, 2 auteur(s), 3 inhoud of onderwerp.	In de eerste zin van je samenvatting hoort het volgende te staan: 1 je verwijst naar het boek, tijdschrift of hoofdstuk waaruit het artikel komt; 2 je vermeldt de **auteur(s)** van het artikel, boek of tijdschrift; 3 je vat in enkele woorden de inhoud van het artikel of boek samen.
<u>Eerst</u> bespreken ze de risico's van druggebruik. Die zijn volgens hen drievoudig. <u>In de eerste plaats</u> zijn drugs vaak onzuiver. <u>Ten tweede</u> kun je makkelijk een overdosis krijgen met soms de dood tot gevolg. <u>Ten slotte</u> gaan sommige druggebruikers over tot een combinatie van verschillende drugs.	Midden: opsommingsstructuur *of* chronologische structuur.	Je maakt bij de opsomming gebruik van signaalwoorden: *eerst, ten eerste, ten tweede, vervolgens, daarna, bovendien, in een volgend(e) punt of stap, ten slotte, als besluit*. Je verwijst geregeld naar de auteur(s) van het artikel in je eigen samenvatting. Dat kan op de volgende manieren: 1 je vermeldt de naam van de auteur(s); 2 je gebruikt het woord *auteur, schrijver,* of je verwijst naar zijn beroep; Bijvoorbeeld: *journalist, regisseur, professor, advocaat, projectmanager …;* 3 je gebruikt verwijswoorden: *hij, zij, ze.*
<u>Vervolgens</u> gaan D'Haeninck en Dekeersmaeker dieper in op de gevolgen van druggebruik. De meeste drugs veroorzaken op korte of lange termijn lichamelijke schade. <u>Daarnaast</u> ontstaat ook gewenning, wat tot gevolg heeft dat er steeds een hogere dosis nodig is. Vaak leidt dat tot **psychische** – zich goed willen voelen – en **fysieke** afhankelijkheid met onaangename onthoudingsverschijnselen als angst en misselijkheid tot gevolg. In dit opzicht spreekt men van verslaving.		Een synthese bevat enkel de **belangrijkste gegevens**. Daarom is het goed eerst een schema van de oorspronkelijke tekst te maken. Verwerk de kernwoorden uit je schema in de samenvatting.

Voorbeeld	Wat	Hoe
<u>Ten slotte</u> blijven de auteurs stilstaan bij de sociale gevolgen van druggebruik. Vaak geraken druggebruikers sociaal geïsoleerd en gaan ze zelfs over tot crimineel gedrag om zich de dure drugs te kunnen aanschaffen.	Slot	Je kunt de volgende signaalwoorden gebruiken om het slot aan te duiden: *ten slotte, kortom, uiteindelijk, samengevat, alles bij elkaar (genomen)* … Uitdrukkingen die een besluit weergeven: *tot besluit kunnen we zeggen dat, de conclusie is dat, hieruit leiden we af dat* …

Schrijfkader

Synthese of samenvatting

In het boek / tijdschrift / artikel … bespreekt de auteur … het probleem van …

Hij is van mening / beweert dat …

Hij toont die bewering aan met het argument …

Bovendien tracht de auteur te bewijzen dat …

Vervolgens beschrijft hij hoe …

Daarvan geeft hij verschillende voorbeelden, waarvan het belangrijkste is …

Daarnaast gaat de schrijver van het artikel dieper in op …

In een laatste item onderzoekt X *(naam auteur)* hoe …

Uiteindelijk komt hij tot het besluit dat …

de sollicitatiebrief

Voorbeeld	Wat	Hoe
Bert Vervaeken 19 oktober 2008 Diestersteenweg 3 3000 LEUVEN bvervaeke@telegeniek.be 0478 23 56 89	Afzender Je adres Telefoonnummer *(gevolgd door 6 witregels)*	Datum: rechts Afzender: links Voornaam + familienaam Straat + nummer Postnummer + gemeente/stad e-mailadres (eventueel) Telefoonnummer
Mevrouw A. Lagrande Personeelsdienst Snelle Interim bvba Louizalaan 827 1060 BRUSSEL	Naam van de geadresseerde Adres *(gevolgd door 2 witregels)*	
Sollicitatie naar de betrekking van salesmanager	Onderwerp van de brief + referentienummer *(gevolgd door 2 witregels)*	Sollicitatie naar de betrekking/functie/job van … Eventueel vermeld je het *referentienummer uit de krant*.
Geachte mevrouw	Aanspreking *(gevolgd door 1 witregel)*	Geachte mevrouw *of* Geachte heer
Uit een advertentie in *De Regionale Krant* van 15 april blijkt dat u op zoek bent naar een salesmanager die zelfstandig kan werken en stressbestendig is.	Inleiding *(gevolgd door 1 witregel)*	- Verwijs naar de plaats + datum waar je de advertentie gelezen hebt. of - Schrijf hoe je deze sollicitatie vernomen hebt.

Voorbeeld	Wat	Hoe
De functie zoals u ze omschrijft in de advertentie spreekt me aan omdat ze goed aansluit bij mijn interesse en opleiding. Zoals u uit mijn curriculum vitae kunt afleiden, heb ik economie gestudeerd aan de Arteveldehogeschool in Gent. Uit diverse bronnen heb ik vernomen dat u een snelgroeiend bedrijf bent dat ook jonge mensen een kans biedt. Zelfstandigheid en flexibiliteit vormen bovendien geen probleem. Ik beschik over een eigen wagen.	Kern: diverse alinea's, telkens gescheiden door 1 witregel *(gevolgd door 1 witregel)*	Je motivatie met: - wat je in de functie aanspreekt; - wat je in het bedrijf aanspreekt; - je eigen relevante kwaliteiten.
Als u dit wenst, wil ik graag naar uw bedrijf komen voor een gesprek.	Slot *(gevolgd door 1 witregel)*	- Je hoopt op een verdere gelegenheid om je sollicitatie toe te lichten. of - Je verwijst naar je bijgevoegd cv.
Hoogachtend	Afsluiting *(gevolgd door 6 witregels)*	Hoogachtend = formeel. Met vriendelijke groet = informeler.
B. Vervaeken Bert Vervaeken	Handtekening + naam afzender *(gevolgd door 2 witregels)*	Enkel je handtekening is handgeschreven. Voornaam + familienaam
Bijlage: curriculum vitae.	Bijlage(n)	Curriculum vitae Eventueel het aantal bijlagen vermelden als er meerdere zijn.

Schrijfkader

Sollicitatiebrief

Onderwerp

Geachte …

Uit een advertentie in de krant … blijkt dat u op zoek bent naar …
Naar aanleiding van uw advertentie in de krant … van … solliciteer ik naar de functie van …
Op uw website vermeldt u dat u op zoek bent naar …

Interessant aan deze job is …

Uw bedrijf staat bekend voor …

Ik beschik over de volgende diploma's … zoals u uit mijn cv kunt afleiden.

Daarnaast heb ik nog …

Een aantal van mijn sterke punten zijn …

Daarom meen ik in aanmerking te komen voor …
Daarom denk ik geschikt te zijn voor …

Graag ben ik bereid …

Hoogachtend

…

sollicitatiebrief voor een vakantiejob

Voorbeeld		Wat	Hoe
Bert Jürgens Maltastraat 22 4520 BOEKHOUT 012 32 13 21 bjurgens@telegeniek.be	26 juni 2008	Afzender + datum *(gevolgd door 6 witregels)*	Datum: rechts Afzender: links Je adres Telefoonnummer E-mailadres (eventueel)
Personeelsverantwoordelijke Champignonkwekerij Landbouwstraat 11a 4520 BOEKHOUT		Geadresseerde *(gevolgd door 2 witregels)*	Naam van de firma Adres
Sollicitatie voor een vakantiejob		Onderwerp van de brief + referentienummer *(gevolgd door 2 witregels)*	'Sollicitatie voor een vakantiejob' in vet gedrukt.
Geachte mevrouw Geachte heer		Aanspreking *(gevolgd door 1 witregel)*	Geachte mevrouw *of* Geachte heer *of* Geachte mevrouw Geachte heer (als je niet weet of je met een man of vrouw te maken hebt).

Voorbeeld	Wat	Hoe
Ik ben op zoek naar een vakantiejob. Van vrienden heb ik vernomen dat u nog enkele jobstudenten zoekt. Graag zou ik in uw bedrijf vakantiewerk doen.	Inleiding *(gevolgd door 1 witregel)*	Verwijs naar: - de plaats + datum waar je de advertentie gelezen hebt; - personen van wie je informatie over de vakantiejob gekregen hebt.
Handenarbeid vormt voor mij geen probleem. Ik kan zowel in de ochtend- als in de namiddagploeg werken indien nodig.	Kern – in diverse alinea's, telkens gescheiden door 1 witregel. *(gevolgd door 1 witregel)*	Je motivatie: wat spreekt je in de functie aan? Je kwaliteiten: ben je vlot in de omgang? Neem je initiatief? Ben je stipt? Ben je bereid hard te werken? Deze informatie geef je afhankelijk van de job waarvoor je solliciteert. Een job in de horeca is anders dan die van loopjongen in een bedrijf.
Dank alvast voor uw antwoord.	Slot *(gevolgd door 1 witregel)*	Je hoopt op een positief antwoord. Je wilt graag jezelf komen voorstellen indien nodig. Dit voorstel doe je enkel als je denkt dat dit echt nodig is voor de job die je wilt doen.
Vriendelijke groet	Afsluiting *(gevolgd door 6 witregels)*	Hoogachtend (formeel) of Met vriendelijke groet (informeler) Vriendelijke groet
Je handtekening of naam handgeschreven Bert Jürgens	Handtekening *(komt in deze ruimte)* + naam afzender *(gevolgd door 2 witregels)*	Enkel je handtekening is handgeschreven. Voornaam + familienaam

---

Schrijfkader

Sollicitatiebrief voor een vakantiejob

Onderwerp

Geachte …

Ik heb vernomen/gehoord dat u …

Graag zou ik in uw bedrijf vakantiewerk doen.

Mijn sterke kanten zijn …
Ik ben goed in …

Dank alvast voor …

Met vriendelijke groet
…

Vaste tekststructuren
Hoe bouw je een tekst op?

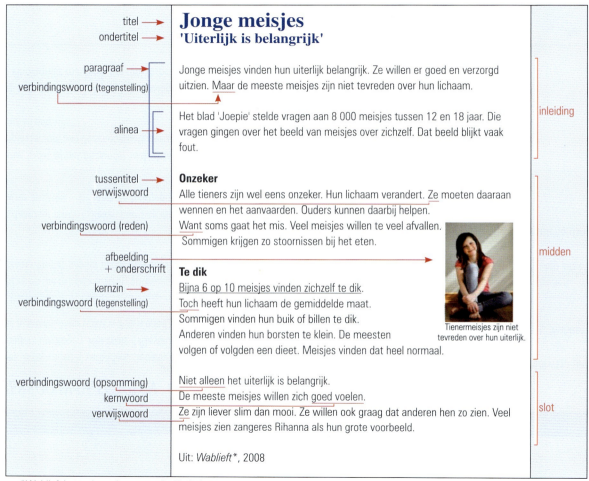

*Wablieft is een krant in eenvoudig Nederlands.

de evaluatiestructuur

Voorbeeld	Wat	Hoe
VOLLEDIG ROOKVERBOD IN DE SCHOLEN Roken op school is vanaf 1 september 2008 volledig verboden. Gedaan met het aparte rokersplaatsje voor leraren en oudere leerlingen. Net zoals de restaurants en de eetcafés worden de scholen rookvrije plaatsen. *Maar* is dat wel zo'n goed idee?	**Wat** ga je evalueren?	- Beschrijf eerst het probleem, de situatie, het voorwerp (boek, film, cd, dvd) of de persoon die je gaat evalueren. - Gebruik hiervoor de vragen: wie, wat, waar, wanneer, welke omvang, hoe?
Een rookverbod valt *op het eerste gezicht* enkel toe te juichen. Het is ontegensprekelijk bewezen dat roken longkanker veroorzaakt en dat passief roken eveneens gevaren met zich meebrengt. Stilaan wordt het hele openbare leven daardoor rookvrij. Roken hoort op die manier meer en meer thuis in de privésfeer waar anderen – behalve de huisgenoten – er geen last van hebben.	Wat zijn de **positieve** kenmerken?	- Deze opbouw houdt rekening met de voor- en nadelen. - Duid aan welke criteria of kenmerken je gebruikt om iets of iemand te beoordelen. - Voor een persoon gebruik je andere evaluatiecriteria dan voor de beoordeling van een cd of film.
Negatief aan het rookverbod voor leraren is dat zij het nu zonder rooklokaal dienen te stellen. Zullen we dan voortaan groepjes leraren aan de schoolpoort zien staan net zoals dat nu al het geval is bij restaurants en eetcafés? En wat met de leerlingen? Zullen zij zich neerleggen bij een beslissing van de overheid, terwijl ze in het verleden op vindingrijke manieren het rookverbod van de school hebben weten te omzeilen?	Wat zijn de **negatieve** kenmerken?	Idem.

Voorbeeld	Wat	Hoe
Net zomin als de leerlingen zich de les hebben laten voorschrijven door de school, zullen ze luisteren naar de overheid. Wat kun je als school doen tegen overtreders? Toch niet meer dan wat je nu al doet. Goed, de overheid wil per se een rookverbod, maar *so what* zullen veel leerlingen denken. De sancties zullen er niet door veranderen. Kun je het bovendien nicotineverslaafde leraren aandoen om na vier lesuren niet even op verhaal te komen met een heerlijke sigaret? Zullen ze toch niet stiekem een in hun ogen welverdiend sigaretje opsteken op de openbare weg net buiten de schoolpoort? En roken aan de schoolpoort valt bijzonder op, terwijl leraren toch het goede voorbeeld dienen te geven, niet? Wat kan er dan op tegen zijn dat ze blijven roken in een afgesloten lokaal, waar anderen het niet zien en er bijgevolg geen last van hebben? Door een algeheel rookverbod in de (school)gebouwen dwing je mensen op straat te gaan roken, waar dit gedrag net opvalt en zichtbaar wordt voor jongeren. Nee, dan liever een afgesloten lokaal dat rokers aan het zicht onttrekt.	Wat is je eindbeoordeling, je **besluit**?	- Om een oordeel te vellen, moet je zelf goed thuis zijn in het onderwerp. Je moet dus goed weten waarover je spreekt. - Onderbouw je besluit met argumenten. Wie iets beweert, moet dat ook 'hard' kunnen maken.
	De evaluatie-structuur kun je o.a. ook gebruiken voor de *recensie* en het *verslag*.	

Schrijfkader

Evaluatiestructuur

Het probleem dat ter discussie staat, is …
In dit verslag wil ik het volgende probleem evalueren/bespreken …

Ik toets het probleem aan de volgende criteria/kenmerken …

Positief is in elk geval …

Daarnaast is het ook zo dat …

Een mogelijk derde voordeel is …

Maar er zijn ook schaduwzijden / negatieve kanten.

In de eerste plaats is er …

In de tweede plaats is …

Ten slotte is er ook …

We kunnen stellen dat de positieve kenmerken (niet) opwegen tegen de negatieve en daarom kunnen we besluiten dat …

de maatregelstructuur

Voorbeeld	Wat	Hoe
WISKUNDELES MOET PRAKTISCHER Vanaf september 2008 geldt in de Vlaamse scholen een nieuw leerplan voor wiskunde. De lessen moeten in de eerste graad minder abstract en praktischer worden.	**Wat** is de maatregel?	Over welke maatregel gaat het? Wie heeft hem genomen? Wanneer is de maatregel nodig? Voor wie of wat?
Het huidige leerplan voor wiskunde is te zwaar. Het houdt te weinig rekening met het dagelijkse leven. *Bovendien* hebben de leerlingen het moeilijk met vraagstukken omdat ze de taal ervan niet verstaan. Leerlingen hebben vaak een te zwakke taalvaardigheid.	**Waarom** is de maatregel nodig?	Je somt de redenen op waarom een maatregel genomen wordt. Je maakt daarbij gebruik van signaalwoorden: *enerzijds, anderzijds, vervolgens, bovendien, daarnaast, ten vierde …*
Op de eerste plaats zullen de wiskundeleraren in de lessen meer gebruikmaken van de dagelijkse taal. Sommige leerlingen kunnen immers slecht met taal overweg. *Op de tweede plaats* wil men wiskunde aantrekkelijker maken door meer oefeningen en voorbeelden uit de praktijk te gebruiken. Nieuwe schoolboeken moeten leerlingen en leraren helpen om de vernieuwing te doen slagen.	**Hoe** wordt de maatregel uitgevoerd?	- Welk stappenplan is er uitgedokterd? Om dit te beschrijven, kun je het best de opsommingsstructuur gebruiken. - Maak gebruik van signaalwoorden: *in/op de eerste plaats, ten tweede, vervolgens, bovendien, ook, daarnaast, ten slotte …* - Welke middelen worden gebruikt? - Wie gaat wat precies doen?
Door deze maatregelen hopen de scholen dat leerlingen meer gemotiveerd zijn om wiskunde te studeren en dat de leerstof beter blijft hangen. Uit: *De Morgen*	Wat zijn de **effecten** van de maatregel?	Zeg welk resultaat je wilt bereiken met de maatregel. Wat zal erdoor verminderen of juist vermeerderen?

Schrijfkader

Maatregelstructuur

De volgende maatregel/beslissing om … werd op … ingevoerd/genomen door …

De maatregel werd om de volgende redenen genomen.
Waarom is deze maatregel nodig?

In de eerste plaats wegens …

In de tweede plaats om …

Bovendien is er …

Op welke wijze gaat men te werk om de maatregel uit te voeren?
De uitvoering van de maatregel gebeurt op de volgende manieren.

Eerst …

Vervolgens …

Ten slotte …

Het uiteindelijke resultaat van deze maatregel is dat …

de onderzoeksstructuur

Voorbeeld	Wat	Hoe
JONGERENTAAL IN VLAANDEREN EN NEDERLAND Omdat over jongerentaal in het Nederlandse taalgebied nog maar weinig verschenen is, heb ik deze vorm van taal in Nederland en Vlaanderen onderzocht. Echte jongerentaal bestaat nog niet zo lang. Pas met de verlenging van de leerplicht in de tweede helft van de 20ste eeuw kon een volwaardige jongerencultuur ontstaan. Jongeren blijven nu immers langer bij elkaar. Een groepsidentiteit is vaak verbonden met een eigen taalgebruik of sociolect.	**Wat** wordt precies onderzocht?	- Vermeld het onderwerp van je onderzoek. - Zeg waarom je dat onderwerp onderzoekt.
Op basis van mijn voorkennis en lectuur van verschillende jongerentijdschriften besloot ik drie aspecten van dichtbij te bekijken: de Engelse woordenschat, het gebruik van bekrachtigers zoals *kei*tof en *mega*saai, en het gebruik van positieve adjectieven. Voor mijn onderzoek heb ik mij gebaseerd op de twee populairste jongerentijdschriften in Nederland en Vlaanderen: *Fancy* en *Joepie*.	Volgens welke **methode** ga je te werk?	- Via een *experiment*. Hoe heb je dat experiment opgezet? - Via *onderzoek van de bestaande literatuur* over een onderwerp. Wat is al over het onderwerp gepubliceerd in vaktijdschriften en boeken? - Via een *enquête*. Hoe heb je de enquête opgezet? Welke soort mensen (mannen, vrouwen, jongeren, volwassenen …) heb je ondervraagd? Hoeveel mensen heb je ondervraagd?
Jongeren pikken heel snel Engelse woorden op van tv, film en muziek. Het Engels is goed voor 3,5 % van het totale woordgebruik in de onderzochte teksten. Daarbij blijken Vlaamse en Nederlandse jongeren even kwistig zijn in het gebruik van Engelse woorden. Deze vaststelling gaat in tegen de opvatting dat Nederlanders meer Engelse woorden zouden gebruiken dan Vlamingen.	Wat zijn de **resultaten** van het onderzoek?	Welke *data* (cijfers, antwoorden) heb je gevonden?

Voorbeeld	Wat	Hoe
Jongeren gebruiken daarnaast heel wat versterkende woorden zoals *super, zeer, kei, heel, mega, erg* en *giga*. Hier is er wel een onderscheid tussen Nederlanders en Vlamingen. Vlamingen gebruiken vaak versterkers als *super, mega* en *kei*, terwijl de Nederlandse jongeren *heel, zeer* en *erg* in de mond nemen. De positieve adjectieven *cool, hot* en *hip* komen dan weer in dezelfde mate voor in *Fancy* en *Joepie*. Vlaamse jongeren hebben wel een grotere voorkeur voor *cool* dan hun Nederlandse leeftijdgenoten. Een mogelijke verklaring hiervoor is dat *cool* al langer populair is in Nederland en daar nu op de terugweg is.		
Uit het onderzoek blijkt dat een aantal woorden vaste waarden zijn in de taal van Vlaamse en Nederlandse jongeren. Het Engels speelt hierin een belangrijke rol. Uit deze vergelijking blijkt ook dat er wel degelijk zoiets bestaat als één overkoepelende Nederlandse jongerentaal. Naar: Gijsel, L., *Jongerentaal in Vlaanderen en Nederland*. In: Nederlands van Nu.	Wat is je **eigen besluit**?	Welk besluit trek jij uit deze gegevens of resultaten? Wat is jouw standpunt of advies?

Schrijfkader

Onderzoeksstructuur

Dit artikel wil het volgende fenomeen onderzoeken/beschrijven …
Het onderzoek dat ik hier beschrijf gaat over …
Ik onderzoek in dit verslag …

Het onderzoek verloopt volgens de methode …
Bij het onderzoek heb ik gebruikgemaakt van de volgende methode …
Ik gebruik de volgende methodes om mijn onderzoek op te zetten. Ten eerste … Ten tweede … Ten slotte …
De volgende methodes werden gebruikt om het onderzoek op te zetten. Eerst … Vervolgens … Ten slotte …

Uit het onderzoek zijn de volgende resultaten af te leiden.

In de eerste plaats is het zo dat …

Daarmee hangt het tweede resultaat samen, nl. dat …

Een derde en laatste resultaat is …

Uit het onderzoek blijkt dus dat …
Uit het onderzoek valt af te leiden …
Het eindbesluit van het onderzoek is dat …
Als we zowel voor- als nadelen tegen elkaar afwegen, dan kunnen we besluiten dat …

de probleemstructuur

Voorbeeld	Wat	Hoe
SHHHT! Kun jij je absolute stilte voorstellen? Ik in elk geval niet. Zelfs midden in een bos hoor je het gebonk van vrachtwagens op een of andere autoweg, het geronk van een (sport-)vliegtuig, het optrekken van een zware motor of – het ergste van allemaal - het nijdig knetteren van een opgedreven brommertje. In Vlaanderen omringt lawaai ons overal en daar moeten we met z'n allen wat aan doen.	**Wat** is het probleem?	- Zeg wat het probleem is. Beschrijf eventueel de achtergrond van het probleem. - Wie of wat speelt hier een belangrijke rol in? - Een goede pakkende inleiding helpt. Zorg dat je daarmee de aandacht trekt van de lezer of toehoorders.
Lawaai is een bron van stress en van stress worden mensen ziek.	**Waarom** is het een probleem?	Je toont aan dat wat je beweert ook écht een probleem is. Op die manier dek je je in tegen mogelijke kritiek. Sommige mensen ervaren immers jouw probleem niet als iets ergs. Voor hen is wat jou stoort misschien doodnormaal.
Eén van de grootste oorzaken van lawaai is dat we op een veel te kleine oppervlakte leven. We zijn met te veel en ieder meent dan ook nog eens recht te hebben op zijn eigen portie lawaai. De rijdende disco's van de *johnny's* met hun witte petjes achter het stuur van hun getunede wagens vormen daarvan een treffend voorbeeld. *Ook* de vele vrachtwagens zorgen voor een boel lawaaihinder. Dag en nacht zijn ze onderweg. Wie langs een drukke verkeersweg woont, kan daar beslist over meepraten.	Wat zijn de **oorzaken** ervan?	Je somt de oorzaken op. Maak daarbij gebruik van de signaalwoorden: *in de eerste plaats, ten tweede, vervolgens, bovendien, ook, trouwens, dus, ten slotte*.
Kunnen we iets doen aan al dat lawaai? Vrachtwagens zijn nu eenmaal nodig voor de economie. Zij moeten de goederen toch op hun eindbestemming brengen? Dat klopt, maar dat neemt niet weg dat de trein een grotere rol kan spelen, zoals nu al in Frankrijk en Zwitserland het geval is.	Welke **oplossingen** zijn er voor het probleem?	- Wat is ertegen te doen? - Bespreek indien nodig de voor- en nadelen van elke oplossing. - Geef de beste oplossing of een advies.

Voorbeeld	Wat	Hoe
Bovendien hebben we een deel van het lawaai dat we maken zelf in de hand. Moet muziek echt voor iedereen in een straal van 100 meter te beluisteren zijn? Moet iedereen in de straat horen dat er weer een nijdig brommertje aankomt of vertrekt? Lawaai is een onderdeel van milieuvervuiling. En aan de bestrijding van die vervuiling moeten we met z'n allen werken. Leve de stilte *dus*.		

Schrijfkader

Probleemstructuur

Het probleem dat hier aan de orde is, heeft te maken met …
Ik wil in dit verslag het volgende probleem ter sprake brengen …

De reden waarom dit een probleem is, heeft te maken met …
Dit fenomeen … is een probleem, omdat …

Er zijn diverse oorzaken voor dit probleem.

De hoofdoorzaak is dat …

Daarnaast is er het feit dat …

Ook … vormt/vormen een probleem.

Hoe het probleem oplossen?
Het probleem kan als volgt aangepakt worden.

Eerst dient men te zorgen voor …

Een andere mogelijke oplossing is …

Vervolgens …

We kunnen besluiten dat …

de vergelijkingsstructuur

Voorbeeld	Wat	Hoe
In dit overzicht vergelijken we de twee grootste Vlaamse tv-zenders – VRT en VTM – met elkaar.	Wat ga je vergelijken?	Organisaties, producten, personen, begrippen …
Er zijn heel wat parallellen te trekken tussen beide zenders.	Gelijkenissen	Wat hebben ze met elkaar gemeen?
Eerst en vooral mikken ze beide op een groot publiek. De VRT heeft die opdracht gekregen van de Vlaamse Gemeenschap, VTM van haar aandeelhouders. Daarom worden ze populaire zenders genoemd.	**Opsommings-structuur** 1ste gelijkenis + voorbeeld	Ten eerste, op de eerste plaats, om te beginnen er is, eerst en vooral, vooreerst …
Een tweede overeenkomst is dat ze beide het publiek aan zich willen binden door zo veel mogelijk eigen series te tonen. Voorbeelden daarvan zijn te vinden in de vele soaps en detectivereeksen. De VRT scoort hoog met *FC De Kampioenen* en de detectiveseries *Flikken* en *Witse*, terwijl VTM kleppers in huis heeft als *Familie* en *De Planckaerts*. Als detectiveseries kunnen *Aspe* en *Matroesjka's* tellen.	2de gelijkenis + voorbeeld	Ten tweede, op de tweede plaats, een tweede overeenkomst, vervolgens …
Een derde overeenkomst is dat beide zenders veel belang hechten aan een goed uitgebouwde nieuwsdienst. De VRT heeft *Het Journaal*, VTM *Het Nieuws* en die worden beide gelijktijdig geprogrammeerd om zeven uur 's avonds.	3de gelijkenis + voorbeeld	Bovendien, vervolgens, daarnaast, ten derde …
Daarnaast zijn er duidelijk verschillen tussen de zenders.	Verschillen	Waarin verschillen ze van elkaar?
Op de eerste plaats is er een andere eigenaar. De VRT hangt af van de Vlaamse Gemeenschap – zeg maar van ons allemaal – terwijl VTM in handen is van aandeelhouders uit de privésector.	**Opsommings-structuur** 1ste verschil	Op de eerste plaats, ten eerste, er is om te beginnen …

Voorbeeld	Wat	Hoe
Dat brengt ons bij het tweede verschil: reclame. Hoewel je die ook aantreft tussen de programma's op de VRT, worden vooral de programma's op VTM geregeld onderbroken door grote reclameblokken.	2de verschil	Vervolgens, ten tweede, een tweede verschil bestaat in …
Dit heeft te maken met het verschil in financiering, meteen het derde onderscheid tussen de tv-zenders. De VRT krijgt haar geld van de Vlaamse Gemeenschap, terwijl VTM zijn inkomsten juist moet halen uit de opbrengsten van reclame.	3de verschil	Vervolgens, daarna, ten derde, op de derde plaats …
Als besluit kunnen we stellen dat beide zenders mikken op een zo ruim mogelijk publiek en dat ze dat proberen te doen met programma's van eigen makelij, maar dat het grote verschil is van wie en hoe ze hun geld krijgen.	Besluit	Als besluit kunnen we stellen dat … /We kunnen besluiten dat …/ We komen tot het besluit dat …

Schrijfkader

Vergelijking

In dit overzicht worden … en … met elkaar vergeleken.

Beide hebben ze de volgende kenmerken gemeen: …
Er zijn heel wat overeenkomsten tussen …

In de eerste plaats …

Een tweede overeenkomst is …

Vervolgens …

Ten vierde …

Ten slotte …

Daarnaast zijn er tussen beide begrippen of organisaties heel wat verschillen.

Als we op zoek gaan naar deze verschillen, dan valt in de eerste plaats op dat …

Ze zijn ook anders doordat …

Een ander verschil is …

Als besluit kunnen we stellen dat …
We kunnen besluiten dat …

de telefoonmemo

Voorbeeld 1

Voorbeeld 2

de boeck	
Formulier telefoonmemo	
Telefoonmemo voor:	
Naam van de beller of het bedrijf:	
Adres:	
Telefoonnummer/gsm:	
Korte inhoud van het gesprek:	
Datum + uur van bellen:	

de uitnodiging

Voorbeeld	Wat	Hoe
Logo van de organisatie, school of firma met naam en adres de boeck	Briefhoofd	Officiële organisaties zoals scholen, sportclubs en jeugdbewegingen hebben meestal een logo op hun briefpapier staan.
Beste ouders	Aanspreking	Aan wie is de uitnodiging gericht?
Wij, de leerlingen van 4 Sociale en Technische Wetenschappen, vieren de opening van ons ijsjessalon.	Reden van de uitnodiging? Wie nodigt uit?	- Verjaardag? Feestje? Huwelijk? Baby? Nieuw huis? Fuif? Nieuwjaar? Wilde party? Diploma? Zomaar? - Vier je het 25-jarig bestaan van je jeugdvereniging of sportclub met leuke festiviteiten? Geef dan ook een overzicht van het programma.
We nodigen jullie van harte uit op deze opening, die plaatsvindt op 10 oktober van 15.00 tot 17.00 uur in onze school.	Wanneer en waar?	In de eerste alinea('s) geef je een antwoord op de vragen *wie, waar, wanneer, hoe laat, welke reden*? Zo heeft de lezer meteen alle belangrijke informatie.
Inschrijven kunnen jullie via onderstaande strook. We vragen jullie deze ten laatste twee dagen voor de opening naar de school te sturen. Zie daarvoor het adres op deze uitnodiging.	Dienen de gasten op voorhand te laten weten of ze komen?	Zo ja, gebeurt dat via een invulstrook? Zijn je naam, adres en telefoonnummer bekend om te antwoorden?
Tot ziens op 10 oktober!	Afsluiting	Informeel: Vriendelijke groet Tot dan! Formeel: Hoogachtend
De leerlingen van 4 STW	Wie nodigt uit?	

Voorbeeld	Wat	Hoe
✂-- Naam: Adres: zal aanwezig zijn op 10 oktober met … personen Handtekening Gelieve terug te sturen voor 8 oktober naar *Instituut De Boeck, Klas 4 STW, Onderwijsstraat 15, 3560 Neerpelt*	Inschrijvingsstrook	- Afgescheiden van de rest van de brief door een stippellijn of een icoontje met daarop bijvoorbeeld een schaartje. - Vermeld op de inschrijvingsstrook voor alle duidelijkheid nogmaals je naam + adres. - Duid aan vóór welke datum men het antwoord moet terugsturen.

	Zijn taal en lay-out aangepast aan het doelpubliek?	- Gaat het om een officiële uitnodiging met officiële gasten?
		  → formele taal.
		- Is de uitnodiging bedoeld voor familie en vrienden?
		  → informele taal mag.

Schrijfkader

Uitnodiging

Geachte …
Beste …

Graag nodigen we u/jullie uit op …

Die vindt plaats op … in …

We starten om …

Het programma ziet er als volgt uit.

Gelieve te antwoorden voor …

verslag van een vergadering

Voorbeeld	Wat	Hoe
de boeck Datum: Aanwezigen: Verontschuldigd:	Hoofding	De hoofding of het logo van de organisatie, plus de datum en de lijst van aanwezigen maken het verslag van een vergadering herkenbaar voor buitenstaanders.
De voorzitter heet het nieuwe lid van harte welkom. X is van beroep ... De volgende agendapunten worden toegevoegd: 1 2	Opening & welkom Toegevoegde onderwerpen of punten	De beleefdheid vereist dat de voorzitter nieuwe leden welkom heet. In het verslag staat een korte functiebeschrijving van het nieuwe lid. De voorzitter kan ook vragen wie nog agendapunten wil toevoegen. Pas op het einde van de vergadering komen die aan bod. Eerst komen namelijk de officiële agendapunten, vermeld in de uitnodiging, aan bod.
De volgende punten uit de vorige vergadering worden aangepast: 1 2 Het verslag wordt goedgekeurd.	Bespreking vorig verslag + goedkeuring	Het is de gewoonte het vorige verslag kort te bespreken en achteraf goed te keuren. Zo krijgt het verslag een officieel karakter.
- Uitnodigingen - Mededelingen - Verzoeken - Informatie	Binnengekomen stukken	De voorzitter overloopt de uitnodigingen, verzoeken en mededelingen die aan de organisatie of vereniging gericht zijn.

Voorbeeld	Wat	Hoe
Onderwerp 1: voorbereiding open dag - *Wat* dient er te gebeuren? - *Wie* voert het uit? - Tegen *wanneer*? Onderwerp 2: voorstel om deel te nemen aan een tentoonstelling De vergadering besluit unaniem dat … Onderwerp 3	Agenda	De eigenlijke inhoud van de vergadering. De verschillende agendapunten die in de uitnodiging aan de leden vermeld stonden, worden nu behandeld.
Bespreking van de volgende onderwerpen toegevoegd door de leden: 1 2	Wvttk: **w**at **v**erder **t**er **t**afel **k**omt Rondvraag	De leden krijgen op het einde van de vergadering nog de mogelijkheid extra vergaderonderwerpen aan te brengen en te bespreken. De voorzitter kan hier ook naar vragen bij het begin van de vergadering. Pas op het einde van de vergadering worden de toegevoegde punten behandeld.
Gelieve nu al in uw agenda te noteren: - Datum: … - Uur: … - Plaats: …	Datum van de volgende vergadering	Er wordt op het einde van de vergadering nog even stilgestaan bij de datum van de volgende bijeenkomst.

Schrijfkader

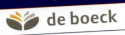

Verslag van een vergadering

Overleg van de organisatie / vereniging / werkgroep …

DATUM:
AANWEZIG:
VERONTSCHULDIGD:
VERSLAGGEVER:

	Agendapunt	Bespreking	Besluiten / afspraken / suggesties	Opvolging
1	Opening & verwelkoming Nieuwe leden?			
2	Bespreking vorig verslag + goedkeuring		Het verslag wordt goedgekeurd.	
3	Binnengekomen stukken: - uitnodigingen - mededelingen - informatie			
4	Agendapunt 1	*Bevraging van de doelgroep:* we werken met een beknopte enquête, met duidelijke onderdelen of rubrieken, zodat hiervan later een rapport geschreven kan worden.	• Beknopte enquête uitwerken als leidraad voor een gesprek. • Op de vergadering van 25.11.08 zowel de inhoud van de bevraging als de werking/procedure van de gesprekken voorleggen en bespreken.	**Model van bevraging** uitwerken op basis van voorstellen. X zet een voorstel op papier. Dit voorstel wordt besproken op de volgende vergadering.
5	Agendapunt 2			
6	Agendapunt 3			
7	Wvttk (**w**at **v**erder **t**er **t**afel **k**omt)			
8	Volgende vergadering	Datum: Plaats:	Uur:	

verslag van een wetenschappelijke proef

Voorbeeld	Wat	Hoe
Wet van Pouillet	Titel	Zakelijk. De titel geeft het onderwerp van het onderzoek aan.
Het doel van deze proef is na te gaan hoe de wet van Pouillet werkt. Deze wet berekent de weerstand van een geleider.	Doel	Nut van de proef. Wat is de relevantie van de proef?
Bij deze test zijn de volgende materialen nodig: twee multimeters, een spanningsbron, een plaat met verschillende weerstandsdraden en vijf elektrische snoeren.	Materialen	Opsomming
We gaan als volgt te werk. We beschikken over een spanningsbron, waarvan de spanning regelbaar is. We verbinden de polen van de bron met een geleidende dunne draad (de eigenlijke weerstand) die tussen twee klemmen gespannen is. De spanning U tussen begin- en eindpunt van de weerstandsdraad wordt gemeten door een voltmeter. Deze staat dus evenwijdig geschakeld met de weerstand. Hij is parallel geschakeld. De stroomsterkte I in de kring wordt gemeten door een ampèremeter. Deze moet de stroomdoorgang in de leiding meten en moet dus in de leiding zelf geschakeld zijn. Hij staat dus in serie met de weerstand, d.w.z. weerstand en meter staan op één rij. We regelen de spanning van de bron op verschillende waarden en lezen de bijbehorende stroomsterkte af.	Opzet van de proef	Beschrijving

Voorbeeld	Wat	Hoe
Eerst vergelijken we de draden van verschillende lengte, maar met dezelfde doorsneden en hetzelfde materiaal. *Vervolgens* vergelijken we draden uit hetzelfde materiaal en met dezelfde lengte, maar met een verschillende diameter. *In de derde en laatste* proef vergelijken we de draden met dezelfde lengte en doorsnede, maar ditmaal is het materiaal waaruit ze gemaakt zijn verschillend.	Onderzoek	Chronologische structuur die stap voor stap het onderzoek beschrijft. De *signaalwoorden* zijn hierbij belangrijk. Je kunt de signaalwoorden ook vervangen door een nummering van de verschillende stappen.
Uit de proef kunnen we het volgende besluit trekken. De weerstand van een geleider is: - afhankelijk van de geleider, de lengte en de doorsnede; - onafhankelijk van het potentiaalverschil tussen zijn uiteinden; - onafhankelijk van de stroomsterkte.	Resultaten	Wat levert het onderzoek uiteindelijk op? Wat zijn de voordelen ervan?

Schrijfkader

Verslag van een proef

Het doel van deze proef is na te gaan hoe …

Met deze proef toon ik aan dat …

Ik gebruik/we gebruiken de volgende materialen of voorwerpen …

Hoe is de proef verlopen?

Hoe gaan we te werk?

Ten eerste onderzoek ik …

Ten tweede vergelijk ik …

Vervolgens ga ik na hoe …

Daarna heb ik …

Als vijfde en laatste stap …

De proef leverde het volgende resultaat op …

Hieruit kunnen we besluiten dat …

verslag van een gebeurtenis

Voorbeeld	Wat	Hoe
DRIE DAGEN FEESTEN *Op bezoek bij de Marokkaanse gemeenschap in Maaseik*	Titel Eventueel ondertitel	Zorg dat de titel de lezer aanspreekt.
Vorige week brachten wij, leerlingen van 6 Organisatiehulp, een bezoek aan de moskee van Maaseik.	Inleiding Beantwoord de vragen wie, wat, waar, wanneer?	Geef meteen een antwoord op de vragen *waar*, *wanneer*, *wat* of *waarover* (welke firma, welk evenement), *wie*?
Voor we de moskee binnen mochten, moesten we een doek om ons hoofd binden en onze schoenen uitdoen. Onze Marokkaanse gids Fathia vertelde ons over de vijf pijlers van de islam. Dat zijn de geloofsbelijdenis, het rituele gebed, de religieuze belasting – waarbij men een deel van zijn bezit aan de armen schenkt –, de ramadan en *ten slotte* de pelgrimstocht naar Mekka. Religie speelt een belangrijke rol in het leven van moslims. Voor Marokkanen heeft de Koran dezelfde betekenis als de Bijbel voor ons. Je leest de Koran van rechts naar links. Marokkanen bidden vijf keer per dag in de richting van Mekka. Zelf draagt Fathia geen hoofddoek, omdat religie van binnenuit dient te komen, vindt ze. Haar moeder draagt er wel een, maar laat haar dochters vrij in hun keuze. Indrukwekkend was de videoreportage over het trouwfeest van Fathia's zus. Zo'n feest duurt drie dagen, waarbij de bruid zich drie tot vijf keer omkleedt. Ze draagt telkens de typische kleding van de verschillende Marokkaanse streken. Mannen en vrouwen feesten afzonderlijk.	Midden Ga dieper in op de vragen: wie, wat, waar, wanneer, hoe, waarom, welke? **Chronologische structuur**	Beschrijf de gebeurtenissen chronologisch, zoals ze zich voordoen. Tracht de vragen: *wie, wat, waaruit, welke, waarom, hoe* … zo volledig mogelijk te beantwoorden. Beschrijf wat je hebt meegemaakt. Het is niet altijd mogelijk alle vragen te beantwoorden. Vermeld een voorwerp of element dat je opgevallen is.

Voorbeeld	Wat	Hoe
Het bezoek aan de moskee en aan Fathia's huis was zeer interessant. Door met de leefwereld van de allochtonen in contact te komen, leer je er respect voor op te brengen. Je leert met andere ogen naar een belangrijke groep in onze bevolking te kijken. Leerlingen van 6 Organisatiehulp	Slot – eindbeoordeling	- Geef je indrukken - Wat vond je goed/niet goed? M.a.w. wat zijn de voor- en nadelen van wat je meegemaakt hebt? - Zou je de lezer van je artikel een bezoek aanraden?

Schrijfkader

Verslag van een gebeurtenis

Op … bracht onze klas/onze vereniging … een bezoek aan …

Dat gebeurde in het kader van …

De tentoonstelling/het bedrijf bevindt zich …

De drie belangrijkste kenmerken van het bedrijf/de tentoonstelling zijn …

Elk van deze elementen verdient een korte uitleg.

Het eerste kenmerk …

Een tweede belangrijk gegeven is …

Als derde feit valt te vermelden dat …

Positief aan het geheel vond ik dat …

Een minpunt aan de hele organisatie is …

Mijn algemene indruk is dat …

de zakelijke brief

Voorbeeld	Wat	Hoe
Joachim Vander Gaeten 12 oktober 2008 Fleurlaan 1 1200 RAEREN 084 79 72 04	Je eigen naam + adres + telefoonnummer + datum	*Links* - Voornaam + familienaam - Straat + nummer - Postnummer + gemeente/stad - Naam van je GEMEENTE met hoofdletters *Rechts* - Datum
Mevrouw Vanpinken Pinksterlaan 1a 2300 BOUWEN	Dhr. of mevrouw + naam + adres van de geadresseerde	Zes witregels onder de afzender
	+ *eventueel* kenmerk	Uw kenmerk – Ons kenmerk
Bevestiging van kampplaats in juli	Onderwerp	Twee witregels onder de geadresseerde Enkel in vet of cursief Je gebruikt geen 'betreft'.
Geachte mevrouw	Aanspreking	Twee witregels onder onderwerp Start met een hoofdletter Geen leesteken (komma) in de aanspreking
Ik heb gisteren met u getelefoneerd over een kampplaats op uw domein aan zee. We hadden toen afgesproken dat ik de datum en het aantal personen schriftelijk zou meedelen na overleg met onze jeugdvereniging.	Briefgesprek of briefinhoud	Eén witregel onder de aanspreking Elke alinea start aan de linkerkantlijn Eén witregel tussen elke alinea. Witruimte zorgt ervoor dat het lezen aangenamer verloopt.

Voorbeeld	Wat	Hoe
Hiermee bevestig ik dat wij van 10 tot 22 juli met 25 personen komen kamperen in 'De hoornblazers'. Als bijlage stuur ik u een lijst met de namen en adressen van de deelnemers, zoals u gevraagd had voor de verzekering. Ik dank u hartelijk voor het feit dat u ons de kampplaats laat gebruiken.		Structuur: - 1ste alinea: de aanleiding (het waarom); - 2de alinea: de eigenlijke mededeling, het doel, de kern van de zaak; - 3de alinea: *eventueel* verdere uitleg; - 4de alinea: een afsluiting, bedanking.
Met vriendelijke groet	Slotformule	Eén witregel onder de briefinhoud Geen leesteken (komma) Formules: - Hoogachtend - Met vriendelijke groet - Vriendelijke groeten
Handtekening J. Vander Gaeten	Handtekening + naam	Voldoende (zes) witregels na de slotformule Handtekening + je voornaam en naam nog eens getypt daaronder.
Bijlage: lijst met namen en adressen van de deelnemers	Bijlage (als die er is)	

Schrijfkader

Zakelijke brief

Onderwerp

Geachte …

Ik ben/wij zijn …

Ik had reeds eerder contact met u. Via deze brief bevestig ik …

Graag had ik vernomen of …

Ik zou het volgende willen vragen …

Is het mogelijk dat …

Hartelijk dank voor …

Met vriendelijke groet …

de zakelijke e-mail

Voorbeeld	Wat	Hoe
1 Aan: vanpinken@telegeniek.be Kopie: **2** Onderwerp: bevestiging kampplaats Bijlage ☐ adressenlijst jeugdbeweging **3** Geachte mevrouw **4** Ik heb gisteren met u getelefoneerd over een kampplaats op uw domein aan zee. We hadden toen afgesproken dat ik de datum en het aantal personen schriftelijk zou meedelen na overleg met onze jeugdvereniging. Hiermee bevestig ik dat wij van 10 tot 22 juli met 25 personen komen kamperen op het domein 'De hoornblazers'. Als bijlage stuur ik u een lijst met de namen en adressen van de deelnemers, zoals u gevraagd had voor de verzekering. Ik dank u hartelijk voor het feit dat u ons de kampplaats laat gebruiken. **5** Met vriendelijke groet **6** Jochem Vander Gaeten	**1** Mailadres	
	2 Onderwerp	Vul *altijd* het onderwerp in. De lezer weet meteen waarover je mail gaat.
	3 Aanspreking	Start met een hoofdletter. Geen komma na de aanspreking.
	4 Briefinhoud	Gebruik een witregel tussen elke alinea. Dat maakt het lezen vlotter. Deel de informatie mee. *of* Stel je vraag voor inlichtingen. *of* Verontschuldig je voor je afwezigheid. *of* Bevestig eerdere afspraken. → Deel dus meteen de reden mee waarom je schrijft.
	5 Slotformule	Eén witregel onder de brief. Geen komma na de slotformule.
	6 Voornaam + achternaam voluit	Eén witregel onder de slotformule. Soms bevat je e-mailadres namelijk niet je eigenlijke naam.

Schrijfkader

Zakelijke e-mail

Geachte …

Ik ben …

Wij hebben telefonisch contact gehad over …

Via deze mail bevestig ik dat …

Via deze mail wil ik u herinneren aan …

Is het mogelijk dat …

Graag had ik vernomen of …

Gelieve mij te verontschuldigen voor de bijeenkomst …

Hartelijk dank voor …

Met vriendelijke groet

…

het argument, de argumentatie

Soorten argumenten

Voorbeeld	Wat	Hoe
'Het is koud vandaag, *want er ligt ijs op de wegen.*'	feitelijk argument	Argument gebaseerd op feiten. Een feit staat vast en is controleerbaar.
'Als je het milieu wilt helpen beschermen, kun je beter een kleine wagen kopen, *want die verbruikt minder.*'	pragmatisch argument	Argument gebaseerd op gezond verstand of logisch redeneren. Een pragmatisch argument wijst op de voor- en nadelen.
'De aarde warmt op (= gevolg) *doordat de mens te veel broeikasgassen produceert* (= oorzaak).' *of* '*Doordat de mens te veel broeikasgassen produceert,* warmt de aarde op.' (oorzaak → gevolg)	oorzakelijk argument	Argument gebaseerd op oorzaak en gevolg. Dit argument koppelt oorzaak en gevolg aan elkaar.
'Waarom mag ik niet naar die fuif? *Al mijn vrienden gaan!*'	analogisch argument	Argument gebaseerd op een voorbeeld of op analogie (gelijkheid, vergelijking). Om een standpunt kracht bij te zetten, gebruik je een gelijkaardig of analoog voorbeeld.
'Ik ben gisteren niet naar school gekomen, *omdat mijn ouders vonden dat ik te ziek was.*'	gezagsargument	Argument gebaseerd op gezag of autoriteit. Met een dergelijk argument beroep je je op het gezag en de autoriteit van belangrijke personen.
'Waarom zou je niet deelnemen aan de "Schrijf-ze-vrij-dag" van Amnesty International? *Jij zou maar eens in de plaats van die gevangenen moeten zijn!*'	emotioneel argument	Argument gebaseerd op emoties. Je doet via dit argument een beroep op de gevoelens van je toehoorder(s) of lezer(s).
'Stel dat de aarde een platte schijf is, dan zou je er vanaf kunnen vallen aan het einde. *Niemand kan van de aarde vallen, de aarde is dus niet plat.*'	bewijs uit het ongerijmde of absurde	Argument gebaseerd op een onmogelijke tegenstelling. Je wijst op de onmogelijkheid die voortvloeit uit het gevolg van die stelling.

drogredenen of ondeugdelijke argumenten

Voorbeeld	Wat	Hoe
'Waarom zou je dat niet doen (voor mij)? Je weet toch dat ik dan moeilijkheden krijg?' 'Jij bent de enige van de hele groep die "nee" zegt!' 'Waarom weiger je te doen wat ik vraag? Betekent je weigering dat onze relatie in jouw ogen niets waard is?' 'Wie is er nu bang om een jointje te roken? Eentje maar!' 'Ik heb er spijt van dat ik je geslagen heb. Dit doe ik nooit meer! Kun je het me dan vergeven?'	argumenten gebaseerd op **emotionele** chantage	Emotionele chantage ontstaat in de volgende gevallen. 1. De ander dreigt dat er problemen ontstaan als jij niet meewerkt. 2. De ander geeft je het gevoel dat je slecht bent als je niet toegeeft. 3. De ander neemt je gevoelens niet serieus, lacht je in je gezicht uit. 4. De ander belooft van alles – o.a. extra aandacht of geld – als je maar doet wat hij zegt. Alleen komt hij zijn beloftes nooit na.
'Op is op!' 'Zolang de voorraad strekt.' 'Laatste koopjes. Morgen komt u te laat!'	argument gebaseerd op de **angst** iets te missen	Als we vrezen dat er van een product slechts weinig is, laten we ons er makkelijker toe verleiden het te kopen. Vooral de reclamewereld speelt in op deze angst.
'Jij wilt dat morgen iedereen op tijd komt? Dat moet *jij* juist zeggen! Jij komt zelf altijd te laat!'	argumentum ad **hominem**	Argument dat de persoon aanvalt. Met dit argument wil je iemand persoonlijk kwetsen. Je speelt op de man, niet de bal.
'Als je dit echt van plan bent, dan hoef je morgen niet meer te komen.'	argument gebaseerd op **macht**	De ander dreigt dat je het moeilijk krijgt als je niet doet wat hij wil.

Voorbeeld	Wat	Hoe
'Gisteren is een Oost-Europese dievenbende opgerold.' 'Zie je wel! Al die vreemdelingen, dat zijn dieven.'	argument gebaseerd op **veralgemening**, generalisering	Op basis van één gebeurtenis leid je een algemene waarheid af.
'Met dit product wast je was witter dan wit!' 'Koop een Mercedes. En je leven wordt een symfonie.'	argument gebaseerd op een foute of **overdreven vergelijking** of voorbeeld	Je geeft een voorbeeld dat er niet toe doet. Of je vergelijkt twee dingen met elkaar die niet met elkaar te vergelijken zijn. Vooral de reclamewereld maakt gebruik van ideaalbeelden die niet altijd stroken met de werkelijkheid van alledag.
'Wat ik zeg, is juist, want ik heb me in deze zaken nog nooit vergist.'	de **cirkelredenering**	Je herhaalt je eigen standpunt, maar in andere woorden.
'Wat heb je liever: een zuiver milieu met veel groen, maar met een economie die niet meer groeit of een goeddraaiende economie met wat luchtvervuiling?'	argument gebaseerd op een **vals dilemma**	Een dilemma ontstaat wanneer je moet kiezen tussen twee voorstellen. Een vals dilemma dwingt je te kiezen tussen twee onaangename zaken, terwijl er in feite nog andere keuzes zijn. → *De vraag is hier of je enkel kunt kiezen voor het een en dus tegen het ander. Kunnen we beide misschien niet met elkaar verzoenen dankzij de moderne technologie?*

Schrijf- en spreekkader

Standpunt of mening verwoorden

Ik ben van mening dat … (= stelling of bewering)

Ik wil dit standpunt verdedigen met de volgende argumenten.

In de eerste plaats is het zo dat …

In de tweede plaats blijkt uit cijfermateriaal dat …

Vervolgens is er het feit dat …
Het kan niet zijn dat …

Ten slotte vind ik dat … (= mening)

Mijn besluit / oordeel is … (= besluit)

de instructie

Voorbeeld	Wat	Hoe
Hoe maak je snel een handgeschreven mindmap om jezelf voor te stellen? Dat ga ik jullie nu uitleggen.	Doel	Zeg kort wat je de ander wilt leren.
'Een mindmap is een manier om informatie te ordenen.' 1 Neem een A4-blad en plaats het in landscapeformaat. Je houdt je blad dus horizontaal. 2 Teken een wolkje of rechthoek in het midden van het blad en schrijf je naam in de tekening. 3 Trek vanuit het wolkje willekeurig een dikke streep van vier tot vijf centimeter voor elk onderdeel van jezelf dat je wilt bespreken. 4 Elke dikke streep eindigt op een dwarsbalkje. 5 Schrijf op ieder balkje afzonderlijk een belangrijk aspect van jezelf: hobby's, gezin, vrienden, positieve kenmerken, negatieve kenmerken ...	Opbouw: - logisch of - chronologisch. Om de verschillende stappen duidelijk te maken *kun* je met signaalwoorden werken, met een nummering, opsommingsteken of via een mindmap.	Je kunt de volgende signaalwoorden gebruiken: '*Ten eerste, ten tweede, in de eerste plaats, in de tweede plaats, stap een, stap twee, stap drie, stap vier, vervolgens, daarna, uiteindelijk, ten slotte.*'

6 Maak daar een kleine tekening bij. Bij *hobby's* teken je bijvoorbeeld een lachend gezicht. Zo'n tekening is niet verplicht, maar maakt het onthouden gemakkelijker. 7 Als je met een tekening werkt, zorg er dan voor dat die verband houdt met het onderwerp. 8 Vanuit elke dwarsbalk kun je nog kleinere takjes maken met op het einde telkens een dwarsbalk om details te noteren. Zo kun je het item *hobby's* verder opdelen in bv. jazzdance, uitgaan en lezen. Maak daar telkens een kleine tekening bij.		
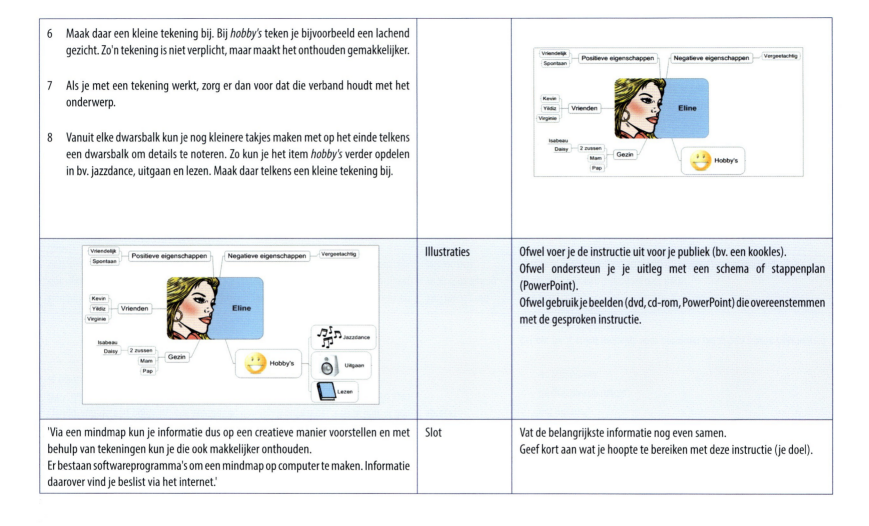	Illustraties	Ofwel voer je de instructie uit voor je publiek (bv. een kookles). Ofwel ondersteun je je uitleg met een schema of stappenplan (PowerPoint). Ofwel gebruik je beelden (dvd, cd-rom, PowerPoint) die overeenstemmen met de gesproken instructie.
'Via een mindmap kun je informatie dus op een creatieve manier voorstellen en met behulp van tekeningen kun je die ook makkelijker onthouden. Er bestaan softwareprogramma's om een mindmap op computer te maken. Informatie daarover vind je beslist via het internet.'	Slot	Vat de belangrijkste informatie nog even samen. Geef kort aan wat je hoopte te bereiken met deze instructie (je doel).

het interview

Voorbeeld	Wat	Hoe
VOOR HET INTERVIEW	Oriëntatie en voorbereiding	
Heb je te maken met een bekend persoon of iemand uit de publieke sector – een (jeugd)auteur, een politicus, een voetballer, een modeontwerper, een acteur of een BV – dan kun je het best op voorhand informatie opzoeken over hem of haar. Zo kom je goed voorbereid voor de dag en haal je het maximum uit je interview.	Weet met wie je spreekt.	Zoek informatie op over de persoon die je wilt interviewen via: - het internet, - de geschreven media, - de bibliotheek. Let op: dit is enkel mogelijk voor personen die al een zekere bekendheid hebben.
Goedendag, mijn naam is … Ik ben student aan het Hoger Onderwijsinstituut en doe voor mijn eindwerk onderzoek naar het leergedrag van kleuters. U hebt daarover gepubliceerd. Graag zou ik daarover met u willen spreken. Is dit mogelijk? Hartelijk dank!	Stel jezelf even voor: mondeling, telefonisch.	Wie ben je? Waarom wil je een interview met hem? Spreek je waardering uit voor zijn (eventuele) medewerking.
Geachte schrijver Wij zijn leerlingen van 4 Handel. Van onze leraar Nederlands hebben we de opdracht gekregen een korte presentatie over u te houden in de klas. Om deze zo levendig mogelijk te maken, hadden we graag een kort interview afgenomen.	Stel jezelf voor: schriftelijk.	
TIJDENS HET INTERVIEW – SOORTEN VRAGEN	Uitvoering	
Wat vindt u van … ? Hoe denkt u over … ? Welke zijn volgens u de verschillende oorzaken van dit probleem? Waarom is dit zo gelopen?	Open vragen	Open vragen peilen naar ideeën, meningen en opvattingen. De geïnterviewde krijgt de ruimte om te antwoorden. Open vragen beginnen *meestal* met een vraagwoord: *wie, wat, waarom, waardoor, welke, hoe,* …

Voorbeeld	Wat	Hoe
Kunt u wat meer uitleg geven over … ? Geeft u daar eens een voorbeeld van.		Ook als je vraag met een werkwoord begint, kun je een open vraag stellen. Let op: op de vraag *waar* en *wanneer* kan je gesprekspartner wél kort antwoorden. *'Wanneer heb je haar voor het eerst ontmoet?'* Antwoord: *'Vorige maand.'*
Doe je graag aan sport? Kun je met iedereen opschieten? Zou je dit nog eens overdoen als je de mogelijkheid had? Wanneer vindt die herdenking plaats? Waar vindt die plaats?	Gesloten of gerichte vragen	Gesloten vragen peilen naar specifieke, feitelijke informatie. De geïnterviewde kan er kort op antwoorden. Gerichte of gesloten vragen beginnen *meestal* met een persoonsvorm (werkwoord). Vragen die beginnen met de vraagwoorden *waar* en *wanneer* krijgen vaak ook een kort antwoord.
Gesloten vraag: 'Doe je graag aan sport?' Antwoord: 'Neen.' Doorvraag: 'Waarom niet? Hoe komt dat?'	Doorvragen	Je wilt het fijne van iets weten. Je vraagt dus door over iets wat je gesprekspartner heeft gezegd. Doorvragen doe je meestal door een open vraag te stellen na een gesloten vraag.
Je houdt niet van lezen. Komt dat omdat boeken meestal saai zijn? Vonden jullie die uitstap *ook* niet geslaagd? U bent toch de expert in dit onderwerp, niet? U moet het dus wel weten.	Suggestieve vragen	Je probeert je gesprekspartner in een bepaalde richting te duwen, hem een bepaald antwoord in de mond te leggen.
NA HET INTERVIEW: uitschrijven van de vragen en de antwoorden – zie schrijfkader interview p. 19		

de presentatie

Voorbeeld	Wat	Hoe
- Wat wil je bereiken met je uiteenzetting? - Bestaat je publiek enkel uit volwassenen (ouders) of spreek je voor (on)bekende leeftijdgenoten (medeleerlingen, collega's)?	Oriëntatie op de taak.	Wat is het **doel** van de presentatie: informeren, overtuigen, motiveren? Voor welk **publiek** spreek je: kenners, mensen die iets of helemaal niets van het onderwerp afweten? Welk bouwplan of welke structuur ga je toepassen: onderzoeks-, probleem-, chronologische, vergelijkingsstructuur? Hoe lang duurt de spreektijd? Gebruik je visuele ondersteuning (PowerPoint)? Zie daarvoor ook p. 73.
Zorg ervoor dat je diverse bronnen raadpleegt. Het internet bevat heel wat informatie die snel bereikbaar is, maar heeft het nadeel dat die niet altijd betrouwbaar is.	Voorbereiding	1 Informatie verzamelen - Brainstormen. Bij het brainstormen helpen de volgende vragen: wie, wat, waar, waarom, wanneer, welke, hoe? - Ga na welke bronnen je kunt gebruiken en waar je die vindt: internet, tijdschriften, boeken, personen … 2 Informatie selecteren + ordenen - Maak – indien mogelijk – een schema met twee kolommen, bv. pro en contra. - Orden de informatie van belangrijk naar minder belangrijk.
Waarover gaat dit onderwerp (boek, film, probleem …)? Hoe kunnen we dit fenomeen het best aanpakken? Zoals jullie wellicht weten … Is het wel zo dat … ? Zoals een groot geleerde/schrijver ooit zei … Eerst wil ik … / Voordat we dit onderwerp behandelen, wil ik wijzen op … / Vervolgens behandel ik … / Daarbij weid ik uit over … / Tot slot …	Uitvoering: a) *opening*	Kijk enkele seconden naar je publiek voor je begint te spreken. Gebruik de opening om de aandacht van het publiek te trekken: begin met een anekdote, een voorbeeld uit de actualiteit, een vraag, een citaat … Geef een overzicht van wat je gaat behandelen = de structuur van de presentatie. Geef die weer op een PowerPointslide. Zie ook p. 73.

Voorbeelden	Wat	Hoe

Ik zou eerst willen ingaan op …
 Het is belangrijk dat …
 Wat betekent dit?
 Laten we eens kijken naar de pro's en de contra's.
 Een belangrijk argument pro is …
 Het is (niet) vanzelfsprekend dat …
 Ik zou hier willen wijzen op het feit dat …
 Hoe komt het dat …
 Dit heeft tot gevolg dat …
 Ik ben het (niet) eens met …
 Hoe dan ook, we kunnen *niet* ontkennen dat …
 Dit neemt niet weg dat …
 We moeten óók aandacht hebben voor …
	Uitvoering:
	 b) *midden*
	
	 Spreektechnisch:
	 - oogcontact
	 - handen
	
	 - tempo,
	   volume,
	   intonatie
		- Kies afhankelijk van je presentatiedoel voor de onderzoeks-, probleem-, chronologische, voor- en nadelenstructuur of een combinatie van structuren.
		 - Spreek je publiek direct aan met *u, wij, onze, uw* of *jullie*. Kies een van deze aanspreekvormen en hou je daar consequent aan.
		 - Verwijs geregeld naar de structuur van je presentatie, bijvoorbeeld: *'Nu bekijken we de voordelen.'*
		 Ondersteun je uiteenzetting met een PowerPointpresentatie.
		
		 Tips
		 - Kijk bij het spreken naar je publiek. Fixeer je daarbij niet op één persoon.
		 - Kijk voor een goed voorbeeld naar de houding van de weerman of -vrouw op tv. Zij houden vaak hun handen op buikhoogte.
		 - Spreken is vertellen. Breng afwisseling aan in tempo (snelheid), volume en intonatie.
		 - Spreek correcte standaardtaal.
		 - Spreek enthousiast over je onderwerp.
		 - Goed spreken is ook letten op de tijd. Houd je aan de toegemeten tijd.

Samengevat kunnen we stellen dat … Wat kunnen we hieruit onthouden? Ik wil ten slotte eindigen met … Het zal nu wel duidelijk zijn dat … Hieruit kunnen we het volgende besluiten … Ik dank u voor uw aandacht.	Uitvoering: c) *slot*	Vat de kern van je betoog nog even samen. Eindig eventueel met een citaat, wijsheid, spreuk.

Voorbeeld			Wat	Hoe
CHECKLIST			Reflectie	Je presentatie nakijken kun je het best aan de hand van een checklist.
	ja	neen		
☐ Weet je wie je doelpubliek is?	☐	☐		
☐ Is je taal (formeel – informeel) aangepast aan dit doelpubliek?	☐	☐		
☐ Weet je wat je wilt bereiken met je presentatie? Wil je je				
○ publiek informeren,	☐	☐		
○ overtuigen,	☐	☐		
○ motiveren iets te doen?	☐	☐		
☐ Spreek je je publiek direct aan?	☐	☐		
☐ Bevat je inleiding				
○ een opening die de aandacht trekt en	☐	☐		
○ een overzichtsstructuur?	☐	☐		
☐ Maak je de structuur van je presentatie duidelijk via signaalwoorden (eerst, vervolgens, daarna, tot slot)?	☐	☐		
☐ Is je slot duidelijk herkenbaar?	☐	☐		
☐ Ondersteunt de PowerPointpresentatie jouw uiteenzetting?	☐	☐		

presenteren met PowerPoint

Helder presenteren met PowerPoint

1 Wat vindt het publiek leuk?

- heldere leesbaarheid
- beelden die de inhoud ondersteunen
- een overzichtelijke structuur

2 Waaraan ergert het publiek zich?

- te veel animatie-effecten
- te veel kleuren
- te veel en te kleine tekst
- onhandigheid bij het presenteren

→ **Dus**: maak van je presentatie geen kerstboom.

3 Hoe maak je een goede PowerPointdia?

- 7 x 7-regel: max. 7 regels van elk max. 7 woorden
- leesbaar lettertype: **Arial** of **Verdana**
- lettergrootte vanaf .20
- sobere achtergrondkleur
- witregel bij een opsomming
- heldere structuur
- gebruik enkel beelden die je tekst ondersteunen

4 Hoe zorg je voor een heldere structuur?

- Vermeld altijd een titel of kop.
- Werk met korte opsommingen.
- Nummer de dia's over hetzelfde onderwerp.
- Nummer volgens de BIN-normen: 1 – 1.1 – 1.1.1 – 2 – 2.1
- Ga altijd op dezelfde manier te werk.

5 Hoe breng je de presentatie voor publiek?

- Sta naast het diascherm.
- Kijk je publiek geregeld aan.
- Houd een hand-out in de hand.
- Draai je enkel om naar het scherm als je samen met je publiek een langer citaat wilt lezen.
- Vermijd te veel klikken.
- Toon de dia liever meteen in zijn geheel.

het sollicitatiegesprek

Voorbeelden	Wat	Hoe
VÓÓR HET GESPREK.		
Waar vind je informatie over een bedrijf of organisatie? - Op de website. - In brochures en jaarverslagen. - Via open dagen. - Via een gesprek met personen die het bedrijf of de organisatie kennen.	Oriëntatie en voorbereiding	Verzamel zo veel mogelijk informatie over het bedrijf waar je gaat solliciteren.
Vermeld: - je naam, - je woonplaats, - je studies, - je werkervaring, - je motivatie, - je positieve eigenschappen. - Vermeld de informatie die je over het bedrijf verzameld hebt: de positieve punten die je erover gehoord hebt. - Haal je vaardigheden aan en toon aan dat die in het bedrijf passen. Wees enthousiast in je bespreking. Vermeld: - diploma's + studieresultaten + eindwerk; - stiptheid + voorbeeld (zorg dat je in elk geval niet te laat op het gesprek aankomt); - ervaring + voorbeeld (stages, vakantiewerk, vrijwilligerswerk …); - interesse + voorbeeld; - enthousiasme + voorbeeld; - betrouwbaarheid + voorbeeld; - contactvaardigheid + voorbeeld; - flexibiliteit + voorbeeld (bereid tot overuren, bereid om op verplaatsing te werken); - bereidheid om voortdurend bij te leren.	Bereid je voor op een aantal standaardvragen **Vertel iets over jezelf.** **Waarom wil je deze functie?** **Wat zijn je sterke punten?**	Oefen dit met een vriend(in) of iemand die je vertrouwt via een rollenspel. Hier kun je terugvallen op je cv. Wees positief over het bedrijf en over jezelf.

Voorbeelden	Wat	Hoe
- Vermijd de zwakke punten die rechtstreeks te maken hebben met de taak in het bedrijf.	**Wat zijn je zwakke punten?**	
- Als het bedrijf een vakbondswerking heeft, kun je zeggen dat je aanneemt dat dit volgens de wettelijke loonbarema's gaat. - Indien er geen vakbondswerking is, kun je je het best op voorhand via een vakbond of via informatie over loonbarema's op het internet op de hoogte stellen van wat iemand met jouw diploma ongeveer verdient in de sector waarin je wilt werken. Daardoor toon je aan dat je weet waarmee je bezig bent.	**Hoeveel wil je verdienen?**	Arbeidsvoorwaarden Loonbarema's Vakbond VDAB
- Zoek naar een gebeurtenis in je leven (jeugdbeweging, opleiding, sportclub, vereniging, stageplaats) waar je al je creativiteit hebt moeten aanwenden om een oplossing te zoeken. - Was je daarbij stressbestendig (sterk punt)?	**Heb je al eens voor een grote uitdaging gestaan?**	
- Benadruk nogmaals je motivatie. - Vraag hoe het verder moet na het sollicitatiegesprek: 'Wanneer en hoe word ik verwittigd?'	**Heb je nog vragen?**	
TIJDENS HET GESPREK.		
'Dag, mevrouw/meneer X'		Zorg dat je de naam van de rekruteerder kent en spreek die uit bij de begroeting. Kijk daarbij de persoon aan.
Breng een kopie van je cv, sollicitatiebrief en diploma mee. Handig om mee te volgen als de rekruteerder deze documenten als leidraad gebruikt tijdens het gesprek.		Leg – indien mogelijk – een kopie van je cv en sollicitatiebrief voor je.
Verzorg je houding, wees niet te nonchalant. Ga recht tegen de rugleuning zitten.		Verzorgde houding.
Toon belangstelling voor de vragen, knik af en toe om aan te duiden dat je de vraag of uitleg van je gesprekspartner begrepen hebt. Kijk je gesprekspartner aan tijdens de antwoorden.		Lichaamstaal die aandacht uitdrukt.

Voorbeelden	Wat	Hoe
	Kleed je verzorgd. Vertrek op tijd.	
ACHTERAF		
- Als je na een week nog niets gehoord hebt van het bedrijf, kun je bellen om te informeren of er al nieuws is. - Blijf vriendelijk, ook al heb je de job niet. - Vraag naar de redenen waarom je niet bent aangenomen. Wellicht krijg je nuttige tips die je kunt gebruiken bij je volgende gesprek.		Niets gehoord? Neem zelf contact op met het bedrijf of de organisatie.

het telefoongesprek (zakelijk)

1 Jij wordt opgebeld

Voorbeelden	Wat	Hoe
Goedemorgen, met X (je naam). Goedemiddag, met het secretariaat van firma Y. Goedendag, met de firma Z.	Stel jezelf voor.	Vermeld een naam. Wees vriendelijk. Glimlach aan de telefoon. Dat maakt je stem aangenamer. Neem de telefoon na twee tot maximaal drie beltonen op.
Daar spreekt u mee. Wat kan ik voor u doen?		
Excuseer me, ik heb de naam niet goed verstaan. Met wie spreek ik?	Weet met wie je spreekt.	
Kunt u dat even herhalen? Als ik u goed begrepen heb, dan wilt u . . . Wij zullen dit zeker onderzoeken en houden u verder op de hoogte.	Probleemaanpak.	Toon luisterbereidheid: - stel vragen ter verduidelijking; - parafraseer (= omschrijf) het probleem; - probeer een oplossing voor te stellen.

Een ogenblik, ik verbind u door. Blijft u aan het toestel. Wie mag ik aanmelden?	Doorverbinden.	
Mevrouw Y is in vergadering. Belt u later terug? Meneer X is in gesprek. Wilt u dat ik de boodschap doorgeef?	De persoon is moeilijk bereikbaar.	Bied een oplossing aan voor het probleem dat zich stelt, ook al is die oplossing slechts voorlopig.
Graag gedaan. Tot ziens. Geen probleem. Tot genoegen.	Einde.	Eindig het gesprek op een positieve manier.

2 Jij belt op

Voorbeelden	Wat	Hoe
Goedendag, mevrouw Y, met X. Goedemorgen, mijn naam is Y.	Stel jezelf voor.	Houd er rekening mee dat een naam moeilijk te verstaan is aan de telefoon. Vermeld de naam van de persoon als je die kent.
Ik bel in verband met … Het gaat om het volgende …	Reden van telefoneren.	Geef meteen de reden waarom je belt. Daarom is het nuttig dat je voor je belt even oplijst wat je precies wilt zeggen, en dat in de juiste volgorde. De details volgen later.
Dank u wel. Nog een prettige dag. Dat is erg vriendelijk van u. Tot ziens.	Einde.	Bedank voor de mogelijke oplossing of informatie.

de vergadering

DE VOORZITTER

Voorbeelden	Wat	Hoe
VOOR DE VERGADERING		De voorzitter stelt de agenda op in overleg met de deelnemers – indien mogelijk – en stuurt die naar de leden van de vergadering.
BIJ HET BEGIN VAN DE VERGADERING		
- Hartelijk welkom, iedereen. In het bijzonder heten we mevrouw X welkom als nieuw lid van deze vergadering. - De volgende personen zijn verontschuldigd: ... - Deze bijeenkomst heeft als doel ... - De volgende punten staan op de agenda ... - Wie wil agendapunten toevoegen? - Als eerste punt op de agenda behandelen we het verslag van de vorige vergadering. - Laten we starten met ... - Voor dit onderwerp geef ik het woord aan ...		- Je heet iedereen welkom en deelt de verontschuldigingen mee. - Als voorzitter overloop je de onderwerpen en vraag je naar eventuele varia. - Bespreking van het vorig verslag. - Daarna volgt een overzicht en korte bespreking van de ingekomen stukken: uitnodigingen, aankondigingen ...
TIJDENS DE VERGADERING		
- Het volgende punt handelt over ... - Jan heeft het woord. - Wie heeft hier nog wat aan toe te voegen?		- Je leidt elk agendapunt kort in. - Je zorgt ervoor dat elke deelnemer aan bod komt. - Je levert geen kritiek. Dit kan sommige deelnemers afremmen iets te zeggen.

Voorbeelden	Wat	Hoe
- We dwalen af, laten we terugkeren naar de kern van het onderwerp. - Ik vat even kort samen. - We sluiten dit onderwerp af en gaan over naar het volgende.		- Je vat standpunten helder samen en verduidelijkt de standpunten van anderen. - Je houdt het doel in de gaten en zorgt ervoor dat de deelnemers bij het onderwerp blijven. - Je probeert de discussie te structureren. - Je houdt het tijdschema in de gaten. → Je maakt het op die manier ook gemakkelijker voor je verslaggever om te noteren.
OP HET EINDE VAN DE VERGADERING		
- Ik herhaal kort de afspraken. - Zijn er nog vragen? - Onze volgende bijeenkomst heeft plaats op . . . - Ik sluit de vergadering hier af. Hartelijk dank voor jullie medewerking.		- Je gaat na wat er moet gebeuren, zodat iedereen weet wat hij moet doen. - Herinner de leden aan de volgende bijeenkomst. - Sluit de vergadering af met een kort dankwoord.

DE DEELNEMERS

Voorbeeld	Wat	Hoe
Mag ik even onderbreken? Ik wil even reageren op . . . Ik ben van mening dat . . . Ik ben ervan overtuigd dat . . .	**Sociale vaardigheden** - Uitkomen voor eigen mening. Je helder uitdrukken in ik-termen.	- Het woord vragen. - Een standpunt verdedigen met argumenten.

Voorbeeld	Wat	Hoe
Ik wil nog even terugkomen op wat de vorige spreker zei. Ik sluit me daarbij aan. Ik ben het eens met wat X zegt en zou daaraan willen toevoegen dat . . . Als ik u goed begrijp, dan bedoelt u . . .	- Respect opbrengen voor andere deelnemers. - Actief luisteren en weergeven wat een ander inbrengt.	- Aansluiten bij de vorige spreker. - Instemmen + parafraseren.
Ik geef toe dat . . . Op basis van deze gegevens dacht ik nochtans dat . . ., maar nu blijkt dat . . .	- Ongelijk kunnen toegeven.	- Je verontschuldigen.
Ik ben het niet eens met . . . Ik sta erg huiverig tegenover een dergelijk standpunt. Ik zou liever zien dat . . . Met dit standpunt wordt voorbijgegaan aan . . . Ik denk dat het beter is om ...	- Omgaan met ongepaste uitingen van beïnvloeding.	- Argumenteren, twijfel uitdrukken, een ander standpunt verdedigen.
Kijk de spreker aan. Knik af en toe.	Aandacht voor non-verbaal gedrag	Toon belangstelling.

Soorten leesstrategieën	Waarom? Leesdoel bepalen	Hoe? Stappen om goed te lezen
Oriënterend lezen	*Je maakt kennis met de tekst.* Je neemt de tekst snel door en vraagt je af of het zinvol is hem achteraf grondig te lezen.	Je concentreert je op de rand van de tekst. - Wat kun je afleiden uit de titel en tussentitels? - Je leest al de eerste en laatste alinea. - Zijn er illustraties en onderschriften? - Wat is het vermoedelijke doel: informatief, amuserend, overtuigend, activerend (reclame) …? - Wanneer is de tekst geschreven? Is hij recent of al wat ouder? - Wie is de auteur? Is hij betrouwbaar? - Welk kanaal wordt gebruikt? - Waar is de tekst gepubliceerd? In welk tijdschrift of bij welke uitgeverij?
Globaal lezen	Je wilt snel nagaan wat de hoofdgedachten van de tekst zijn	- Je leest naast de titels en tussentitels de inleiding, het slot en de *eerste* en *laatste* zin van elke alinea. Hier bevinden zich meestal de kerngedachten. - Je leest de schuin- en vetgedrukte woorden, want die bevatten vaak bijzondere informatie.
Zoekend of selectief lezen	Je wilt snel de gewenste informatie vinden zonder de hele tekst door te lezen.	- Je verkent de tekst diagonaal en schenkt aandacht aan tussentitels en schuin of vetgedrukte woorden om te bepalen waar bepaalde informatie zich bevindt. Vervolgens lees je die alinea('s) aandachtig. - Je bekijkt de inhoud en het zakenregister als die er zijn.
Intensief lezen	*Je wilt de tekst begrijpen.* Je wilt weten wat er precies in de tekst staat om ervan te leren en er vragen over te beantwoorden.	- Pas nu lees je de tekst helemaal door. - Je hebt daarbij aandacht voor signaal- en verwijswoorden. - Je probeert de tekst eventueel schematisch samen te vatten. Maak daarbij gebruik van de schema's in het hoofdstuk over schrijven. - Vraag jezelf af wat de *hoofdzaken* zijn. - Je controleert of je alle woorden begrijpt.
Kritisch lezen	Je toetst de tekst aan je eigen inzicht en kennis en eventueel aan andere bronnen. Je neemt niet zomaar alles voor waar aan.	Je vraagt je af of wat er staat ook allemaal *juist* en *volledig* is.

5 Luisteren en kijken

Luister- en kijkstrategieën	Waarom? Luister- en kijkdoel bepalen	Hoe? Stappen om goed te luisteren en te kijken
Oriënterend luisteren en kijken	Je vraagt je af of deze luistertekst wil informeren, amuseren, overtuigen of aanzetten om iets te doen (activeren). Je gaat ook na wat precies van jou verwacht wordt.	Je stelt je op voorhand een aantal vragen. - Wie is de spreker? Is hij een specialist in zijn vak of net niet? - Wat is het vermoedelijke doel van de boodschap? - Waarom luister ik? Met welk doel? - Wat weet ik al over het onderwerp? - Wat weet ik over het kanaal en het medium (bv. de tv-zender)?
Globaal luisteren en kijken	Je wilt enkel een idee krijgen van de hoofdgedachten.	Je luistert naar de hele tekst en tracht een antwoord te vinden op de volgende vragen. - Wat wil de tekst zeggen? - Wat zijn de hoofdideeën? Je schenkt dus geen aandacht aan details.
Zoekend of selectief luisteren en kijken	Je wilt enkele details horen die voor jou belangrijk zijn. Selectief luisteren doe je ook als je een antwoord op een vraag moet halen uit de luistertekst.	Je kijkt of luistert gericht naar feiten, uitspraken, citaten, stellingen en beweringen.
Intensief luisteren en kijken	Je wilt zo veel mogelijk informatie opslaan, bijvoorbeeld over een onderwerp waarover je nog niet zoveel weet.	Je probeert een zo volledig mogelijk beeld te krijgen van de luistertekst, zowel van de hoofdzaken als van de details. Je schenkt daarvoor o.m. aandacht aan de *signaalwoorden*.
Kritisch luisteren en kijken	Je toetst de luistertekst aan je eigen inzicht en kennis en aan andere informatiebronnen.	Je vraagt je af of wat gezegd en getoond is, ook allemaal *juist* en *volledig* is.

EFFICIËNT TAALGEBRUIK

hoofdstuk 2

Als je een goede tekst wilt schrijven voor een bepaald publiek, moet je zorgen dat hij aan de volgende voorwaarden voldoet:
1. Hij moet **aantrekkelijk** zijn, d.w.z. aangenaam en vlot leesbaar. Dit betekent bv. dat je woordherhaling of clichés moet vermijden.
2. Hij moet **correct** geschreven zijn. Er mogen geen fouten zijn in de verwoording, dus bv. geen dialectwoorden of verkeerde congruentie.
3. De taal moet **gepast** zijn, d.w.z. aangepast aan je doelpubliek en onderwerp. Als je bv. een zakelijke brief schrijft, mag je geen informele woorden gebruiken. Stuur je een e-mail naar goede vrienden, dan is een formele stijl weer niet gepast.
4. De tekst moet **helder** zijn, zodat je doelpubliek alles goed kan begrijpen. Dit betekent bv. dat je geen vage of te moeilijke woorden mag gebruiken.

Als er hierna een sterretje voor een woord of een zin staat, dan betekent dit dat deze niet correct zijn.

afwisseling in de zinsbouw

* *We zijn* gisteren met de hele familie met de trein naar Antwerpen gegaan. *We bezochten* eerst de dierentuin. *We maakten* in de namiddag een leuk boottochtje op de Schelde. -> *Gisteren zijn we* met de hele familie met de trein naar Antwerpen gegaan. *We bezochten* eerst de dierentuin. *'s Middags* maakten we een leuk boottochtje op de Schelde.	**Zorg voor afwisseling in de woordvolgorde.** Teksten kunnen irriteren wanneer de zinnen allemaal op dezelfde wijze beginnen.

de beknopte bijzin

- *Zonder te letten op fietsers of bromfietsers* sloeg ze linksaf. -> Voluit: Zonder dat ze lette op fietsers of bromfietsers, … - *Luid lachend* schonk hij zich een borrel in. -> Voluit: Terwijl hij luid lachte, …	**Wat?** Een bijzin die: - geen onderwerp bevat; - geen persoonsvorm heeft, maar wel een infinitief of deelwoord.
* *Hevig bloedend* bracht de ambulance hem naar het dichtstbijzijnde ziekenhuis. -> *Hevig bloedend* werd hij door de ambulance naar het dichtstbijzijnde ziekenhuis gebracht.	**Verkeerde beknopte bijzinnen**: het onderwerp verschilt van dat van de hoofdzin. => In de eerste voorbeeldzin lijkt de ambulance hevig te bloeden.
- *Ingesloten* vindt u een kopie van het gevraagde document. - *Eerlijk gezegd*, de service laat daar serieus te wensen over.	**Let wel:** bij bepaalde vaste uitdrukkingen hoeven de onderwerpen niet gelijk te zijn.

clichés en modetaal

	Cliché, het (ook: de gemeenplaats of de stoplap)
de bal is rond morgen is er weer een dag een welverdiende vakantie onze trouwe viervoeter het groene licht geven/groen licht geven in de lift zitten moe maar tevreden de weergoden	Sommige woorden of uitdrukkingen worden zo vaak gebruikt dat ze **afgezaagd** zijn en veel van hun betekenis verloren hebben.
gebeuren in een woord als 'het school-' of 'onderwijsgebeuren' het kostenplaatje zich kwetsbaar opstellen naar de lezer/klant/enz. toe ideeën ophoesten proactief te werk gaan het signaal van de burger een stuk aandacht	**Modetaal** Net zoals kleren of muziek kunnen woorden of uitdrukkingen op een bepaald moment **in de mode** zijn. **Waarom beter vermijden?** Ze hebben meestal weinig betekenis en kunnen de ontvanger ergeren wanneer ze te pas en te onpas gebruikt worden. Modewoorden worden na verloop van tijd ook clichématig.

de congruentie

* De media *is* te veel uit op sensatie. -> De media zijn te veel uit op sensatie. 'Media' is het meervoud van 'medium'. * De politie *was* vlug ter plaatse. Ze *ondervroegen* meteen beide chauffeurs. -> 'Politie' is grammaticaal een enkelvoudig woord. Het moet dus zijn: 'ze ondervroeg'.	**Onderwerp en persoonsvorm moeten in getal overeenkomen.**
a **Een aantal mensen *wou*** niet betalen. b **Een aantal mensen *wilden*** niet betalen.	**Woorden die een hoeveelheid of soort aanduiden.** Er zijn twee mogelijkheden: a Accent op het geheel => pv in het enkelvoud. b Accent op de afzonderlijke elementen => pv in het meervoud. Let wel: sommige taalgebruikers vinden deze vorm niet goed.

a	**De Verenigde Staten** *hebben* beslist Irak binnen te vallen.		**Namen van landen, organisaties, bedrijven e.d. die naar de vorm meervoudig zijn.**
			Er zijn in principe twee mogelijkheden:
		a	We kijken naar de vorm van de naam => pv in het meervoud. In verzorgde schrijftaal krijgt het meervoud de voorkeur.
b	**De Verenigde Staten** *heeft* beslist Irak binnen te vallen.	b	Accent op de eenheid => enkelvoud.
a	**De VS** *heeft* besloten Irak binnen te vallen.		Bij **afkortingen** zijn er twee principes:
		a	We kijken naar de vorm van het woord => pv in het enkelvoud.
b	**De VS** *hebben* besloten Irak binnen te vallen.	b	Accent op het woord waarvoor de afkorting staat => pv in het meervoud.
			Ook hierover is er onder taalkundigen onenigheid.

correcte zinsbouw

* Ik kan niet geloven dat deze mensen McDonald's voor de rechtbank dagen. *Want* het zijn zij die het eten, niemand dwingt hen. -> ... dagen, want het zijn ... * Het is positief dat de Amerikaanse president een campagne is begonnen om zwaarlijvigheid tegen te gaan. *Hoewel* ik betwijfel of deze veel effect zal hebben. -> ..., hoewel ik betwijfel ...	**Samengestelde zinnen vormen één enkele zin.** => Ze kunnen normaal niet in twee of meer zinnen gesplitst worden. In principe kunnen we geen zin beginnen met een voegwoord zoals 'en', 'hoewel', 'maar', 'terwijl', 'tot' of 'want'.

de dubbele ontkenning

	Wat? Het gebruik van twee ontkenningen. Als je dit doet, zeg je het tegenovergestelde van wat je bedoelt. Er zijn twee soorten negatieve elementen:
a* Ik heb de film van dat boek nooit niet gezien. -> Ik heb de film van dat boek nooit gezien. b* We moeten voorkomen dat ze niet nog eens inbreken. -> We moeten voorkomen dat ze nog eens inbreken.	a (Vrij) duidelijk herkenbare. Woorden als 'niet', 'nooit' of 'geen' en negatieve voorvoegsels zoals 'on' of 'in'. b Minder duidelijke. Woorden zoals 'voorkomen', 'twijfelen', 'minstens', 'slechts' of 'weinig' hebben een negatief betekeniselement, maar dat is niet zo direct herkenbaar.

dubbelzinnige taal (ambigue taal of ambiguïteit)

- Sara is die nacht bevallen.
   • Ze heeft een kind gekregen.
   • Ze vond die nacht leuk.
- Met Air France was u er al geweest.
   • … was u al aangekomen.
   • … was u al om het leven gekomen.
	Wat?
	Woorden of uitdrukkingen kunnen meer dan één betekenis hebben. Daardoor kunnen misverstanden ontstaan.

- Dat is een foto van Tom.
   • Dat is een foto gemaakt door Tom.
   • Dat is een foto die van Tom is.
   • Dat is een foto waarop Tom is te zien.
- Dat is de vrouw die de koning liefhad.
   • De vrouw heeft de koning lief.
   • De koning heeft de vrouw lief.
- Wim is al een paar weken niet bij zijn opa op bezoek geweest omdat hij ernstig ziek is.
   • … omdat deze (= opa) ernstig ziek is.
   • … omdat de jongen (= Wim) ernstig ziek is.
	Net zoals woorden kunnen ook **zinnen** meer dan één betekenis hebben (**syntactische dubbelzinnigheid**).
	
	Het beste is de zin anders te formuleren. Heel uitzonderlijk kan een leesteken helpen:
	bv. - Vraag me, niet te veel te veranderen.
	    - Vraag me niet, te veel te veranderen.

- Pyromanen steken elkaar aan. - Supersnelle trein pas volgend jaar in Londen. - Verdienen ambtenaren meer of minder dan ze verdienen?	**Let wel**, dubbelzinnigheid wordt vaak doelbewust gebruikt. Dit gebeurt o.m. in krantenkoppen om de aandacht te trekken.

het genus of woordgeslacht

M: man, vader, jongen, stier, leeuw … V: vrouw, moeder, meisje, koe, leeuwin …	Geslacht en genus zijn identiek. **Maar:** Als het niet gaat over personen of dieren, kun je wat de zgn. **de-woorden** betreft meestal kiezen tussen mannelijk en vrouwelijk. In de volgende blokjes vind je de belangrijkste uitzonderingen.
Bloei, draai, groei, raad, schrik, slaap, slag, stap.	**Altijd mannelijk** zijn zelfstandig gebruikte werkwoordsstammen (= zelfstandige naamwoorden die de basis zijn van een werkwoord).
• -ade, -ide, -ode en -ude: bv. brigade, genocide, piramide, periode, etude • -age: bv. bagage, garage • -de: bv. liefde, vreugde • -esse: bv. delicatesse, finesse • -heid: bv. goedheid, schoonheid • -ica: bv. ethica, logica	**Altijd vrouwelijk** zijn woorden die eindigen op bepaalde achtervoegsels.

• -ie: bv. familie, discussie, politie, antropologie, filosofie, demagogie • -iek: bv. muziek, politiek • -ij, -arij, -erij, ernij: bv. maatschappij, rijmelarij, plagerij, lekkernij • -ine: bv. cabine, discipline • -ing: bv. bevrijding, regering • -nis: bv. begrafenis, kennis • -ose en -yse: bv. diagnose, analyse • -schap: bv. beterschap, wetenschap • -sis, -tis, -xis: bv. crisis, bronchitis, syntaxis • -st: bv. gunst, winst • -suur, -tuur: bv. censuur, cultuur • -te: bv. begeerte, diepte • -teit: bv. elektriciteit, puberteit • -theek: bibliotheek	
het percentage • het personage • het of de voltage • de of het getuigenis • de of het vuilnis • 'dienst' is mannelijk • het avontuur	**Enkele uitzonderingen op de vorige regel.**

de inversie (de tantebetjestijl)

- *Jij antwoordt* niet op alle vragen. -> Gewone woordvolgorde: onderwerp + pv. - *Beantwoord jij* alle vragen? -> Inversie: pv + onderwerp.	**Wat?** De omkering van de gewone woordvolgorde, bv. in een vragende zin.
- We waren vorige week aan zee en hoopten we je daar aan te treffen. - Wij vertrokken al om 8 uur, maar *moesten wij* nog hard lopen om de trein te halen. - *Gisteren* heeft hij in de tuin gewerkt en (*gisteren*) is hij nog gaan helpen bij opa.	**Wanneer is de inversie fout?** Bij nevenschikking (meestal in zinnen met 'en', 'maar' of 'want') wordt de pv soms ten onrechte voor het onderwerp gezet. Deze verkeerde inversie noemen we ook tantebetjestijl. **Let wel**, soms is de inversie correct. In het voorbeeld hiernaast zijn beide handelingen gisteren gebeurd. Het woord 'gisteren' is in het tweede zinsdeel gewoon weggelaten om herhaling te vermijden (samentrekking).

moeilijke woorden

	Wat?
- Hij was erg *faciel*. (inschikkelijk, gemakkelijk) - Kun je dat wat *expliciteren*? (wat meer/duidelijker uitleggen, toelichten) - Wanneer *implementeren* we die maatregel? (voeren we … in) - Die twee zaken zijn niet van gelijke *importantie*. (belang) - Hij is *oftalmoloog*. (oogarts)	Woorden die je beter vermijdt omdat ze onbekend zijn bij of te lastig voor de ontvanger. Zulke woorden zijn heel vaak van vreemde herkomst en zijn in de gewone omgangstaal niet zo frequent.
	Let wel:
a Het *koetswerk* van mijn auto zit vol roestplekken. (carrosserie) Hij is veroordeeld voor *bloedschande*. (incest)	a Sommige vreemde woorden zijn couranter dan 'gewone'. 'Carrosserie' en 'incest' zijn de normale woorden.
b Heb jij een *duimspijker*? (punaise)	b Soms zijn de eenvoudige woorden geen AN (zie 'het purisme').
c De doodsoorzaak? *Suïcide*. -> Klinkt minder hard dan 'zelfmoord'.	c Sommige vreemde woorden hebben een andere gevoelswaarde. Ze worden gebruikt als eufemisme omdat ze minder direct zijn, de inhoud meer verhullen.
d Gelukkig is er nog geen *metastase*. (uitzaaiing (van de kanker))	d Specialisten onder elkaar gebruiken vaktermen omdat die veel preciezer zijn en neutraler klinken dan de gewone woorden.

naamwoordstijl of nominalisering

	Wat?
- Typisch voor roddelaars is *het zich ontevreden voelen en het niet direct uiten van hun eigen mening*. -> Typisch voor roddelaars is dat ze zich ontevreden voelen en hun eigen mening niet direct uiten. - *Het verversen van olie* moet elke 7 500 km gebeuren. -> U moet de olie elke 7 500 km verversen. - *Het sluiten van een verdrag gisteren over de beperking van de verspreiding van kernwapens* moet de wereld een stuk veiliger maken. -> *Gisteren is een verdrag gesloten over de verspreiding van kernwapens. De beperking ervan moet de wereld een stuk veiliger maken.*	Nominalisering betekent dat een werkwoord wordt omgeturnd tot zelfstandig naamwoord. **De vormen die het meeste voorkomen zijn:** - het + ww. + van: bv. het bevorderen van; - het zelfstandig naamwoord eindigt op -ing: bv. de bevordering van; - het zelfstandig naamwoord heeft de vorm van een werkwoords-stam: bv. het gebruik, het behoud; - de afleiding is in een vreemde taal gebeurd: bv. de selectie, de rapportage. **Waarom vermijden?** Naamwoordstijl zorgt voor minder werkwoorden en leidt vaak tot een opeenstapeling van voorzetsels. Daardoor wordt de tekst stroef of zelfs onaangenaam leesbaar. In goede teksten bestaat ongeveer 10 % van de woorden uit werkwoorden.

a De operatie bestaat uit het *verwijderen van kraakbeen*. -> Het accent ligt hier niet op de handelende persoon, maar op wat er gebeurt. b De *herstructurering* van dit bedrijf roept vele vragen op.	**Let wel**: het is niet nodig overal werkwoorden te gebruiken in plaats van omschrijvingen met een zelfstandig naamwoord. Nominaliseringen kunnen o.m. de volgende functies hebben: a We willen een ander accent leggen. b Het gaat om een vaste, herkenbare term, die vaak ook beknopter is.

omslachtige taal

- Als we ons afvragen wat de oorzaken zijn van jeugdmisdadigheid, dan stellen we vast dat die moeilijk te achterhalen zijn. -> De oorzaken van jeugdmisdadigheid zijn moeilijk te achterhalen.	**Wat?** Wanneer je iets te uitvoerig, met onnodig veel woorden zegt, is je taal omslachtig. Vaak komt dit doordat we schrijven zoals we spreken (spreekstijl) of omdat we iets héél duidelijk willen formuleren. **Vermijd zulke onnodige woorden (woordomhaal).**
- Waarom gaan mensen over tot kannibalisme? Er zijn verschillende verklaringen. De eerste theorie is van religieuze aard. -> Mensen gaan o.a. over tot kannibalisme om religieuze redenen. - Mensen roddelen graag. Een eerste reden is dat goed nieuws geen nieuws is. Ten tweede is het een bliksemafleider voor eigen onvolkomenheden. Ten derde is het een veilige manier om zich te profileren. -> Mensen roddelen graag want goed nieuws is geen nieuws. Bovendien is het een bliksemafleider voor eigen onvolkomenheden en een veilige manier om zich te profileren.	Zeker **in samenvattingen** moet je taal **beknopt** zijn.

ongenuanceerde taal

- Tom Boonen is de *beste wielrenner aller tijden*. - In tegenstelling tot juryleden laten rechters zich *nooit inpakken* door handige advocaten. - Statistisch gezien maken heel weinig hoger opgeleiden deel uit van een jury, waardoor de leden ervan *niet zo intelligent* zijn.	**Wat?** Woorden of uitdrukkingen die te sterk of eenzijdig zijn, waarin weinig of geen onderscheid wordt gemaakt. Vermijd zulke uitspraken want het is heel gemakkelijk tegenvoorbeelden te vinden.

de onvolledige zin (de ellips of weglating)

	Wat?

- Vuurtje? (= Wilt u een vuurtje?)
- Wie heeft dat gedaan?
  Peter. (= Peter heeft het gedaan.)
- En nu allemaal naar bed!
  (= En nu moeten jullie allemaal naar bed gaan.)
	We laten vaak een of meer woorden weg als we ze er vanuit de context gemakkelijk bij kunnen denken.

- Mijn brommer is sneller dan van mijn broer.
  -> ... dan die van mijn broer.
- Wij delen u mee dat de door u gehuurde flat dit jaar niet verhoogd zal worden.
  -> ... dat de prijs van de door u gehuurde flat ...
	De weglating is fout als de formulering geen correct Nederlands is en als de zin onduidelijk wordt of verkeerd begrepen kan worden.

overtollige woorden of woordovertolligheid

*   Het kost duur.
    -> het kost (te) veel + het is duur
*   Iemand optelefoneren.
    -> opbellen + telefoneren
*   Steeds meer en meer mensen proberen wat te doen tegen de opwarming van de aarde.
    -> steeds meer + meer en meer
	de contaminatie
	Twee woorden of uitdrukkingen worden door elkaar gehaald.

*   *witte* sneeuw
    -> sneeuw
*   een *ronde* cirkel
    -> een cirkel
*   *naar het buitenland* emigreren
    -> emigreren
	het pleonasme
	Een gedeelte van het begrip zit al vervat in een ander, belangrijker woord en is dus overbodig.
	Het pleonasme is een voorbeeld van een **dubbelop-uitdrukking.**

*   Ze waren *blij* en *verheugd*.
    -> Ze waren blij.
    -> Ze waren verheugd.
*   *Daarom* moeten we *dan ook* de nodige maatregelen treffen.
    -> Daarom moeten we de nodige maatregelen treffen.
*   *Verder* hoopt men *ook* dat de gevangenen hun leven zullen beteren.
    -> Verder hoopt men dat de gevangenen hun leven zullen beteren.
	de tautologie
	Een bepaald begrip wordt uitgedrukt door middel van twee synoniemen. Je zegt dus tweemaal hetzelfde, maar met verschillende woorden.
	De tautologie is eveneens een voorbeeld van een **dubbelopuitdrukking.**

'passivitis'

* Door jongeren wordt niet altijd aan hun ouders gehoorzaamd. -> Jongeren gehoorzamen niet altijd aan hun ouders. * Door de school wordt geen aansprakelijkheid aanvaard voor diefstal. -> De school is niet aansprakelijk voor diefstal. * Door Jan werd een cadeau gegeven aan An. -> Jan gaf An een cadeau.	**Wat?** Een zin waarin het gebruik van het passief ongewoon klinkt en zelfs vreemd of onnatuurlijk overkomt.

a Er is ingebroken.
b Het manuscript is gestolen.
   = algemene vaststelling
   <-> Iemand van jullie heeft het manuscript gestolen.
   = beschuldiging
	Let wel, er zijn enkele gevallen waar het passief een functie heeft, o.m. de volgende:
	a Het onderwerp is niet bekend.
	b Het onderwerp blijft beter onbekend.

de samentrekking

- *Hij* stond op en (hij) opende het raam. - An *zei* dat haar broertje (ziek was) en Ria (zei) dat haar zusje *ziek was*.	**Wat?** In een zin laten we woorden die herhaald worden, vaak weg. Dit verschijnsel noemen we samentrekking.

a *Dat heeft hij nooit gedaan en dat zal hij ook niet.
   -> ... en dat zal hij ook niet doen.
   -> Eerst voltooid deelwoord 'gedaan', dan de infinitief 'doen'.
b *Ik help ze wel, maar geef nooit geld.
   -> ..., maar geef ze nooit geld.
   -> In het eerste gedeelte is 'ze' lijdend voorwerp, in het tweede meewerkend voorwerp.
c *Hij nam zijn hoed en afscheid.
   -> ... en nam afscheid.
   -> In het eerste zinsdeel heeft 'nemen' een letterlijke betekenis, in het tweede vormt het met 'afscheid' een vaste combinatie waarin het zijn letterlijke betekenis heeft verloren.
	In deze gevallen is de samentrekking fout:
	a Het weggevallen woord heeft in beide zinsdelen **niet dezelfde vorm.**
	
	b Het weggevallen woord heeft **niet dezelfde grammaticale functie.**
	
	c Het weggevallen woord heeft **niet dezelfde betekenis (= een zeugma).**

Standaardtaal, Standaardnederlands of Algemeen Nederlands

	Barbarisme, het Een fout tegen de standaardtaal waarbij woorden of uitdrukkingen worden gebruikt die ontleend zijn aan **een andere taal.**

1 *Zet de chauffage wat lager.
    -> de (centrale) verwarming
   * Ik had me niet aan een boete verwacht.
    (s' attendre à)
    -> Ik had geen boete verwacht.
2 *Ken jij een goede elektrieker?
    -> elektricien
   * Eerstens klopt het niet dat Namibië een klein land is.
    -> Ten eerste …
3 *Kun je wat koffie maken? (to make coffee)
    -> … koffie zetten?
   * Vroeger of later loopt hij tegen de lamp.
    (sooner or later)
    -> Vroeg of laat …
	1 **Het gallicisme**: de fout tegen de standaardtaal komt uit het Frans.
	
	2 **Het germanisme**: de fout tegen de standaardtaal komt uit het Duits.
	
	3 **Het anglicisme**: de fout tegen de standaardtaal komt uit het Engels.

	Dialectisme, het Een fout tegen de standaardtaal waarbij een woord, uitdrukking of woordvorm **uit een dialect** wordt gebruikt.

- * Ik heb geen *goesting* om mee te gaan.
   -> Ik heb geen zin om mee te gaan.
- * *Kortelings* opening.
   -> Binnenkort open. 'Kortelings' betekent in het dialect 'binnenkort', in het AN 'onlangs'.
- * Ze *noemt* Caroline.
   -> Ze heet Caroline.
- * Ik ga even naar de *beenhouwer*.
   -> Ik ga even naar de slager.
- * Hij is groter dan *mij*.
   * Hij is even groot als *mij*.
   -> Hij is groter dan ik. (Voluit: dan ik ben.)
       Hij is even groot als ik. (Voluit: als ik ben.)	

	Purisme, het Een fout tegen de standaardtaal: - We denken dat een bepaald woord geen algemeen Nederlands is, bv. omdat het te Frans klinkt. - Daarom gebruiken we **een ander woord dat Nederlandser en dus 'zuiverder' klinkt**, maar het is geen algemeen aanvaard woord.

- * Heb jij *duimspijkers*?
   -> punaises
- * We hebben verschillende *bijhuizen*.
   -> filialen
- * Vergeet je *regenscherm* niet.
   -> paraplu	

		Verwarde woorden
Zij is een *bekende* atlete. = beroemd, vermaard	De leerstof is onvoldoende *gekend*. = weten door te studeren	Sommige woorden met een (licht) verschillende betekenis worden vaak met elkaar verward. Gebruik **het juiste woord in zijn juiste betekenis.**
Hij is *geregeld* te laat. = vaak, dikwijls	De verpleegster komt *regelmatig*. = op vaste tijdstippen (bv. elk uur)	
Zij *heet* Silke. = als naam hebben	Laten we onze dochter Silke *noemen*. = een naam geven	
Hij heeft zijn vriendin *geslagen*. = een slag gegeven (van 'slaan')	Hij is *geslaagd* voor zijn examen. = een examen met succes afleggen (van 'slagen')	

stijlbreuk

- De beste oplossing is *jezelf* zijn en gezond leven. Dit houdt in dat *men* gezond eet, aan sport doet ... -> ... dat je gezond eet ... - Wanneer *u* enkele dagen op zo'n strand ligt, slaat de verveling toe. Gelukkig kun *je* dan nog terecht bij een van de vele georganiseerde activiteiten. -> Wanneer je enkele dagen ...	Een stijlbreuk doet zich voor wanneer verschillende **registers of stijlvormen door elkaar** gebruikt worden. - 'Je' = neutraal woord. 'Men' = formele taal. - 'U' of 'uw' = de beleefdheidsvorm en dus formeel. 'Je' = neutraal. (Omgekeerd is het fout de jij-vorm te gebruiken in een zakelijke brief zoals een offerte of sollicitatiebrief.)

stijlverschillen

De belangrijkste stijlen of registers: - archaïsche of ouderwetse taal, - formele taal, - gewone taal, - informele taal, - vulgaire taal.	**Wat?** Ons taalgebruik wordt o.m. bepaald door de situatie waarin we verkeren. Zo'n taalvariant noemen we een stijl of register. **Voorbeelden** - Als we met de directeur spreken of als we solliciteren, praten we heel anders dan tegen vrienden. - Zo verschilt ook het taalgebruik in een zakelijke van dat in een persoonlijke brief of een e-mail naar een vriend(in).

Archaïsch	Modern	**Archaïsche of ouderwetse taal**
doch	maar	Na verloop van tijd worden bepaalde woorden of uitdrukkingen minder populair en raken ze **verouderd**. Vermijd zulke archaïsche woorden.
gans	heel	
hof	tuin	
mijns inziens	volgens mij	
schreien	huilen	**Let wel:**
te allen tijde	altijd, op elk moment	Sommige woorden zijn in de Vlaamse dialecten nog heel courant, bv. 'gans', 'hof', 'schreien' en 'wenen'.
wenen	huilen	
wiens/wier	van wie, waarvan	
Formeel	**Gewoon**	**Formele taal**
gaarne	graag	Woorden of uitdrukkingen die stijf of plechtig aandoen. Je kunt ze daarom beter vermijden.
heden	vandaag, nu	
hetgeen, hetwelk	(datgene) wat	
men	je, we	
opdat	om	
reeds	al	
reinigen	schoonmaken	
thans	nu, tegenwoordig, op dit ogenblik	
zenden	sturen	
Informeel	**Gewoon**	**Informele taal**
in de bak zitten	in de gevangenis zitten	Woorden of uitdrukkingen die vooral in de gewone spreektaal voorkomen (bv. onder vrienden).
blijf daar met je fikken/poten af	blijf daar met je handen af	
gappen, jatten, pikken	stelen	**Wanneer vermijden?**
gat, kont	achterwerk, achterste	Informele taal is niet geschikt wanneer een verzorgde taal vereist is, bv. bij zakelijke gesprekken of in brieven.
ik ga maffen	ik ga slapen	
hij heeft geen poot uitgestoken	hij heeft helemaal niets gedaan	
je/u kan	je/u kunt	
je/u wil	je/u wilt	
je/u zal	je/u zult	
Vulgair	**Gewone vorm**	**Vulgaire taal**
klootzak	rotvent; ezel, sukkel	Woorden of uitdrukkingen die aanstoot geven, laag-bij-de-gronds of gemeen zijn. Ze worden doorgaans gebruikt om te schelden.
schijthuis	lafaard	
zeiken	plassen; zeuren	
		Hoe vermijden? Je kunt het vulgaire woord vervangen door een minder aanstootgevende variant. Beter nog is proberen je woede of irritatie te beheersen en beleefd uit de hoek te komen.

de tangconstructie

- Ik *heb* je ouders gisteren in Antwerpen *gezien*. - De net verschenen nieuwe roman van *Dimitri Verhulst*. - Hij zegt dat hij boven de Grote Markt een ufo *heeft gezien*.	**Wat?** In het Nederlands kunnen zich zinsdelen bevinden tussen woorden die nauw bij elkaar horen. Deze woorden omsluiten de andere als het ware als een tang, vandaar de term 'tangconstructie'.
	Wanneer moet je een tangconstructie vermijden? Als er te veel woorden in de tang staan, vermindert de verstaanbaarheid. De lezer moet de onvoltooide stukjes onthouden en kan pas aan het einde van de zin alles aan elkaar lijmen. In de foutieve voorbeeldzinnen hiernaast wordt de tang gevormd door:
a In een 15 jaar geleden gebouwde en vorig jaar nog geheel gerenoveerde statige Mortselse *villa* is zaterdagnacht brand uitgebroken. -> Zaterdagnacht is er brand uitgebroken in *een* statige Mortselse *villa*, die 15 jaar geleden gebouwd is en vorig jaar nog geheel gerenoveerd.	a een lidwoord en een zelfstandig naamwoord;
b De *voorspellingen* over het bereiken van een nieuw akkoord over de verhoging van de lonen in de Belgische automobielsector *zijn* gunstig. -> De *voorspellingen zijn* gunstig over ...	b het onderwerp en het werkwoord;
c De luchtvaartmaatschappij *deelde* het nieuws van het vliegtuigongeval in Costa Rica gisteravond al aan de directe familie van de slachtoffers *mee*. -> Gisteravond al *deelde* de luchtvaartmaatschappij het nieuws van het vliegtuigongeval *mee* aan ...	c de pv en andere delen van de pv of werkwoordsgroep;
d Zes maanden *nadat* hij van een schitterende reis van zes weken met de rugzak door Guatemala, Belize en het zuiden van Mexico in België *was teruggekeerd*, begon een kleine rugwonde opgelopen in Chichen Itza ineens te zweren. -> Zes maanden geleden was hij teruggekeerd van ... Dan begon een kleine rugwonde ...	d een voegwoord en het werkwoord.
	Hoe vermijden? Meestal kan dit vrij eenvoudig door de woordvolgorde wat aan te passen. Als de tangconstructie niet kan worden vermeden, is het soms beter de zin op te splitsen, zoals in het laatste voorbeeld. Let wel, de accenten in de zin kunnen veranderen.

vage woorden

* Ze hebben *enige tijd geleden* een wet goedgekeurd. -> Wie is *ze*? Het parlement? -> Wat versta je onder *enige tijd geleden*: eind vorige maand, vorige week … ? -> Om welke wet gaat het precies?	**Wat?** Het gebruik van woorden of uitdrukkingen die onduidelijk, te algemeen, niet precies genoeg zijn. Het tegengestelde van vaag taalgebruik is helder taalgebruik.

de verwijzing of het verwijswoord

		In teksten wordt vaak naar andere woorden of zinnen verwezen, meestal om woordherhaling te voorkomen (zie het 'verwijswoord' in het 'Taalkundig lexicon'). Verwijzingen zijn **fout als** de volgende zaken niet overeenstemmen:
a	* De regering is in crisisberaad bijeengekomen. *Hij* moet dringend een oplossing zoeken voor het dioxineprobleem. -> *Zij* moet dringend … (Woorden die op -ing eindigen, zijn vrouwelijk.)	a het woordgeslacht (zie ook het 'genus');
b	* *De jury* is niet verplicht een gegronde motivering te geven voor *hun* beslissing. -> … *zijn/haar* beslissing.	b het getal.

de volgorde van de werkwoorden

- Ik hoop dat het morgen niet zal sneeuwen. - Ik vind dat hij dat heel knap gedaan heeft. - Hij zegt dat we veel harder hadden moeten werken.	**Wat?** In het Nederlands vinden we vaak twee of meer werkwoorden aan het eind van de zin. Dit noemen we de **werkwoordelijke eindgroep**. In bijzinnen (zoals in de voorbeelden) staan in principe zelfs alle werkwoorden achteraan, dus ook de pv.
- Ze vertelde me dat ze er geen aandacht *had* aan geschonken. -> Ze vertelde me dat ze er geen aandacht *aan* had geschonken. - Ze zei dat ik er nog *moest* een momentje op *wachten*. -> Ze zei dat ik er nog *een momentje op moest* wachten.	**De werkwoordelijke eindgroep is ondoordringbaar**: tussen de werkwoorden mogen geen woorden voorkomen die geen werkwoord zijn.

	In bijzinnen komt het voltooid deelwoord voor of achter de andere werkwoorden.

- Ik geloof nooit dat hij het *gedaan* heeft.
    heeft *gedaan*.
- Dit is het enige land waar telefoongesprekken
    afgeluisterd mogen worden.
    mogen worden *afgeluisterd*.
- De dokter vreesde dat zijn been
    geamputeerd zou moeten worden.
    zou moeten worden geamputeerd.
- Als hij *geluierd* zou blijken te hebben, had
    zou blijken te hebben *geluierd*
hij zeker straf gekregen.
 	
- Het mag een wonder heten dat we voor die overstroming *gespaard gebleven* zijn.
    zijn *gespaard gebleven*.
    gespaard zijn gebleven.
	a **Eindgroepen met 1 voltooid deelwoord.**
	Er zijn twee mogelijke posities:
	• De groene volgorde: het voltooid deelwoord komt eerst.
	In de gesproken taal doen we dit meestal, zeker in minder formele taal.
	• De rode volgorde: het voltooid deelwoord komt achteraan.
	Dit komt vooral in de geschreven taal voor (het meest in journalistieke teksten) en is formeler. Veel hangt ook af van het accent dat je wilt leggen.
	
	b **Eindgroepen met 2 voltooide deelwoorden**: je mag in principe vrij kiezen.

de woordherhaling

	Wat?
a *Als de moeder* heel oud is, heeft *het kind* vaak een gebrekkige taalontwikkeling. Bovendien is de kans groot dat *de moeder* sterft wanneer *het kind* nog niet volwassen is. -> Bovendien is de kans groot dat zij sterft wanneer het (of: de zoon of dochter) nog niet volwassen is. b *In maart 1964 gebeurde* in New York rond 3 uur 's nachts een tragische *gebeurtenis*. -> ... deed zich ... een tragische gebeurtenis voor.	Te vaak hetzelfde woord gebruiken, een bepaald woord kort na elkaar één of meer keren gebruiken. **Vermijd woordherhaling** want de tekst wordt daardoor minder levendig, soms zelfs irritant of lachwekkend. Afwisseling in de woordkeus maakt hem aangenamer om te lezen. Hoe zorg je voor afwisseling? • Gebruik een verwijswoord: 'de moeder' -> zij, 'het kind' -> het. • Gebruik een synoniem: bv. 'deed zich voor' i.p.v. 'gebeurde' of 'voorval' i.p.v. 'gebeurtenis'. • Gebruik een specifieker woord (een hyponiem): bv. 'de zoon/dochter' i.p.v. 'het kind'. • Gebruik een algemener woord (een verzamelnaam of hyperoniem): bv. 'het boek' i.p.v. 'de roman'.

de zinslengte

Vergelijk de volgende teksten:

a   Sommige mensen zijn voor de doodstraf. Het is goedkoper dan levenslange hechtenis. Nieuwe misdaden zijn uiteraard onmogelijk. Tegenstanders vinden dit erg cynisch. Een gevangene kan werken. Hij kan voor een deel in zijn onderhoud voorzien. De gevangenisstraf is ook te zien als een vorm van heropvoeding. De kans op recidivisme is dan klein.

b   Enerzijds zijn er mensen die voor de doodstraf zijn omdat het goedkoper is dan levenslange hechtenis en omdat nieuwe misdaden dan uiteraard onmogelijk zijn, anderzijds zijn er mensen die dit niet alleen cynisch vinden, maar ook stellen dat een gevangene door te werken in zijn onderhoud kan voorzien en dat de kans op recidivisme klein is wanneer de gevangenisstraf als een vorm van heropvoeding begrepen wordt.

c   Sommige mensen zijn voor de doodstraf omdat het goedkoper is dan levenslange hechtenis. Bovendien zijn nieuwe misdaden uiteraard onmogelijk. Tegenstanders vinden dit erg cynisch. Een gevangene kan daarenboven werken en zo voor een deel in zijn onderhoud voorzien. De gevangenisstraf is ook te zien als een vorm van heropvoeding, waardoor de kans op recidivisme klein is.

Wat?
Het gebruik van te lange of van te veel korte zinnen.

a   Deze tekst klinkt als een telegram (*telegramstijl*): allemaal korte zinnen na elkaar.

b   Deze tekst bestaat uit één enkele *spaghettizin*.

c   De teksten hierboven lezen niet vlot: ze zijn saai en waarschijnlijk irriteren ze de lezer. In goed geschreven teksten is er **een afwisseling van lange en korte zinnen**.
Veel hangt af van de aard van je publiek en schrijfdoel. In sommige reclameteksten komen bijvoorbeeld veel korte zinnen voor om een effect van snelheid, jeugdigheid ... te bereiken.

hoofdstuk 3 — Spelling en leestekens

1 Spelling

algemene spellingprincipes van de Nederlandse taal

Voorbeelden	Regel
Jan, aap, mees, boom, poot, vis	We schrijven een aantal woorden zoals we ze horen in de standaardtaal. = regel van de *standaarduitspraak* (ook: *fonologische regel* of *hoorregel*).
a - Baar**d** (uitspraak /t/), omdat we ook baar**d**en schrijven. Spinnewe**b**, (uitspraak /p/), omdat we ook spinnewe**bb**en schrijven. b - Ik ga ⟶ dus: ik word Hij gaat ⟶ dus: hij wordt (met *t*) Ga jij ⟶ dus: word jij (zonder *t*) - Dik ⟶ dikte => dus: breed ⟶ breedte	Woorden worden zo veel mogelijk gelijk gespeld. a = regel van de *gelijkvormigheid*. b = regel van de *analogie, overeenkomst*.
- Zij zei. *Zij* is een persoon; *zei* is de verleden tijd van *zeggen*. - We schrijven tru**ck**, com**pu**ter en gl**üh**wein, omdat ze in de taal van herkomst zo geschreven worden.	Via de schrijfwijze willen we de herkomst van het woord – bv. uit een *andere taal* – duidelijk maken. = *etymologische* regel of regel van de *afleiding*. Dit zijn weet- of onthoudwoorden. We doen een beroep op ons geheugen om ze correct te schrijven.

aaneenschrijven

Voorbeelden	Regel
- achturendag, aidsvirus, consumentenvereniging, daardoor, hogesnelheidstrein, laatstejaarsstudenten, politieauto, rodekool, televisieprogramma, tweepersoonsbed, voordeur, vrijmarkteconomie - antistoffen, oerdegelijk, onecht, ontdekken, prehistorie, vicepremier, wanorde	Samenstelling of afleiding ⟶ normaal aan elkaar.
- aankomen, achteruitgaan, binnengaan, omhoogkijken, tussenkomen, voortgaan, weggaan	Samengesteld werkwoord: voorzetsel/bijwoord + werkwoord.
ademhalen, autorijden, bekendmaken, eruitzien, gebruikmaken, gevangennemen, goedvinden, hardlopen, kaartspelen, kapotmaken, kennismaken, lastigvallen, pianospelen, plaatshebben, schoonhouden, stofzuigen, tekortschieten, tenietdoen, terechtstellen, toneelspelen, vormgeven, zoekraken	Samengestelde werkwoorden: de delen komen zo vaak samen voor dat we ze aan elkaar zijn gaan schrijven.

Vervoeging: ze zijn gevangengenomen, ze zijn terechtgesteld.	
Let op: Hij heeft geen goed gebruik gemaakt van de aangeboden hulp.	'Gebruik' wordt voorafgegaan door een bijvoeglijk naamwoord ⟶ van elkaar.
Maar: bier drinken, handen schudden, gitaar spelen, te laat komen, tot stand komen, verdwaald raken, voor de gek houden, wakker schieten, water halen	De delen worden nog ervaren als losse woorden ⟶ van elkaar.
eerstehulpverlening, inbeslagneming, langeafstandsloper, telaatkomer, tewaterlating, totstandkoming, tweedekansonderwijs	Zelfstandige naamwoorden afgeleid van samengestelde werkwoorden of van een uitdrukking met een werkwoord ⟶ aan elkaar.
andermaal, tweemaal; halfzeven, halfjaarlijks; rechterbeen, linkerbovenhoek **Maar:** - twee maal twee is vier - het rechter boek	Samenstellingen met -maal, half-, linker- en rechter- ⟶ aan elkaar. Geen samenstellingen

- Je kunt het er gemakkelijk bij denken.
   ⟶ Het werkwoord 'bijdenken' bestaat niet.
- Een sofa waar twee mensen op zitten.
   ⟶ Hier: zitten op iets.
   ⟶ Opzitten = overeind zitten, op de achterste poten gaan zitten …
- Hij is eraf gevallen.
   ⟶ 'Afvallen' heeft een andere betekenis, nl. gewicht verliezen.
	Twijfelgevallen:
	- het werkwoord bestaat (komt in die betekenis in Van Dale voor) ⟶ aan elkaar.
	- het werkwoord bestaat niet (in die betekenis) ⟶ van elkaar.

- Middenin zit het klokhuis.
   Ik woon vlakbij.
- We zaten midden in het kamp.
   Ik woon vlak bij het gemeentehuis.
	- Bijwoord: er volgt geen zelfstandig naamwoord op ⟶ aan elkaar.
	- Voorzetsel: er volgt een zelfstandig naamwoord op ⟶ van elkaar.

- **Alles behalve** (alles op iets na):
  bv. Je krijgt alles behalve een pop.
  Allesbehalve (helemaal niet):
  bv. Ze is allesbehalve sympathiek.
- **Ten minste** (op zijn minst, minstens):
  bv. Zij is ten minste 60 jaar.
  Tenminste (althans):
  bv. Hij komt er, tenminste als hij werkt.
	Afhankelijk van de betekenis: aan of van elkaar. Zie ook 'Te veel en te kort'.

- **Ten slotte** (tot besluit, als laatste punt):
  bv. Ten slotte zei ze niets meer.
- **Tenslotte** (al bij al):
  bv. Je hoeft niet bang te zijn. Het is tenslotte maar film.	

aanspreektitel, eretitel, beroep

Voorbeelden	Regel
advocaat, architect, directeur-generaal, kardinaal, minister-president, monteur, prins	Namen van beroepen en titels ⟶ kleine letter (in een doorlopende tekst).
Mevrouw, Monseigneur, Geachte heer **Let op:** na *Geachte* schrijf je *mevrouw* of *heer* met een kleine letter.	Aanspreking in een brief ⟶ hoofdletter.

aardrijkskundige namen

Voorbeelden	Regel
België, Brussel, Vlaams-Brabant, Afrika, de Kilimanjaro, het Alpengebied, de Rijn, New York, Antarctica, de planeet Jupiter, de Poolster, Zuidoost-Azië, het Nabije of Verre Oosten, het Vondelpark, de Grote Markt, de Nieuwstraat, het Atomium, de Boerentoren, het Witte Huis **Maar:** de aarde, de evenaar, de maan, de zon	Namen van plaatsen, streken, landen, continenten, bergen, rivieren, woestijnen, straten, pleinen, gebouwen e.d. ⟶ hoofdletter. Ingeburgerde, alledaagse namen ⟶ kleine letter.
een Genkenaar, Edammer, Gents, Oost-Vlaming, Vlaams-Brabants, New Yorks, Midden-Amerikaans, Nederlands, Sri Lankaan, Zuidoost-Aziatisch	Samenstellingen en afleidingen van plaatsnamen ⟶ hoofdletter.
een Bantoe, Eskimo, Hun, Inuit, Inca, Jood, Noorman, Palestijn, Viking, Vlaming, Zoeloe **Maar:** Op de vergadering waren verschillende katholieken, moslims en joden aanwezig.	Namen van inwoners of volkeren ⟶ hoofdletter. Verwijzing naar de godsdienst, niet naar het volk.
een lekkere champagne, een dure havanna (= sigaar), edammer (soort kaas uit Edam), moezelwijn, wienerschnitzel	Verwijst de aardrijkskundige naam naar een zaak (soortnaam) ⟶ kleine letter.
het noorden van Europa, zuidelijk Afrika (= Zuid-Afrika, Namibië, Botswana, Zimbabwe), de wind komt uit het noordwesten	De windstreken ⟶ kleine letter.
de strijd tussen Oost en West, het Westen (= Amerika en West-Europa)	Hebben de windstreken een economische of politieke betekenis ⟶ hoofdletter.

afkortingen

Voorbeelden	Regel
bv. of bijv., e.d. (en dergelijke), enz., d.w.z., dhr. (de heer), dr. (doctor, dokter), i.p.v. (in plaats van), i.o. (in opdracht)	Je schrijft enkel de eerste letter(s) van het woord. Na de afkorting staat een punt.

VTM (Vlaamse Televisiemaatschappij), TMF (The Music Factory), UA (Universiteit Antwerpen), Klara (Klassieke radio), MSN (Microsoft Network), Groen! (politieke partij), NBA (National Basketball Association), NAVO (Noord-Atlantische Verdragsorganisatie)	Je neemt de afkorting van de organisatie of instelling over. De instelling is eigenaar van zijn naam en bepaalt hoe die geschreven wordt (= donorprincipe).
pc (**p**ersonal **c**omputer), sms (**s**hort **m**essage **s**ervice), cd (**c**ompact **d**isc), dvd (**d**igital **v**ideo **d**isc), tso (**t**echnisch **s**ecundair **o**nderwijs), hst (**h**oge **s**nelheids**t**rein), gps (**g**lobal **p**ositioning **s**ystem), gsm (**g**lobal **s**ystem for **m**obile communications) **Maar:** BV (bekende Vlaming), ICT (**i**nformatie- en **c**ommunicatietechnologie), EHBO (eerste hulp bij ongevallen)	Initiaalwoord ⟶ zonder hoofdletter of punt. Initiaalwoord = woord dat bestaat uit de eerste letter van andere woorden. Elke letter van dit initiaalwoord wordt afzonderlijk uitgesproken, bv.: sms = /es-em-es/. Zie ook 'Letterwoorden en verkortingen'.
CAD-CAM (computer aided design & computer aided manufacturing), ADHD (attention deficit hyperactivity disorder – alle dagen heel druk), URL (uniform resource locator)	Wanneer de afkorting nog te veel naar de vreemde taal verwijst ⟶ hoofdletter.
aids (acquired immune deficiency syndrome), soa (seksueel overdraagbare aandoening), vip (very important person) **Maar:** SIS-kaart (Sociaal Informatie Systeem), BIN-normen (Belgisch Instituut voor Normalisatie), Unesco (United Nations Educational, Scientific and Cultural Organisation)	Letterwoord ⟶ zonder hoofdletter of punten. Letterwoord = woord dat bestaat uit de eerste letter van andere woorden. Het letterwoord op zich wordt als één woord uitgesproken. Zie ook 'Letterwoorden en verkortingen'.
horeca (hotel, restaurant, café), airco (air conditioning), popcultuur (populaire cultuur), Benelux (België, Nederland, Luxemburg)	Verkorting ⟶ zonder punten. Verkorting = woord dat bestaat uit de eerste letters van andere woorden. Het letterwoord op zich wordt als één woord uitgesproken.

bezitsvorm (genitief): -s, 's of '?

Voorbeelden	Regel
moeders mooiste, ieders vriend, Jans fiets, Belgiës industrie, Egyptes piramiden, Gezelles gedichten, Kurt Cobains dood, Disneys tekenfilms, Hergés Kuifjestrips, Sarahs paarden, Vlaanderens toekomst	Hoofdregel: schrijf de *bezits-s* aan het grondwoord vast.

oma's verjaardag, Mama's Jasje, Gorki's *Mia*, baby's billetjes, Antigone's probleem, Marco Polo's reizen, Nico's brommer, Multatuli's oeuvre	De laatste letter is een klinker + kan verkeerd worden uitgesproken als je de *s* eraan vast schrijft ⟶ 's.
Louis' brommer, Columbus' ontdekking, Harry Mulisch' nieuwste boek, Maurice' broer, Merckx' wereldrecord, Inez' boekentas **Ook:** Alexandre Dumas' romans	Het grondwoord eindigt op een *s* of sisklank ⟶ enkel een weglatingsteken of apostrof ('). In de bezitsvorm horen we de *s* wel.
Maar: Bordeauxs ligging, Dutrouxs misdaad, Deprezs opvatting	Het grondwoord eindigt niet op een *s*, maar op een *x* of *z* die niet worden uitgesproken ⟶ we passen de hoofdregel toe: + *s*.

bijwoorden: waar, daar, hier, er

Voorbeelden	Regel
Ik heb *erover* nagedacht. Ik ben het *daarmee* eens. *Waarover* gaat dit hoofdstuk? Zijn standpunt bevindt zich ergens *daartussenin*.	*Waar, daar, hier, er* + voorzetsel ⟶ aan elkaar vast. Bijwoord + voorzetsel = voornaamwoordelijk bijwoord.
Maar: Ik ga *ervan* uit dat hij komt. Ik berg het boek *hierin* op. Ik boks *ertegen* op. Ik ga *ertegen* in.	Het *voorzetsel* van samengestelde werkwoorden (*uit*gaan, *op*bergen, *in*gaan, *op*boksen …) schrijf je los van het voornaamwoordelijk bijwoord *waar, daar, hier, er* + zijn samenstellingen 'hierin, daarop, ertegen …'

eigennamen en soortnamen

Voorbeelden	Regel
David Beckham, W. Mozart, Sneeuwwitje, de ziekte van Alzheimer, de wet van Murphy.	Hoofdregel: voornamen en achternamen ⟶ hoofdletter.
een Beatlesplaat, een Mariabeeld, het Marshallplan, het Mozartjaar, de Arteveldehogeschool, de Europacupwedstrijd **Let op:** het Sint-Michielscollege of St.-Michielscollege	Samenstelling met als eerste deel een eigennaam ⟶ hoofdletter + in één woord geschreven. Na *Sint* of *St.* volgt een koppelteken (-).
Anne Frank ⟶ het Anne Frankhuis Thomas Cook ⟶ een Thomas Cookvakantie Toon Hermans ⟶ een Toon Hermansshow Heilig Hart ⟶ het Heilig Hartziekenhuis Rode Kruis ⟶ een Rode Kruisactie Middellandse Zee ⟶ het Middellandse Zeegebied	De eigennaam bestaat uit 2 delen ⟶ behoud de spatie tussen de twee delen. Het nieuwe woord wordt eraan vast geschreven.

een alzheimerpatiënt, röntgenstralen, een diesel, het downsyndroom, een molotovcocktail, hij lijdt aan parkinson, een steinerschool, freinetonderwijs, een tantaluskwelling, een marshallplan voor Wallonië, hij is bob vanavond; een echte donjuan; de ware jakob; een ongelovige thomas	Soortnamen = naam waarmee je *meerdere* personen, zaken, dieren, instellingen e.d. aanduidt. De naam is niet exclusief verbonden aan één zaak of persoon ➙ kleine letter.
Maar: het syndroom van Down, de ziekte van Alzheimer of Parkinson	Hier wordt nog duidelijk naar een persoon verwezen.
Maar: Jan Modaal, Jan *met de pet*, Jan Publiek, Pietje de Dood, Moeder Natuur, Koning Voetbal	De persoonsnaam dient als naam voor een uniek abstract begrip.
een Ford, de nieuwe Brusselmans (boek), een Rubens (schilderij), een Stradivarius (viool)	De verwijzing naar de persoon of het origineel is nog altijd duidelijk ➙ hoofdletter.
hitleriaans, elizabethaans theater, victoriaans, rubensiaans, freudiaans, kafkaiaans, marxistisch	Bij afleidingen ➙ kleine letter.

getallen: hoofdtelwoorden (100), rangtelwoorden (100ste) en breuken

Voorbeelden	Regel
68: achtenzestig(ste) 632: zeshonderdtweeëndertig(ste) 1200: twaalfhonderd(ste) 405 000: vierhonderdenvijfduizend(ste)	Telwoorden **tot duizend** ➙ aan elkaar. Een hoofdtelwoord wordt een rangtelwoord door er *-e* of *-ste/-de* aan toe te voegen.
6 261: zesduizend tweehonderdeenenzestig(ste) 100 000 000: honderd miljoen(ste) 6 700 244 000: zes miljard zevenhonderd miljoen tweehonderdvierenveertigduizend(ste)	**Boven** duizend ➙ spatie. Dus: **voor** en **na** miljoen, miljard ➙ spatie.
tweeëndertig, drieënhalf	Bij klinkerbotsing ➙ trema.
eerste: 1e of 1ste vijfde: 5e of 5de	Het achtervoegsel *-e* of *-ste* wordt niet in superscript (= bovenaan bij het cijfer) geschreven.
2/3 = twee derde; 13/15 = dertien vijftiende; 1,56 = één en zesenvijftig honderdste, een kwart miljoen, de kwart miljoenste	Tussen de teller (eerste, boven) en noemer (tweede, onder) van een **breuk** ➙ spatie.
Maar: a driekwart, drievierde, **maar**: een vierde b een tweederdemeerderheid, een driekwartsmaat c twee zesden van de taart	**Aan elkaar:** a Bepaalde combinaties die heel frequent voorkomen, zijn aan elkaar gegroeid, maar niet wanneer de teller één is. b Samenstellingen met een breuk. c Twee stukken die elk één zesde zijn.

godsdienstige of heiligennamen

Voorbeelden	Regel
de Almachtige, Boeddha, God, de Heilige Geest, de Schepper, Jahweh, Allah, Jupiter, Onze-Lieve-Vrouw, het Opperwezen, Satan, Sinterklaas of Sint-Nicolaas, Sint-Jan, Zeus, Kerstmis **Maar:** Ze aanbidt hem als een god. de Griekse goden	Een naam voor een heilige persoon of begrip ⟶ hoofdletter. Hier gaat het niet om een unieke God en dus niet om een eigennaam.
de Bijbel, een Bijbelkenner, een Bijbelvertaling, het Oude Testament, een Koranschool, on-Bijbels, het boek Genesis, het Magnificat, het Boeddhabeeld, het Onzevader **Maar**: het evangelie	Naam van heilige teksten + alle samenstellingen/afleidingen ⟶ hoofdletter.
In hotelkamers vind je vaak een bijbel (een exemplaar van de Bijbel). Hij had een mooi versierde koran. Ik heb een boeddha (een beeld van Boeddha) en een lievevrouw (een beeld van Maria) gekocht op de antiekmarkt. een sint-bernardshond, een lieve-heersbeestje, een sinterklaasgeschenk, een kerstboom	Soortnamen ⟶ kleine letter. Er wordt verwezen naar een concreet voorwerp of dier.
- christendom, islam, boeddhisme - christenen, joden, moslims, boeddhisten, hindoes - bisschop, dominee, imam, jezuïet, paus, rabbijn - eucharistieviering, vrijdaggebed, advent, carnaval, de ramadan, de sabbat, de vasten - christelijk, islamitisch, joods, katholiek	Namen van godsdiensten, hun gelovigen, religieuzen, vieringen, rituelen en afleidingen ⟶ kleine letter.

historische gebeurtenissen en periodes

Voorbeelden	Regel
de Guldensporenslag, de Honderdjarige Oorlog, de Beeldenstorm, de Industriële Revolutie, de Eerste Wereldoorlog, de Russische Revolutie, de Culturele Revolutie in China, de Holocaust (= de massale moord op de Joden tijdens WO II), het Verdrag van Maastricht uit 1993, de Golfoorlog **Maar:** - de val van Antwerpen, de slag van Waterloo, het beleg van Troje, de val van de Berlijnse Muur. - In Rwanda heeft een ware *holocaust* plaatsgehad (= een volkerenmoord).	Historische gebeurtenissen (van kortere duur) ⟶ hoofdletter.

de prehistorie, het neolithicum, de bronstijd, de klassieke oudheid, de middeleeuwen, de laatgotiek, de kruistochten, het humanisme, de renaissance, de gouden eeuw, de barok, de verlichting, de aufklärung, het interbellum, neolithisch, middeleeuws, laatgotisch, renaissancistisch;	Historische perioden (van langere duur) evenals de afleidingen ervan ⟶ kleine letter.

hoofdletters

Voorbeelden	Regel
Morgen komt hij zeker.	Het eerste woord van een zin.
Maar: 's Morgens groet Marc de dingen.	De zin start niet met een volledig woord, maar met een weglatingsteken of apostrof ('). Pas het eerstvolgende *volledige* woord krijgt een hoofdletter.
2002 was het jaar waarin de euro werd ingevoerd.	De zin start met een cijfer ⟶ geen hoofdletter.
Anne Frank, mijnheer Vandenwijngaerde, de Unesco	Eigennamen. Zie ook 'Eigennamen en soortnamen'.
de Demerstraat, de Alpen, de Maas, Hasselt(se), Europa, West-Europees	Aardrijkskundige namen en hun afleidingen. Zie ook 'Aardrijkskundige namen'.
Vlaming, Hollander, Française, Engelsman, Apache	Namen van volkeren en bevolkingsgroepen. Zie ook 'Volkeren en etnische groepen'.
de Tweede Wereldoorlog, de Brugse Metten, de Franse Revolutie, de Boerenkrijg, de Eerste Kruistocht	Namen van geschiedkundige of historische gebeurtenissen, meestal van kortere duur. Zie ook 'Historische gebeurtenissen en periodes'.
God, Jahweh, Allah, Sinterklaas, de aartsengel Sint-Michaël, de Bijbel, de Talmoed, de Koran, Kerstmis, Pasen	Godsdienstige en heilige namen of begrippen. Zie ook 'Godsdienstige of heilige namen'.
het Nederlands, het Gents, het Esperanto, het Latijn, het Engels, het Turks	Namen van talen en dialecten. Zie ook 'Talen'.
de Rotaryclub, het Europarlement, het Davidsfonds, Shell, Pepsi Cola, Leffe	Namen van organisaties, instellingen, bedrijven, merken. Zie ook 'Namen van organisaties, instellingen, bedrijven, merken'.
de krant *Het Laatste Nieuws*, het tijdschrift *Knack*, Jeroen Brouwers' boek *Datumloze dagen,* Spielbergs film *Duel*	Namen van boeken, films, kranten e.d. Zie ook 'Eigennamen en soortnamen' en 'Namen van organisaties, instellingen, bedrijven, merken'.
het V-teken, O-benen, A-attest, T-schema	Letteraanduidingen. Zie ook 'Letters'.
De vrouw zei plechtig: 'Vandaag kom ik naar je toe.'	Het eerste woord van een aanhaling.

initiaalwoorden

(= woorden die bestaan uit de eerste letter van andere woorden. Elke letter van dit initiaalwoord wordt afzonderlijk uitgesproken. Voorbeeld: *pc* verwijst naar *p*ersonal *c*omputer; uitspraak /*peecee*/. Zie ook 'Afkortingen'.)

Voorbeelden	Regel
pc-netwerk, tv-kijker, flatscreen-tv, sms-bericht, gsm-toestel, cd-rom, btw-tarief, hiv-virus, ICT-coördinator, pr-verantwoordelijke, IQ-test	Samenstellingen met initiaalwoorden ⟶ koppelteken tussen de delen van de samenstelling.
een tv'loze avond, een sms'je, een CD&V'er	Afleiding met initiaalwoord ⟶ apostrof (= weglatingsteken) '.
ik heb ge-sms't, sms'en, zij sms't, wij sms'ten, het ge-sms'te nieuws	Een initiaalwoord krijgt een **streepje** ná het voorvoegsel, een **apostrof** vóór de uitgang.

koppelteken (liggend streepje -)

Voorbeelden	Regel
a evaluatie-instrument, horeca-uitbater, chocolade-ijsje, live-uitzending, auto-uitlaat, zo-even; b privé-eigendom, auto-ongeval, na-apen, maffia-achtig, bureau-uren, ski-instructeur, zee-egel; c mini-jurk, bio-ingenieur, vanille-ijs, na-ijver, cholera-epidemie, tosti-ijzer, agenda-indeling. **Maar:** antiautoritair, beamen, coauteur, hifiapparatuur, infoavond, semiautomatisch geweer, taxionderneming, zijingang	Hoofdregel: bij klinkerbotsing ⟶ koppelteken. Wanneer heb je klinkerbotsing? Als je het woord verkeerd kunt uitspreken. Dat is het geval bij: a tweeklanken: a + u (au), e + i (ei), e + u (eu), o + e (oe), o + u (ou), u + i (ui); b dubbele klinkers: a + a, e + e, o + o, u + u, i + i; c de combinaties: a + e, a + i, a + ij, e + ij, i + e, i + j, i + ij, o + i, o + ij, u + ij. Geen klinkerbotsing. Het gevaar voor een verkeerde uitspraak is nihil ⟶ één woord.
- beëindigen (be + eindigen) - barbecueën (barbecue + en) - financiële, essentiële **Maar:** financieel, essentieel	Geen liggend streepje, wel een trema bij klinkerbotsing als het niet om een samenstelling gaat, maar om een: - afleiding, - vervoegde vorm (enkel bij werkwoorden). - verbogen vorm (enkel bij zelfstandig en bijvoeglijk naamwoord),
- anti-Japans, inter-Europees, on-Engels, pro-Deoadvocaat, pro-Amerikaans, trans-Atlantisch, zwart-Amerikaans - de commissie-Janssens, het proces-Dutroux, de regering-Leterme	Samenstelling of afleiding waarvan het tweede deel begint met een hoofdletter ⟶ koppelteken.

ex-collega, niet-roker, non-verbaal, oud-leraar **Maar:** een oudgediende, het Oudnederlands	Samenstellingen met *ex-*, *niet-*, *non-* of *oud-* met de betekenis van 'voormalig'.
sint-bernardshond, Sint-Maarten	Samenstellingen met *sint-*
adjunct-directeur, assistent-scheidsrechter, bijna-ramp, chef-kok, interim-leraar, kandidaat-overnemer, leerling-buschauffeur, stagiair-verpleegster, substituut-procureur	Samenstelling met *adjunct-*, *assistent-*, *bijna-*, *chef-*, *interim-*, *kandidaat-*, *leerling-*, *stagiair-* of *substituut-* ⟶ het eerste deel bepaalt de aard van het tweede.
directeur-generaal, secretaris-generaal, proces-verbaal, rekening-courant	Een samenstelling met als tweede deel *courant*, *generaal* of *verbaal* ⟶ het tweede deel bepaalt de aard van het eerste.
14-jarige, A-attest, A4-formaat, 19de-eeuws, 12V-spanning, hepatitis B-virus, X-chromosoom, e-mailadres, €-symbool, T-shirt, y-as, VRT-reporter, btw-tarief, BBC 2-programma, Karel I-sigaar, Koning Albert II-laan **Maar:** 11 juliviering, 10 eurobiljet, 2 sterrenrestaurant, 1 aprilgrap	Samenstellingen met cijfers, letters, symbolen.
liberaal-conservatief, zwart-wit, acteur-regisseur, manisch-depressief, sociaal-cultureel, rooms-katholiek, Grieks-orthodox, Vlaams-nationalistisch **Maar:** nationaalsocialisme, christendemocratisch, jongliberaal, sociaaleconomisch, populairwetenschappelijk, een sociaaldemocraat, ultranationalist **Maar:** een sociaal psycholoog, een klinisch bioloog; sociale psychologie, klinische biologie	Samenstellingen met twee gelijkwaardige (of omwisselbare) delen. Samenstellingen met een 1ste deel dat het 2de deel nader bepaalt ⟶ aan elkaar. Beroepen en beroepsnamen ⟶ in twee woorden.
ja-neevraag, de heen-en-weerdienst, man-vrouwrelatie, kant-en-klaarmaaltijd, haat-liefdeverhouding, woon-werkverkeer	Samenstelling waarvan de eerste twee delen (soms met 'en' ertussen) gelijkwaardig zijn.
a capella ⟶ a-capellakoor extra muros ⟶ extra-murosactiviteit in vitro ⟶ in-vitrofertilisatie	Samenstellingen met een vreemde woordgroep ⟶ koppelteken tussen de vreemde delen.
massa-gebed en massage-bed bom-melding en bommel-ding kwart-slagen en kwarts-lagen	Koppelteken om een duidelijk betekenisverschil weer te geven.

in- en uitvoer, op- of aanmerkingen, voor- en tegenspoed, zon- en weekdagen
Maar:
- lager en kleuteronderwijs
  kleuter- en lager onderwijs
- bastaard- en vreemde woorden
  vreemde en bastaardwoorden
	Bij samentrekking om aan te geven dat een gedeelte van een woord is weggevallen.
	
	Na adjectieven zoals 'lager' en 'vreemd' komt geen koppelteken want ze maken geen deel uit van het samengesteld zelfstandig naamwoord.

letters

Voorbeelden	Regel
X-benen, O-benen, T-shirt, L-vormig, U-bocht	Een letter die de vorm van het object weergeeft ⟶ hoofdletter + koppelteken.
Maar: g-string, x-as, y-as, tussen-n, tongpunt-r, x-stralen	De letter geeft de vorm niet weer ⟶ kleine letter + liggend streepje.
A-attest, B-ploeg, hepatitis C-virus, X-chromosoom	De letter duidt op een classificatie of ordening ⟶ hoofdletter + koppelteken.
a's, een l'etje, twee x'en	Meervoud of verkleinwoord ⟶ weglatingsteken.

letterwoorden en verkortingen

(= woorden die bestaan uit de eerste letter(s) van andere woorden. Het letterwoord wordt als één woord uitgesproken. Zie ook 'Afkortingen'.)

Voorbeelden	Regel
remslaap (rapid eye movement) petfles (polyethyleentereftalaat) pincode (persoonlijk identificatienummer) latrelatie (living apart together) viproom (very important person)	Letterwoord in een samenstelling met een ander woord ⟶ één woord.
Maar: SIS-kaart, BIN-normen, Benelux-overeenkomst, Unesco-lidmaatschap (United Nations Educational, Scientific and Cultural Organisation)	Het letterwoord bevat een of meer hoofdletters ⟶ koppelteken in samenstelling.

meervouden

Voorbeelden	Regel
tanden, vensters, lentes, bureaus, Renaults, cafés, reeën, monniken, kangoeroes, milieus, shampoos	Hoofdregel: grondwoord + s of + en.
appelen, dreumesen, haviken, lemmeten, perziken, viezeriken **Maar:** notarissen, secretarissen, vonnissen	Doffe -e of doffe klinker in de laatste lettergreep ⟶ geen verdubbeling van de eindmedeklinker.
agenda's, collega's, acne's, kiwi's, auto's, haiku's Dus: zoos, dominees; escargots, sjahs	Eindigt het woord op een duidelijk uitgesproken (of lange) klinker (slechts één letter (a, e, i, o)) + geen accentteken ⟶ 's
hobby's, baby's Dus: diskjockeys, sprays	Grondwoord eindigt op medeklinker + y ⟶ 's.
pc's, A4's, wc's, a's, x'en	Cijfer, initiaalwoord, losse letter, symbool ⟶ 's of 'en.

kni<u>eë</u>n, theori<u>eë</u>n.	Het grondwoord eindigt op beklemtoonde -ie ⟶ *ieën*
kol<u>o</u>niën, bac<u>te</u>riën.	Het grondwoord eindigt op onbeklemtoonde -ie ⟶ *iën*.

namen van dagen, maanden en feesten

Voorbeelden	Regel
maandag, dinsdag, zondag; januari, april, mei, december	Namen van dagen en maanden ⟶ kleine letter.
Nieuwjaar, Kerstmis, Pasen, Moederdag, Suikerfeest, Valentijnsdag, Secretaressedag, Vastenavond	Namen van officiële feestdagen en evenementen ⟶ hoofdletter.
nieuwjaarsbrief, kerstdag, paasmaandag, valentijnsgeschenk **Maar:** **H**emelvaartsdag **E**lfstedentocht (Nederland) **e**lfjuliviering (Vlaanderen)	Hoofdletter valt weg in samenstellingen.

namen van munten

Voorbeelden	Regel
de dollar, de euro, de yen, het Britse pond	Namen van munten ⟶ kleine letter.

namen van organisaties, instellingen, bedrijven, merken …

Voorbeelden	Regel
- Unicef, de Kamer, de Senaat, de Europese Unie, het Hof van Cassatie, het Humanistisch Verbond, Humo, het Ministerie van Onderwijs, De Morgen, het Museum voor Schone Kunsten, het Olympisch Comité, de Raad van State, het Rode Kruis, het Universitair Ziekenhuis, de Universiteit Antwerpen, de Veiligheidsraad, het Vlaams Parlement - Bayer, Belgacom, Coca-Cola, Chanel, Dexia, Ford, Google, Microsoft, Red Bull, Sony, Telenet	Naam van een organisatie, instelling, bedrijf, merk ⟶ hoofdletter.
Maar: eBay, iPod, PowerPoint, iPad	Het bedrijf is de eigenaar en bepaalt de naam = donorprincipe.
een airbus, een aspirientje, een cola, googelen, msn'en, een pamper, een spa rood **Maar:** Dat is een Armani. (= kledingstuk van het modehuis Armani)	Soortnaam: naam waarmee je *meerdere* zaken, producten, instellingen e.d. aanduidt ⟶ kleine letter. Nog altijd een merknaam.
de dienst burgerlijke stand, het (vrede)gerecht, een ministerie, de parlementen van België	Soortnamen, geen eigennamen. Ze hebben dus bv. ook een meervoud ⟶ kleine letter.

talen

Voorbeelden	Regel
het Gents, Verkavelingsvlaams, Oergermaans, Kerklatijn, Bargoens, Esperanto, Romaanse talen, Bantoetaal	Naam van een taal of dialect ⟶ hoofdletter.
het West-Vlaams, Zuid-Nederlands, Indo-Europees	Bestaat de naam uit twee aardrijkskundige delen, dan behoudt ieder deel zijn hoofdletter, net zoals bij de geografische namen.
Franstalig, Duitssprekend, on-Nederlands **Maar:** verfransen, verduitsing	Afleidingen ⟶ hoofdletter. Van talen afgeleide werkwoorden of zelfstandige naamwoorden ⟶ kleine letter.
Standaardnederlands, Middelnederlands, Oudnederlands, Hoogduits, Platantwerps	In combinatie met *vroeg, laat, nieuw, oud, standaard, plat, middel* en *hoog* ⟶ enkel hoofdletter in het eerste deel.
koeterwaals, steenkolenengels (slecht Engels), potjeslatijn, schoolfrans	Met een minachtende betekenis ⟶ kleine letter.

te veel en te kort

Voorbeelden	Regel
Ik verdien echt niet te veel. Jongeren hebben altijd geld te kort.	Hoofdregel: te + bijvoeglijk naamwoord ⟶ van elkaar. Vergelijk: te weinig geld, te groot huis.
De Belgische begroting sluit af met een tekort. Het teveel (het overschot) geef je maar terug.	Kun je er *het* of *een* voor plaatsen, dan worden het zelfstandige naamwoorden ⟶ aan elkaar.

titels van boeken, films, kranten, dvd's, cd-roms ...

Voorbeelden	Regel
Ik ben met enkele vrienden naar de film *Next* geweest. Elke zondagavond zendt de VRT het actualiteitenprogramma *Panorama* uit. *Ik kijk vaak naar 'Panorama'.*	Titel van film, boek, cd e.d. ⟶ hoofdletter. **Let op:** Titels worden normaal schuin gedrukt om op te vallen in de tekst en misverstanden te vermijden. Als je met de hand schrijft, kun je ze ook tussen aanhalingstekens plaatsen.
Het boek *Kruistocht in spijkerbroek* is verfilmd. Claus' boek *Het verdriet van België* kent een wereldwijd succes.	De titel bestaat uit meerdere woorden ⟶ enkel het eerste woord met hoofdletter.

tussenklank -(e)n in afleidingen

Voorbeelden	Regel
grenzeloos, harteloos, ideeëloos, kosteloos, liefdeloos, woordeloos; maagdelijk, maandelijks **Maar:** ge*zamen*lijk, *open*lijk, *wezen*lijk, *geweten*loos, *meedogen*loos	Afleidingen op *-loos* en *-lijk* ⟶ geen tussen-n. Het grondwoord eindigt op *-en* ⟶ *-enlijk*.

tussenklank -(e)n in samenstellingen

Voorbeelden	Regel
koninginnenrit, ledenlijst, dromenland, kippenei, apenstaartje, kleurenblind, klassenleraar, beddengoed, smartengeld, paardenbloem	Hoofdregel: samenstelling waarvan het *eerste* deel een zelfstandig naamwoord is + *enkel* een meervoudsvorm op -*en* heeft ⟶ tussen-(e)n.
	Het **eerste** deel heeft geen meervoud of een meervoud dat niet uitsluitend op -*en* eindigt ⟶ géén tussen-n:
a *marine*basis, *rijste*vlaai, *tarwe*bloem, *warmte*bron, *klasse*leraar (fantastische leraar) b *asperge*soep, *horloge*band, *lente*schoonmaak, *mode*show c *gedachte*goed, *seconde*wijzer, *waarde*oordeel, *wedde*toelage	a geen meervoud, b alleen meervoud op -*s*, c meervoud op -*en* én op -*s*.
Maar: a beregoed, reuzeleuk, stekeblind, pikkedonker **Maar**: reuzengestalte (reus = zelfstandig naamwoord: een gestalte zoals van een reus)	a De hele samenstelling is een bijvoeglijk naamwoord + het eerste deel is een versterking ⟶ géén tussen-n.
b kattebelletje, ruggespraak, schattebout, ledemaat, nachtegaal, wielewaal, elleboog, kakebeen	b Versteende uitdrukking ⟶ géén tussen-n.
c zonnebril, maneschijn, Onze-Lieve-Vrouwekerk, Koninginnedag (feestdag in Nederland)	c Het eerste deel van de samenstelling is uniek ⟶ géén tussen-n.
	Let op: Het eerste deel van de samenstelling is geen zelfstandig naamwoord ⟶ **altijd -*e*** in de volgende gevallen:
a armelui, blindedarm, rodekool b knarsetanden, spinnewiel, wiegelied	a het eerste deel is een bijvoeglijk naamwoord; b het eerste deel is een werkwoord.

tussenklank -s in samenstellingen

Voorbeelden	Regel
handelszaak, dorpskern, meningsverschil, stationschef (want: stationsbuurt) bevolkingsgroei, toetredingsverdrag; schoonheidsideaal, gezondheidsprobleem; identiteitscrisis, publiciteitsstunt; kunstenaarscollectief, schildersezel rechtspraktijk, rechtspersoon	Hoofdregel: schrijf een tussen-s wanneer je die hoort. Meestal is dat: wanneer het eerste deel eindigt op - ing, - heid, - teit, - aar, er, ier, of wanneer in het eerste deel *recht-* voorkomt.
dorpsstraat, meisjesschool dorpsgek, meisjesnaam **Maar:** wandelstraat ⟷ dorpsstraat	Het tweede lid begint met een sisklank ⟶ we horen de tussenklank -s misschien niet. Trucje: neem een andere samenstelling. Hoor je daar een *s*, dan schrijf je die.
spelling(s)probleem, dood(s)kist, drug(s)vangst, raad(s)zaal, tijd(s)verschil, voorbehoed(s)middel	Vrije keuze: met of zonder tussen-s.

verkleinwoorden

Voorbeelden	Regel
boontje, cakeje, huisje, ideetje, kannetje, keukentje, knietje, restaurantje, tuintje	Hoofdregel: plak de achtervoegsels *-je*, *-tje* en *-etje* aan het grondwoord vast.
diner – dinertje, souvenir – souvenirtje, machine – machinetje, actrice – actricetje, brochure – brochuretje, parachute – parachutetje machientje, brochuurtje, parachuutje	De hoofdregel geldt ook voor woorden die uit het Frans komen. Je mag het verkleinwoord soms vernederlandsen.
koning – koninkje, ketting – kettinkje, camping – campinkje **Maar:** a tek<u>e</u>ningetje, wand<u>e</u>lingetje b leerlingetje, tweelingetje	Woorden op *-ing* ⟶ *-inkje*. De lettergreep voor -ing is een doffe 'e' ⟶ -ingetje. Woorden op -ling: -lingetje.
boompje, filmpje, oompje, raampje **Maar:** bloemetje of bloempje	Woorden op -m ⟶ -pje.
paraplu – parapluutje, café – cafeetje, la – laatje, cola – colaatje, auto – autootje **Maar:** taxi – taxietje	Eindigt het woord op een duidelijk uitgesproken klinker (lange klinker) ⟶ verdubbeling van de klinker. -i wordt -ietje.

pc'tje, A4'tje, 3'tje	Na een initiaalwoord, letter, cijfer ⟶ apostrof + verkleinwoord.
baby – baby'tje, haiku – haiku'tje **Maar**: essaytje, jockeytje	Eindigt het grondwoord op een medeklinker + -y of -u (uitgesproken als -oe) ⟶ apostrof + verkleinwoord.

volkeren en etnische groepen

Voorbeelden	Regel
Aboriginal, Arabier, Azteek, Belg, Eskimo, Inca, Jood, Viking, Vlaming, Zoeloe **Maar**: *jood* als aanhanger van een godsdienst	Naam van een volk en een lid ervan ⟶ hoofdletter.
anti-Belgisch, Vlamingenhater, Vikingboot, Jodenvervolging	In samenstellingen en afleidingen ⟶ hoofdletter blijft behouden.
blanke, indiaan, pygmee, zigeuner	Rasaanduidingen die op meer dan één volk slaan ⟶ kleine letter.
sinjoor (Antwerpenaar), mof (Duitser), jap (Japanner), kaaskop (Nederlander)	Bijnaam of scheldwoord voor een volk ⟶ kleine letter.

vreemde woorden uit het Duits

Voorbeelden	Regel
apfelstrudel, glühwein, nazi, übermensch, umlaut, het Duitse wirtschaftswunder, gründlichkeit	Zelfstandige naamwoorden ⟶ kleine letter.
Gestapo, de Endlösung (Jodenvervolging tijdens de Tweede Wereldoorlog)	Eigennamen ⟶ hoofdletter.

vreemde woorden uit het Engels

Voorbeelden	Regel
allrisk, allseason, coffeeshop, creditcard, fiftyfifty, hotdog, midlifecrisis, online, peerevaluatie, sciencefiction, selfservice, touringcar, voicemail	De Engelse samenstellingen zijn ingeburgerd in het Nederlands ⟶ aan elkaar.
fastfoodrestaurant, fulltimebaan, junkmailprobleem, lowbudgetvlucht, multiplechoicetest, onlinewinkel, outplacementbureau, publicrelationsmedewerker	Je hoort één woordaccent + vaak is er een Nederlands woord in de samenstelling ⟶ aan elkaar.
het world wide web, public relations officer, data processing, second opinion, finishing touch, designer baby	Je hoort meer dan één woordaccent + geen Nederlands woord in de samenstelling ⟶ van elkaar.

big bang, blind date, blue jeans, first lady, full colour, happy end, high society, intensive care, slow motion **Maar:** - fulltime, parttime, harddisk, harddrug, softdrug - bigbangtheorie, bigbandmuziek, intensivecareafdeling	Het eerste deel is een bijvoeglijk naamwoord ⟶ van elkaar. - Ingeburgerde woorden (cf. eerste blokje). - Samenstellingen zoals in het tweede blokje: er is slechts één woordaccent.
all-in, back-up, bottom-up, close-up, hand-out, lay-out, make-up, stand-by, top-down **Maar**: - pullover, feedback - all-inpakket, close-upopname, make-updoos, knock-outsysteem	In combinatie met een voorzetsel ⟶ koppelteken. - Samenstellingen: het koppelteken blijft.
inside-informatie, pay-tv, dvd-writer	Botsende klinkers, initiaalwoorden ⟶ koppelteken.
oké	Tussenwerpsel.

vreemde woorden uit het Frans

Voorbeelden	Regel
depot, diner, deficit, controle, eclair, hotel, prostituee (vr.), ragout	Franse woorden die als Nederlands worden aangevoeld ⟶ geen accentteken.
café, defilé, enquête, procedé, prostitué (= man), scène getuige à decharge, tête-à-tête	Wel accent op e als dit nodig is voor de uitspraak. Dit geldt altijd voor à.
maître d' hôtel, péage, tête-à-tête, au sérieux, eau-de-cologne	In woorden die nog als volledig Frans worden aangevoeld ⟶ accenttekens en koppelteken blijven behouden zoals in het Frans.
café – cafeetje	Verkleinwoorden met *eind-é* ⟶ eetje.

werkwoorden: vervoeging

Voorbeelden	Regel
aaien – aai drinken – drink antwoorden – antwoord	Voor de vervoeging van de werkwoorden vertrek je van de stam. De stam vind je door de uitgang *-(e)n* weg te laten in de infinitief.
eten – **ee**t maken – m**aa**k **Maar:** gaan – g**a**	Lange klinkers worden dubbel geschreven in een gesloten lettergreep.
komen – k**o**m	Korte klinker in een gesloten lettergreep.
schrobben – schro**b**	Omdat de infinitief eindigt op een -b, schrijf je een -b in de stam ook al spreek je die stemloos uit als /-p/.

TEGENWOORDIGE TIJD

ik aai, ik bel, ik drink, ik eet, ik ga, ik kom, ik maak, ik schrob, ik vind

Eerste persoon enkelvoud ⟶ stam.

zij aait, hij belt, zij drinkt, hij eet, zij gaat, hij komt, zij maakt, hij schrobt, zij vindt

Tweede en derde persoon enkelvoud ⟶ stam + t.

aai jij, bel jij, eet jij, ga jij, vind jij?

Tweede persoon enkelvoud ⟶ enkel stam als *je/jij* na het werkwoord staat (als onderwerp).

u aait, u belt, u maakt, u antwoordt

Hoewel 'u' een tweede persoon is, gelden dezelfde regels als voor de derde persoon enkelvoud.

wij aaien, jullie bellen, zij drinken, wij eten, jullie gaan, zij komen

Eerste, tweede en derde persoon meervoud ⟶ stam + (e)n = infinitief.

ik aai	ik word	ik vind
jij aait	jij wordt	jij vindt
hij aait	hij wordt	hij vindt
wij aaien	wij worden	wij vinden
jullie aaien	jullie worden	jullie vinden
zij aaien	zij worden	zij vinden
aai jij?	word jij?	vind jij?

Hulpmiddel: *doe de aaitest!*
Bij werkwoorden op *-den* is het soms moeilijk na te gaan of je *-d* of *-dt* schrijft. Vergelijk dan altijd met het werkwoord *aaien*.
Hoor en schrijf je bij *aaien* een *-t*, dan doe je dat ook bij de werkwoorden op *-den*.

VERLEDEN TIJD

regelmatig: ik antw**oor**d - ik antw**oor**dde
onregelmatig: ik v**i**nd - ik v**o**nd
ik g**a** - ik g**i**ng
ik w**o**rd - ik w**e**rd

In de verleden tijd bestaat er een onderscheid tussen *regelmatige (zwakke)* werkwoorden en *onregelmatige (sterke)* werkwoorden.
⟶ Onregelmatige werkwoorden veranderen van klank, regelmatige werkwoorden niet.

Regelmatige werkwoorden

maken – maa**k** – ik maa**k**te
missen – mi**s** – ik mi**s**te
kaarten – kaar**t** – ik kaar**tt**e

Je hoort bij het uitspreken van de infinitief vlak voor -en [ʃ], [k], [s], [χ], [p], [ʃ] of [t] (fokschaapshit) ⟶ *-te(n)*.

In alle andere gevallen ⟶ *-de(n)*.

aaien – aa**i** – ik aa**id**e
bellen – be**l** – ik be**ld**e
antwoorden – antwoor**d** – ik antwoor**dd**e
fonduen – fond**u** – ik fond**ud**e

Maar: be**v**en, le**v**en, rei**z**en, nie**z**en, ra**z**en
beven – bee**f** – ik bee**fd**e
reizen – rei**s** – ik rei**sd**e

Je kijkt naar de letter in de infinitief:
infinitief - *en* = **v** ⟶ *f + de(n)*,
infinitief - *en* = **z** ⟶ *s + de(n)*.

	Onregelmatige werkwoorden
zw**e**mmen – ik zw**o**m dr**i**nken - hij dr**o**nk st**aa**n - zij st**o**nden	Zij veranderen van klank in de verleden tijd. Enkelvoud = verleden tijdstam. Meervoud = verleden tijdstam + -en.
	## *VOLTOOID DEELWOORD*
	Regelmatige werkwoorden
zij maa**k**te – zij heeft gemaa**k**t zij kaar**tt**e – zij heeft gekaa**rt** hij aa**id**e – hij heeft geaa**id** hij be**ld**e – hij heeft gebe**ld** hij zaa**gd**e – hij heeft gezaa**gd** hij bee**fd**e – hij heeft gebee**fd** (infinitief *beven*)	De verleden tijd heeft *-te* (**'t** kofschip) ⟶ voltooid deelwoord *-t*. De verleden tijd heeft *-de* ⟶ voltooid deelwoord *-d*.
	Onregelmatige werkwoorden Er bestaan geen regels voor. Bij twijfel raadpleeg je een woordenboek.
vinden – vond – gevonden eten – at – gegeten bidden – bad – gebeden zwemmen – zwom – gezwommen mi**ss**en – gemist – een gemis**t**e kans beantwoor**d**en – beantwoord – een beantwoor**d**e oproep vergro**t**en – vergroot – een vergro**t**e foto besme**tt**en – ik ben besmet – het besme**tt**e voedsel bespo**tt**en – hij is bespot – de bespo**tt**e man wi**tt**en – hij heeft gewit – de gewi**tt**e muur vinden – gevonden – het gevonden geld ontginnen – ontgonnen – het ontgonnen gebied verliezen – verloren – het verloren geld	***Als bijvoeglijk naamwoord*** Je schrijft géén of één *t* of *d* in de infinitief ⟶ één *t* of *d* in het voltooid deelwoord als bijvoeglijk naamwoord. Vergelijk: groot – grote. **Maar:** je schrijft twee *t*'s of *d*'s in de infinitief ⟶ ook dubbele *-t* of *-d* in het voltooid deelwoord als bijvoeglijk naamwoord. Vergelijk: wit – witte. Het voltooid deelwoord van de onregelmatige werkwoorden verandert niet als de uitgang op *-en* eindigt.

	IMPERATIEF (GEBIEDENDE WIJS)
gaan – **ga** naar huis stoppen – **stop** met babbelen beantwoorden – **beantwoord** deze vragen komt u binnen, gaat u zitten, draait u zich om, hoedt u zich voor namaak, kleedt u zich maar weer aan **Maar:** draai u om, hoed u voor namaak, kleed u weer aan, wind u niet op	Imperatief = stam van het werkwoord. Hoewel 'u' een tweede persoon is, gelden dezelfde regels als voor de derde persoon enkelvoud ⟶ stam. 'U' is geen onderwerp, maar een wederkerend voornaamwoord (te vervangen door 'uzelf') ⟶ geen t.

werkwoorden van Engelse oorsprong

Voorbeelden	**Regel**
to fax ⟶ **faxen**: ik fax, hij faxt, wij faxen, hij faxte, zij hebben gefaxt **to lobby** ⟶ **lobbyen**: ik lobby, hij lobbyt, wij lobbyen, hij lobbyde, zij hebben gelobbyd	Hoofdregel: vervoeg de Engelse werkwoorden zoals de Nederlandse.
to barbecue ⟶ **barbecueën**: ik barbecue, hij barbecuet, wij barbecueën, hij barbecuede, zij hebben gebarbecued **to download** ⟶ **downloaden**: ik download, hij downloadt, wij downloaden, hij downloadde, zij hebben gedownload **to baseball** ⟶ **baseballen**: ik baseball, hij baseballt, wij baseballen, hij baseballde, zij hebben gebaseballd	Vertrek van de Engelse **infinitief** en voeg daar de Nederlandse werkwoordsuitgangen aan toe.
to delete ⟶ **deleten**: ik delete, hij deletet (uitspraak: *dieliet*), wij deleten, hij delete (uitspraak: *dieliete*, zij hebben gedeletet (uitspraak: *gedieliet*) **to update** ⟶ **updaten**: ik update, hij updatet (uitspraak: '*updeet*'), wij updaten, hij updatete (uitspraak: '*updete*'), zij hebben geüpdatet (uitspraak: '*ge-updeet*') **Maar:** googelen: ik googel, hij googelt, wij googelen, zij googelde, zij hebben gegoogeld.	**Let op:** de **uitspraak** verschilt van de schrijfwijze.
golfen, briefen, cruisen, leasen **to golf** ⟶ **golfen**: hij golfde, zij golfte, zij hebben gegolft/gegolfd **to lease** ⟶ **leasen**: hij leasete, zij leasede, zij hebben geleaset/geleased	Sommige werkwoorden hebben zowel -d als -t in de verleden tijd en het voltooid deelwoord. Je kunt de -f en -s zowel stemhebbend /v, z/ als stemloos /f, s/ uitspreken.

woordafbreking

Voorbeelden	Regel
bo-ter-ham, dief-stal, wan-de-laar, ko-nij-nen, lob-by-en, be-de-laar, muil-ezel	**Hoofdregel**: spreek het woord hardop uit in lettergrepen of stukjes. Meestal lukt dat vanzelf. Na elke lettergreep schrijf je een liggend streepje. De meeste tekstverwerkingsprogramma's hebben een betrouwbare afbreekfunctie. Bij twijfel raadpleeg je de *Woordenlijst der Nederlandse taal*, eventueel via www.woordenlijst.org.
wijs-neus, bloem-pot, muur-krant, kei-tof, hongers-nood, wan-orde, on-zin, le-lijk, belang-rijk, konink-lijk, vrij-heid	Samenstellingen en afleidingen worden afgebroken tussen de samenstellende delen.
- pi-ano, be-antwoorden, zo-iets, eventu-ele - trou-wen, lui-lek-ker	Je breekt af tussen twee klinkers, maar tweeklanken blijven aaneen.
loy-aal, lobby-en	De -y blijft bij de eerste lettergreep.
ambtenaar → amb-**t**enaar, constructie → con-**str**uctie, borstel → bor-**st**el	Zo veel mogelijk medeklinkers gaan mee naar de volgende lettergreep als je aan het begin van een Nederlands woord kunt uitspreken.
zingen → zin-gen, wangen → wan-gen	De combinatie -*ng* wordt gescheiden.
goochelaar → goo-**ch**e-laar loochenen → loo-**ch**e-nen	De combinatie -*ch* wordt niet gescheiden.
com-plexer, exa-men, faxen, Mexi-caan, taxi	Voor en na een '*x*' tussen twee klinkers mag niet worden afgebroken.
parapluutje → paraplu-tje cafeetje → café-tje	Bij het verkleinwoord schrijf je weer het oorspronkelijke woord.
knieën → knie-en, industriële → industri-ele, naïef → na-ief, ideeën → idee-en, reële → re-ele	Het trema of deelteken valt weg bij splitsing. Er is geen verwarring meer om het goed te lezen.
ezel, apin, stu-dio, even-tu-ele	Een klinker bij het begin of einde van het woord breek je niet af.
shut-tle, crè-me, bios-coop, bio-sfeer, busi-ness	Franse en Engelse woorden en woorden met een Grieks of Latijns onderdeel volgen hun eigen regels. Zoek deze woorden op in de *Woordenlijst der Nederlandse taal*.

2 Leestekens

de aanhalingstekens (" ") of (' ')

Voorbeelden	Regel
- Kelly antwoordde: 'Ik ben steeds op tijd.'	**Hoofdregel** Met aanhalingstekens geef je de woorden van iemand letterlijk weer (= directe rede). Je kunt enkele aanhalingstekens gebruiken of dubbele. De aanhaling begint steeds met een hoofdletter. Er kan maar één punt staan op het einde, meer bepaald tussen de aanhalingstekens.
- Kelly riep: 'Ik ben steeds op tijd!' - Heb jij Kelly horen zeggen: 'Ik ben steeds op tijd'?	**Vraag- en uitroeptekens** Deze leestekens staan binnen de aanhalingstekens als ze bij de geciteerde zin horen, anders erbuiten. Staat er al een vraag- of uitroepteken, dan valt de punt weg.
- 'Ik ben steeds op tijd', zei Kelly. - 'Ma,' zei Kelly, 'ik ben steeds op tijd wanneer ik naar school ga.' *('Ma, ik ben steeds op tijd, wanneer ...')* - 'Ik', zei Kelly, 'ben steeds op tijd wanneer ik naar school ga.' *(Ik ben steeds op tijd ...)*	**Plaats van de komma** a *Beginaanhaling (aanhaling aan begin van de zin)*: komma buiten de aanhalingstekens. b *Gesplitste aanhaling*: komma binnen de aanhaling als ze tot de aangehaalde zin behoort. In de andere gevallen staat de komma erbuiten. **Samenvattend**: ga na of er al een komma staat in de originele geciteerde zin. Indien ja, dan staat de komma binnen de aanhalingstekens.
- Kelly dacht nog: wat moet ik hier komen doen? - Kelly zegt dat ze steeds op tijd komt.	Aanhalingstekens worden **weggelaten** bij: - de weergave van gedachten, - indirecte rede (= vaak ingeleid door de woordjes 'dat' en 'of').
- En dat noemt zichzelf een 'voetballer'! *(ironie)* - Veel Vlaamse studenten gaan op 'kot' in Gent of Leuven. - Wat verstaan we onder 'populisme'? 'Lopen' is een onregelmatig werkwoord. - *Ik vond 'Daens' een prachtige film.*	**Enkele aanhalingstekens ('...')** gebruik je ook in de volgende gevallen: - Je wilt een woord speciaal benadrukken. - Je wilt toch een dialectwoord gebruiken of een ongebruikelijk woord (bv. een ouderwetse of zelfbedachte term). - Je bedoelt het woord zelf. - Je plaatst een titel tussen enkele aanhalingstekens wanneer je de tekst met de *hand* schrijft. Als we typen, kunnen we in de eerste drie gevallen het woord cursiveren i.p.v. het tussen aanhalingstekens te zetten. Bij titels doen we dit altijd.

het beletselteken (...)

Voorbeelden	Regel
In een Japanse manga kom je de volgende personages tegen: het onschuldige meisje, de krijgsheer, de verloren zoon ...	Bij een onvolledige opsomming. Het staat dan in de plaats van 'enzovoort'. **Let op**: - Als de zin op een beletselteken eindigt, dan volgt *geen punt* meer. Een uitroep- of vraagteken kan nog wel. - Het beletselteken wordt steeds voorafgegaan en gevolgd door een *spatie of witruimte*, maar geen komma.
De deur ging open ... Ik hield mijn adem in ...	Om verwachting en spanning op te wekken.
In het schoolreglement staat letterlijk: in deze gevallen (...) zal de leerling drie dagen geschorst worden.	Als bij een citaat een deel van de tekst is weggelaten. Het beletselteken staat in dat geval ook tussen haakjes.

de dubbele punt (:)

Voorbeelden	Regel
- Kelly zei: 'Morgen kom ik op tijd.' - Ik dacht: wat heb ik nu weer gedaan?	Voor een citaat (= de letterlijke weergave van iemands woorden) of de weergave van gedachten.
- Het typisch Belgische weer ziet er als volgt uit: regen, zon, regen, regen, regen, zon ... - De Benelux bestaat uit de volgende landen: België, Nederland en Luxemburg.	Voor een opsomming. Er volgt geen hoofdletter, tenzij de opsomming begint met een eigennaam.
- In één woord: de nieuwste *Harry Potter* is een topper.	Voor een toelichting, omschrijving of besluit.
	Let op: gebruik niet meer dan één dubbelpunt in een zin.

de gedachtestreep (–)

Voorbeelden	Regel
Op vakantie – *wij zijn dit jaar naar Nederland geweest* – gebeurt altijd iets onverwachts.	Bij een minder belangrijke toelichting. Zie ook 'Haakjes'.
Op vakantie gebeurt altijd iets onverwachts – *zij het dat het niet altijd iets negatiefs is*.	Soms kan die op het einde van de zin staan. Dan gebruik je maar één gedachtestreep.
De Franse wereldkampioenen kwamen, zagen – en verloren.	Om iets verrassends aan te geven.

De Benelux bestaat uit de volgende landen: - België, - Nederland, - Luxemburg. De volgende voorstellen kwamen aan bod in de vergadering: - de herstelling van het dak van de school; - de vernieuwing van de ramen; - de verkoop van enkele gebouwen op korte termijn.	Bij een opsomming die we overzichtelijk willen maken door opsommingstekens te gebruiken. **Let op**: - als de delen van de opsomming bestaan uit korte begrippen, eindigen ze met een komma; - als de opgesomde elementen bestaan uit grotere zinsdelen of zinnen, dan eindigen ze met een puntkomma; - op het einde van de opsomming volgt een punt ter afsluiting van de zin.

de haakjes ( )

Voorbeelden	Regel
Op vakantie gebeurt altijd iets onverwachts. (Wij zijn dit jaar naar Nederland geweest.) Vaak weet je niet onmiddellijk hoe je daarop moet reageren.	Met een zinsdeel tussen haakjes geef je aan dat dit stuk minder belangrijk is. Zie ook 'Gedachtestreep'.
- Het VTO (vreemdetalenonderwijs) ziet er vandaag heel anders uit dan dertig jaar geleden. - Pieter Paul Rubens (1577-1640) zou gespioneerd hebben voor de Spaanse koning. - Gezocht: student(e) voor werk aan de kust tijdens de zomervakantie.	Ter verduidelijking of om een alternatief te geven.
- Op dit onderwerp gaan we later dieper in (zie hoofdstuk 10). - *Rebel Without A Cause* (film van Nicholas Ray, 1955) schetst het beeld van een *angry young man* vertolkt door de legendarische James Dean.	Bij verwijzing, ook naar geraadpleegde literatuur (boek, tijdschrift, film …).
WTO (World Trade Association) is de motor van de internationale handel. Op vakantie gebeurt altijd iets onverwachts (zij het dat het niet altijd iets negatiefs is). (Wij zijn dit jaar naar Nederland geweest.)	**Praktische opmerkingen** Vlak *voor* het open haakje en vlak *achter* het gesloten haakje komt een witruimte of spatie. Na het open haakje en voor het gesloten haakje komt geen witruimte. Na de haakjes volgt geen witruimte als de zin onmiddellijk na de haakjes eindigt. Als het een hele zin betreft, staat de punt tussen de haakjes. Opmerking: wees spaarzaam met het gebruik ervan; ze houden het lezen op.

de komma (,)

Voorbeelden	Regel

- De zes oorspronkelijke EU-landen zijn de volgende: België, Nederland, Luxemburg, Frankrijk, Duitsland en Italië.
- Hij stond op, nam zijn pet af, groette iedereen en ging naar buiten.
 	
- Op schoolreis neem je het volgende mee:
   - boterhammen,
   - regenjas,
   - 15 euro.
	Bij een opsomming van gebeurtenissen, feiten, handelingen ...
	
	Bij een opsomming die we overzichtelijk willen maken door opsommingstekens te gebruiken. Als de delen van de opsomming bestaan uit korte begrippen, eindigen ze met een komma.
	
	Zie ook 'Gedachtestreep'.

De eerste minister, *een rasechte politicus*, weet iedereen te vriend te houden.	Voor en na een bijstelling.
'Ik denk wel dat het zal lukken, *Jan*.' '*Jan*, kun jij morgen komen?'	Bij een aanspreking. **Let op:** er volgt geen komma bij de aanspreking in een *brief*. Daar gelden de NBN-normen (= voormalige BIN-normen).
- *Nee*, dat denk ik niet. - *Natuurlijk*, je hebt gelijk. - *Hé*, wat doe je nu? - Je komt toch, *niet*?	Na of voor een tussenwerpsel.
- 'Kom even hier', zei hij. 'Kun jij even hier komen?', vroeg Kelly. - 'Kun jij', vroeg Kelly, 'even hier komen?'	Bij een aanhaling. Na een beginaanhaling.
- Nadat zij een pintje gedronken *had, stond* ze op. - Doordat je te vroeg *bent, ben* ik nog niet klaar met mijn huistaak.	Tussen twee of meer vervoegde werkwoorden (= persoonsvormen).
- Ik kan morgen niet komen, *want* ik moet studeren. - Morgen ben ik niet van de partij, *maar* overmorgen (ben ik) wel (van de partij). - Het gaat onweren, *dus* trek je de stekker beter uit het stopcontact.	Tussen de delen van samengestelde zinnen.
- Hij nam de krant en keek wat er zoal op tv te zien was. - Je luistert of je blijft thuis.	Geen komma voor *of* en *en*.

	Je gebruikt wel een komma om:
- Hij hield erg veel van <u>zijn vrouw en kinderen</u>, **en** had alles voor hen over. - Ze is lui, of ze is dom.	- verwarring te vermijden wanneer daarvoor al 'en' voorkomt; - een speciaal effect te bereiken, bv. een scherp contrast.
Ik geloof *dat* ze morgen komen. Hij denkt *dat* het morgen zal sneeuwen.	Voor een 'dat-zin' komt er geen komma (= geloven dat, denken dat, zeggen dat, vinden dat, ontkennen dat enz.).
- De man *die daar loopt,* kan ik niet uitstaan. - Zinnen *die heel lang zijn,* zijn vaak moeilijk te begrijpen. - Kelly, *die je ginds op de bank ziet zitten,* vind ik een sympathieke meid.	Bij bijvoeglijke bijzinnen. - **Na** een beperkende bijvoeglijke bijzin. Een dergelijke bijzin is nodig om het woord waar hij bij staat, volledig te begrijpen. - **Voor en na** een uitbreidende bijvoeglijke bijzin. Die bijzin is niet nodig bij het woord waarbij hij staat en kan desnoods weggelaten worden. Je weet over wie of wat het gaat.
- *Hoewel* hij ziek is, is Jan toch naar school gekomen. - Zij ging winkelen, *terwijl* hij op de kinderen paste. - Ik kom alleen *als ik klaar ben met mijn werk.* We blijven thuis *als het regent.* - Ik kom vanavond niet langs, *behalve als ik mijn werk toch nog afkrijg.* De hoofdfiguur is een Amerikaanse zakenman, *lijdend* aan de ziekte van Alzheimer.	Voor en na bijwoordelijke bijzinnen: in principe een komma. De bijzinnen starten met voegwoorden zoals: *omdat, doordat, opdat, zodat, hoewel, indien, terwijl.* Vaak zijn er betekenisverschillen (zoals bij de bijvoeglijke bijzin): - Geen komma als de bijzin onmisbaar is voor de betekenis van de zin. - Komma als de bijzin niet als noodzakelijk gepresenteerd wordt (de bijzin kan weggelaten worden).
- Het voorstel werd, *ondanks hevige tegenstand,* aanvaard. - Ze sloeg, *zonder te letten op fietsers of bromfietsers,* de Molenlei in.	Voor en na een tussenzin. Als de tussenzin langer is, staat hij normaal tussen gedachtestrepen.
Vergelijk de volgende zinnen: - Ze speelden er mooie, klassieke muziek. - Ze speelden mooie klassieke muziek. Een heldere blauwe hemel.	 - 'Mooi' en 'klassiek' zijn evenwaardig aan elkaar. ⟶ Er is een hoorbare pauze, je kunt de komma vervangen door 'en'. - 'Mooi' bepaalt 'klassiek'. Naast mooie klassieke muziek bestaat er ook nog slechte klassiek muziek. ⟶ Er is geen duidelijke pauze.
Nadat ze getraind *hadden, bleven* de spelers nog wat napraten.	**Praktische opmerking** De komma komt steeds direct na het woord. Na de komma volgt een spatie of witruimte.

de punt (.)

Voorbeelden	Regel
Morgen gaat het regenen.	Altijd aan het *einde* van een mededelende zin.
Ze vraagt me of het morgen gaat regenen.	Na een indirecte vraag, een vraag die met *of* begint.
1 Leestekens 1.1 De aanhalingstekens 1.2 Het beletselteken 1.3 De dubbele punt	**Praktische opmerking** In titels, tussentitels of koppen staat geen punt. Een vraag- of uitroepteken – vooral gebruikt in kranten – kan wel.
bv., enz., m.a.w., o.a.	Na de meeste afkortingen.
Maar: sms, cd, EU, lab, tv, wc	Geen punt in letter- of initiaalwoorden. Zie 'Spelling'.

de puntkomma (;)

Voorbeelden	Regel
- De directeur gaat op het einde van dit schooljaar met pensioen; op de viering zijn alle collega's uitgenodigd. - Hij heeft geen kwaad woord over jou gesproken; integendeel, hij had alleen maar lof.	De puntkomma gebruik je om twee zinsdelen die toch nauw bij elkaar aansluiten met elkaar te verbinden. In principe zou je ook een punt kunnen zetten, maar je wilt een nauwer verband suggereren.

• Een goed opstel bezit de volgende eigenschappen: een goede afstemming op het doelpubliek; een degelijke opbouw, zowel innerlijk als uiterlijk; een aangenaam leesbare stijl die de aandacht van de lezer prikkelt; een vlot en correct taalgebruik.
• Een goed opstel bezit de volgende eigenschappen:
  - een goede afstemming op het doelpubliek;
  - een degelijke opbouw, zowel inhoudelijk als lay-outmatig;
  - een aangenaam leesbare stijl die de aandacht van de lezer prikkelt;
  - een vlot en correct taalgebruik.
	In lange opsommingen, zeker als er al komma's of een werkwoord in voorkomen. Als we enkel komma's zouden plaatsen, zouden de delen van de opsomming moeilijk herkenbaar zijn.
	
	Aan het einde van de opsomming staat een punt. Dat is immers het einde van de zin.
	
	Zie ook 'Gedachtestreep'.

het uitroepteken (!)

Voorbeelden	Regel
En dat noemt zich een vakman! Van harte proficiat gewenst! Kijk daar! Geef die cd terug! Doorlopen! Die herstelling kostte zo maar eventjes 250 euro! Ze vragen maar op!	Na een uitroep om iets te benadrukken. Vooral bij kreten, bevelen, wensen, waarschuwingen, hevige emoties. Opmerking: gebruik het uitroepteken niet in zakelijke geschreven teksten.
	Praktische opmerking Het uitroepteken komt onmiddellijk na het laatste woord en wordt gevolgd door een spatie.

het vraagteken (?)

Voorbeelden	Regel
Gaan we vanavond uit? Zou je dat voor mij willen doen? Wat doe je nu?	Op het einde van een vragende zin.
Zij vroeg *of ik voor haar boodschappen wilde doen*.	Geen vraagteken na een indirecte vraag.
We hebben hier te maken met een echt (?) kunstwerk.	Tussen haakjes om ironie (spot, twijfel) uit te drukken.
Heb je ooit zoiets meegemaakt?! Dat is toch niet te geloven!?	Soms zijn tussenvormen mogelijk. Ze drukken tegelijkertijd verbazing en ongeloof uit. Deze combinatie is uitzonderlijk.
	Praktische opmerking Het vraagteken volgt onmiddellijk op het laatste woord en wordt gevolgd door een spatie.

hoofdstuk 4

TAALKUNDIG LEXICON

Hieronder vind je de voornaamste grammaticale begrippen in schemavorm. Meer uitleg erover vind je in het lexicon erna.

1 De woordsoorten

Voorbeelden	Naam
a Lopen, eten, drinken, studeren. b Heb (gelopen), is (gestorven), wordt (geholpen), kunnen, moeten, mogen. c Zijn, worden, lijken.	**1 Werkwoord** a Zelfstandig werkwoord b Hulpwerkwoord c Koppelwerkwoord
Boek, mens, gebergte, liefde, renaissance, Vlaanderen, Brugge, Alpen, Albert.	**2 Zelfstandig naamwoord of substantief**
a De, het. b Een.	**3 Lidwoord** a Bepaald b Onbepaald
a Deze (bv. deze stoel), dit, die, dat, degene, datgene, zo'n, zulk, dergelijke, hetzelfde. b Die (de vrouw die ik zag), dat, wat, welk, hetgeen. c Mijn, jouw, haar, uw, ons, hun. d Ieder, elk, alle, alles, enkele, verscheidene, eender welk, allemaal, iedereen, iemand, iets, niets, gelijk (wie), een paar, wie ook. e Ik, jij, hij, zij, wij, jullie; mij, hem, hen. f Wat een (…!), wat (leuk …!), hoe (…!), zo'n (…)! g Wie, wat, welke, wat voor (een), wiens. h (Ik was) me, onzelf, zich. i Elkaar, mekaar, elkanders.	**4 Voornaamwoord** a Aanwijzend voornaamwoord b Betrekkelijk voornaamwoord c Bezittelijk voornaamwoord d Onbepaald voornaamwoord e Persoonlijk voornaamwoord f Uitroepend voornaamwoord g Vragend voornaamwoord h Wederkerend voornaamwoord i Wederkerig voornaamwoord
Groot, ziek, leuk, blauwachtig, interessant, gouden, Engels, militair, passend, dichtbevolkt, hoger, hoogst.	**5 Bijvoeglijk naamwoord of adjectief**
a Nul, vijf, twintig, duizend, miljard; beide, veel, meer, minst; allebei, alle drie. b Vijfde, twintigste, duizendste; middelste, laatste, hoeveelste. a Twee derde, een vierde, een half, anderhalf, een kwart.	**6 Telwoord** a Hoofdtelwoord b Rangtelwoord c Het breukgetal of de breuk

Voorbeelden	Naam
a Daar, nergens, wanneer, toen, gisteren, soms, vaak, uitermate, nogal, bijna, helemaal, graag, zo, misschien. b Erop, daarover, waarmee, hierlangs, hiernaartoe, daartussenin. c Buiten, boven, onderin, achteraan, achter (op de fiets), (we komen 's morgens) aan, (ik sta vroeg) op. d Bovendien, ook, evenmin, evenwel, nochtans, toch, daarentegen, zelfs, bijgevolg, dus, althans, immers, overigens.	**7 Bijwoord** a (Gewoon) bijwoord b Voornaamwoordelijk bijwoord c Voorzetselbijwoord (voorzetsel dat als bijwoord wordt gebruikt) d Voegwoordelijk bijwoord (voegwoord dat ook een bijwoord is)
a Achter, behalve, beneden, betreffende, bij, door, gezien, in, langs, met, na, namens, ondanks, onder … door, op, over, qua, sinds, tegen, tijdens, tussen … in, vanaf, voor, wegens, zonder. b Aan de hand van, door toedoen van, in het kader van, met uitzondering van, onder invloed van, op grond van.	**8 Voorzetsel** a Voorzetsel b Voorzetseluitdrukking
a En, zowel … als, noch, of, maar, hetzij … hetzij, want. b Dat, of (ik vraag me af of), om, voor(dat), terwijl, als, wanneer, nadat, omdat, doordat, tenzij, hoewel, voor zover, behalve (dat), hoe … hoe, naarmate.	**9 Voegwoord** a Nevenschikkend voegwoord b Onderschikkend voegwoord
Helaas, hik, au, hm, hé, miauw, kukeluku, foei, ja, komaan, sorry, welkom, goeiemorgen, proficiat, hallo, ocharme, deksels, lieve hemel, verdomme.	**10 Tussenwerpsel**

2 De zin

Voorbeelden	Naam
a Ik heb hoofdpijn. b De baby van de buren (huilt). c (De baby) van de buren (huilt).	**1 Zin, zinsdeel en zinsdeelstuk** a Zin b Zinsdeel c Zinsdeelstuk (stuk van een zinsdeel)

a
  - Ik kom.
  - Ik kom niet.
  - Kom jij?
  - Kom hier!
  - Smerig dat het daar was!
	2 Soorten zinnen
	a Volgens de communicatieve functie
	  - Bevestigende zin
	  - Ontkennende zin
	  - Vragende zin
	  - Bevelende zin
	  - Uitroepende zin

Voorbeelden	Functie en vindwijze
b - Honger? Beter laat dan nooit. - Ik heb hoofdpijn. - Ik heb hoofdpijn (hoofdzin) omdat de muziek veel te luid staat (bijzin). - Vloekend (liep hij weg). c - De beul foltert de indiaan. - De indiaan wordt door de beul gefolterd.	b Volgens de vorm - Onvolledige of elliptische zin - Enkelvoudige zin. - Samengestelde zin: hoofd- en bijzin - Beknopte bijzin. c Actief en passief - Actieve zin, bedrijvende vorm - Passieve zin, lijdende vorm
a Ze zei: "Het wordt zeker een leuke reis." b Ze zei dat het zeker een leuke reis zou worden.	**3 Directe en indirecte rede** a Directe rede b Indirecte rede

3 De functies in de zin

Voorbeelden	Functie en vindwijze
a Ik (wacht niet graag). Hij (heeft van Sinterklaas een puzzel gekregen). b (Sinterklaas) heeft (me een puzzel) gegeven. c (Ik) wacht (niet graag). (Ik) heb (twee uur) gewacht. d (Ze) is een goede minister. e … is (een goede minister). f … (is) een goede minister.	**1 Het gezegde of predicaat** a Het predicaat Wat wordt over het onderwerp gezegd? b Het gezegde. Welk woord verbindt het onderwerp en de andere zinsdelen? c Het werkwoordelijk gezegde Wat is de pv + wat zijn de eventuele andere werkwoorden? d Het naamwoordelijk gezegde Is er een koppelwerkwoord? Welke andere woorden zijn geen onderwerp? e Het werkwoordelijk deel van het naamwoordelijk gezegde. Wat is het koppelwerkwoord? f Het naamwoordelijk deel van het gezegde. Welk deel is niet het koppelwerkwoord?
Jan heeft een nieuwe auto. *Jij* bent klein. *De grootmoeder van Karen* is rijk. *Sneltreinen* stoppen hier niet. *Wie met een fiets rijdt*, moet hier extra voorzichtig zijn. (Onderwerpszin.)	**2 Het gezegde of predicaat** Wie of wat + persoonsvorm + rest van de zin?

Hij verzamelt *postzegels*. Gisteren hebben we *een leuke film* gezien. Hij verwachtte *dat hij zwaarder gestraft zou worden*. (Lijdendvoorwerpszin.)	**3 Het lijdend voorwerp** Wie of wat + persoonsvorm + onderwerp?
Hij gaf *haar* een ruiker bloemen. Geef dat maar *aan mij*. Ik heb iets *voor jou* meegebracht. Geef de eerste prijs *aan wie het fairst voetbalt*. (Meewerkendvoorwerpszin.)	**4 Het meewerkend voorwerp** Aan of voor wie/wat + persoonsvorm + onderwerp + rest van de zin?
De afwas wordt *door vader* gedaan. De kooi was *door de beer* stukgeslagen. De afwas wordt gedaan *door wie het minst hard heeft geholpen*. (Handelendvoorwerpszin.)	**5 Het handelend voorwerp** Door wie of wat + persoonsvorm + onderwerp + rest van de zin?
Ze houdt veel *van hem*. We rekenen allemaal *op je!* Ik ben dol *op pinda's*. Hij ging niet akkoord *met wat zijn vriendin zei*. (Voorzetselvoorwerpszin.) **Opmerking** Vergelijk: - Hij wachtte *op zijn vader*. - Hij wachtte *op het perron*.	**6 Het voorzetselvoorwerp** Voorzetsel + wie of wat + persoonsvorm + onderwerp + rest van de zin? - Voorzetselvoorwerp: werkwoord met vast voorzetsel. - Bijwoordelijke bepaling: waar wachtte hij?
Hongerig smeekte hij om geld. *Als kind* was hij heel braaf. Ik vind die film *schitterend*. Hij verft het huis *groen*.	**7 De bepaling van gesteldheid** Hoe of in welke toestand/hoedanigheid + persoonsvorm + onderwerp + rest van de zin?
Mia's fiets is gestolen. Dat is het *mooiste* schilderij. Er hing ook een schilderij *van Salvador Dalí*. Mevrouw Janssens, *de directrice*, is van de trap gevallen. (Bijstelling.) Het doek *dat je daar ziet*, is van de hand van Picasso. (Bijvoeglijke bijzin.)	**8 De bijvoeglijke bepaling** Zegt het iets meer over een zelfstandig naamwoord?
Gisteren hebben ze elkaar *in het station* gezien. Hij werkt altijd *heel snel*. Hij is *met de tram* gekomen. *Wegens het slechte weer* is de wedstrijd afgelast. *Waar nu de Groenplaats is*, was vroeger een kerkhof. (Bijwoordelijke bijzin.)	**9 De bijwoordelijke bepaling** Waar/wanneer/hoe/waarom … + persoonsvorm + onderwerp + rest van de zin?

het aanwijzend voornaamwoord
(Eng. the demonstrative pronoun, Fr. l' adjectif / le pronom démonstratif)

Wat	Met dit voornaamwoord wijs je bepaalde dingen aan.
Voorbeelden	- Ik wil <u>dit</u> snoepje en <u>dat</u> daar ook. - <u>Degene</u> die de oefening oplost, krijgt extra punten. - <u>Zo'n</u> boek heb ik nog nooit gezien. - <u>Zulke</u> boeken heb ik nog nooit gezien. - Ik heb <u>hetzelfde</u> boek gelezen. - <u>Dat</u> heb ik <u>zelf</u> meegemaakt.

de actieve zin of de bedrijvende vorm
(Eng. the active voice, Fr. la voix active)

Wat	Zie de 'passieve zin'.

het affix
(Eng. the affix, Fr. l'affixe)

Wat	Een verzamelterm voor een voorvoegsel (prefix) en een achtervoegsel (suffix). Zie de 'woordvorming' onder de 'afleiding'.

de afleiding
(Eng. the derivative, Fr. la dérivation)

Wat	Zie de 'woordvorming'.

het Afrikaans

Wat	Een taal die gegroeid is uit het Nederlands en de moedertaal is van meer dan 6 miljoen mensen in Zuid-Afrika (waar het één van de officiële talen is) en Namibië. Meer dan de helft van de sprekers in Zuid-Afrika bestaat uit kleurlingen.
Enkele kenmerken	1 Woordenschat - Veel nieuwe woorden: bv. braai (barbecue), lawaaiwater (sterkedrank), moltrein (metro, metrotrein) en snydokter (chirurg). - Veel Engelse leenwoorden: bv. brekfis (breakfast) en sokker (soccer). - Woorden uit andere talen: bv. baie (Maleis: veel, zeer) en hoeka (het Khoi: lang geleden). 2 Spraakkunst - Dubbele ontkenning: bv. Moenie huil nie. - Alleen regelmatige werkwoorden + geen t/d in het voltooid deelwoord: bv. ek het geloop of gedrink.

het antecedent
(Eng. the antecedent, Fr. l'antécédent)

Wat	Het woord of zinsdeel waarnaar een voornaamwoord verwijst.
Voorbeelden	- Het vliegtuig **dat** je daar ziet, is een Boeing 767. - Daar staat een vliegtuig, maar ik weet niet welk type **het** is. - Zie je dat vliegtuig? **Dat** is een Boeing 767.

het Bargoens

Wat	1 **Oorspronkelijk**: de geheimtaal van dieven, landlopers, rondtrekkende handelaren ... 2 **Vandaag**: een voor buitenstaanders moeilijk te begrijpen taal
Voorbeelden	Veel termen uit het oorspronkelijke Bargoens zijn doorgedrongen tot de informele standaardtaal: bv. bajes, gozer, heibel, jatten, mazzel, noppes, saffie, smeris en tof.

het betrekkelijk voornaamwoord
(Eng. the relative pronoun, Fr. le pronom relatif)

Wat	Het betrekkelijk voornaamwoord leidt een bijzin in. Het verwijst naar een woord dat of woordgroep die daarvoor werd vernoemd. Het kan ook verwijzen naar de hele voorgaande zin.
Voorbeelden	- De man die in de winkel stond, was groot en kaal. - De man tegen wie ik aan het praten was, was groot en kaal. - Het kalfje, dat klein en wit was, stond alleen in de wei. - Ik vergat haar verjaardag, wat ze me steeds kwalijk heeft genomen. ('Wat' verwijst hier naar de hele zin ervoor.)

de bevestigende zin en de ontkennende zin
(Eng. the affirmative and negative sentence, Fr. la phrase affirmative et négative)

Wat	1 De bevestigende (positieve) zin: een zin zonder ontkenning. 2 De ontkennende of negatieve zin: een zin die zegt dat iets niet het geval is.
Voorbeelden	1 Bevestigende zin: bv. Ik wil nog een koekje. 2 Ontkennende zin: bv. Ik wil geen koekje.

de bezittelijk voornaamwoord
(Eng. the possessive pronoun, Fr. l'adjectif / le pronom possessif)

Wat	Dit voornaamwoord zegt aan wie iets toebehoort.

Voorbeelden	1 Bijvoeglijk gebruikt
	   - Dat is onze nieuwe directeur.
	   - Kan ik jouw balpen even lenen?
	2 Zelfstandig gebruikt (na een lidwoord)
	   - Kan ik je balpen even lenen? De mijne is leeg.
	   - Mijn brommer en de hare zijn gestolen.

de bijstelling
(Eng. the apposition, Fr. l'apposition)

Wat	Een bijstelling is een zelfstandig naamwoord dat iets meer zegt over een ander zelfstandig naamwoord. We plaatsen de bijstelling tussen twee komma's, direct na het woord waarbij ze staat.
Voorbeelden	- Mevrouw Janssens, <u>de directrice</u>, is van de trap gevallen. - Mijn zuster, <u>Anita</u>, is verkozen tot Miss België. - Wij, <u>Europeanen</u>, kijken daar anders tegenaan dan Amerikanen.

de bijvoeglijke bepaling
(Eng. the attributive adjunct, Fr. le complément déterminatif)

Wat	Een bijvoeglijke bepaling is een zinsdeelstuk. Het staat voor of na een zelfstandig naamwoord en zegt er iets meer over.

Voorbeelden	1 Voorbepaling:
	   - <u>Haar mooie, oude</u> *boeken*.
	   - <u>De lachende</u> *kinderen*.
	   - <u>Mia's</u> *fiets* is gestolen.
	2 Nabepaling
	   - De *boeken* <u>van mijn zus</u>.
	   - Een *kudde* <u>schapen</u>.
	3 Voor- en nabepaling
	   - <u>Die vijf leuke</u> *vriendinnen* <u>van Jan</u>.
	   - <u>Een groot</u> *aantal* <u>deelnemers</u>.

het bijvoeglijk naamwoord of het adjectief
(Eng. the adjective, Fr. l'adjectif qualificatif)

Wat	Dit woord zegt iets meer over een ander woord, doorgaans een zelfstandig naamwoord. Meestal kan het verbogen worden en heeft het trappen van vergelijking.
Voorbeelden	- Een <u>lekker</u> ijsje, <u>lekkere</u> ijsjes. - De straat is <u>nat</u>. - Ik heb iets <u>leuks</u> gedaan. - Weet je wat ik nog <u>leuker</u> vond? Schaatsen.

het bijwoord
(Eng. the adverb, Fr. l'adverbe)

Wat	Een woord dat vaak iets meer zegt over het werkwoord, een telwoord, een bijvoeglijk naamwoord of een ander bijwoord: waar, wanneer, hoe, in welke mate …? Een bijwoord is een woordsoort, die onveranderlijk is wat de vorm betreft.
Soorten	Er zijn bijwoorden van plaats (bv. hier), tijd (bv. morgen), frequentie (bv. vaak), graad (bv. heel, erg, bijzonder), manier (bv. zo), modaliteit (bv. misschien), enz. Zie ook het 'voegwoordelijk bijwoord' en 'voornaamwoordelijk bijwoord'.

Voorbeelden	- Ik ga <u>vaak</u> bij mijn oma langs. - <u>Gisteren</u> ging ik bij mijn <u>bijzonder</u> lieve oma langs. - <u>Waar</u> heb je haar gezien?

de bijwoordelijke bepaling
(Eng. the adverbial, Fr. le complément circonstanciel)

Wat	Een zinsdeel(stuk) dat meer zegt over de rest van de zin of een zinsdeel: waar, wanneer, waarmee, hoeveel, in welke mate …? Als we zeggen dat een bepaald zinsdeel(stuk) een bijwoordelijke bepaling is, dan geven we aan welke functie het in de zin heeft (in plaats van bv. onderwerp of lijdend voorwerp).
Soorten	Er zijn bijwoordelijke bepalingen van plaats (bv. over straat), richting (bv. naar huis), tijd (bv. vorige week), oorzaak of reden (bv. door de hevige sneeuw), doel (bv. voor het geld), middel (bv. met bloemetjeslaarzen), voorwaarde (bv. in noodsituaties), enz.
Voorbeelden	1 **De bijwoordelijke bepaling is een zinsdeel** De bijwoordelijke bepaling is het antwoord op een vraag die begint met 'hoe', 'waarom', 'wanneer', 'waar' … - Wanneer liep ik met bloemetjeslaarzen over straat? <u>Gisteren</u>. - Waarmee liep ik over straat? <u>Met bloemetjeslaarzen</u>. - Waar liep ik? <u>Over straat</u>. 2 **De bijwoordelijke bepaling is een zinsdeelstuk** Dit is een voor- of nabepaling bij een bijvoeglijk naamwoord of een bijwoord. - Dat is een <u>ongelofelijk</u> *lelijke* jas. (lelijk = bijvoeglijk naamwoord) - Hij liep <u>erg</u> *hard*. (hard = bijwoord) (Zowel 'erg (zinsdeelstuk) als 'erg hard' (zinsdeel) zijn bijwoordelijke bepalingen.)

de bijzin
(Eng. the clause, Fr. la subordonnée)

Wat	Het is een zin die ingebed is in een andere zin. Hij kan niet op zichzelf staan, maar hangt af van een ander woord in de hoofdzin.
Voornaamste bijzinnen en voorbeelden	1 **De beknopte bijzin:** zie p 83. 2 **De betrekkelijke bijzin** De betrekkelijke bijzin wordt *vaak* ingeleid door een betrekkelijk voornaamwoord *die, dat*. Bv. Het meisje *dat je ginds op de stoel ziet zitten*, is mijn vriendin. -> Hoofdzin: 'Het meisje is mijn vriendin.' -> Bijzin: '… dat je ginds op de stoel ziet zitten, …' Deze bijzin is een noodzakelijke aanvulling bij de hoofdzin. Anders zou je niet weten over welk meisje het gaat. Daarom schrijven we slechts één komma op het einde van de bijzin. Bv. Nathalia, *die je ginds op het podium ziet staan*, is mijn vriendin. -> Bijzin: ' …, die je ginds op het podium ziet staan, …' Deze bijzin is niet noodzakelijk om te weten over wie het gaat. Daarom plaatsen we hem tussen twee komma's.

het deelwoord
(Eng. the present and past participle, Fr. le participe passé ou présent)

Wat	Een vorm van het werkwoord die geen persoonsvorm is.
Soorten	1 **Het voltooid deelwoord** Bij regelmatige werkwoorden: ge + stam + d/t. 2 **Het tegenwoordig deelwoord** Bij regelmatige werkwoorden: stam + d(e).
Voorbeelden	1 **Het voltooid deelwoord** - We hebben keihard gewerkt. - Je hebt me bedrogen. - De gevraagde antwoorden. 2 **Het onvoltooid of tegenwoordig deelwoord** - De leerlingen keken giechelend toe. - De lachende kinderen.

het dialect of de streektaal

Wat	Een taalvariant die typisch is voor een bepaalde streek. Dialecten zijn vaak moeilijk verstaanbaar voor mensen uit een andere regio. Zie ook 'standaardtaal' en 'tussentaal'.
Voorbeeld	Het West-Vlaams. Dit is de verzamelnaam voor een reeks dialecten (bv. het Kortrijks, Oostends, Nieuwpoorts) die gesproken worden in West-Vlaanderen en allerlei gemeenschappelijke kenmerken hebben.
Functionaliteit	Een dialect is niet per se minderwaardig. Er zijn situaties waarin het gebruik van de standaardtaal vereist is (bv. als je solliciteert), maar er zijn er ook waarin het dialect functioneler is (bv. onder vrienden, bij de bakker).
Het regiolect	Het dialect van een bepaalde regio, d.w.z. een stad en de gemeenten daarrond. Vroeger had niet alleen elk dorp zijn dialect, maar kon je vaak zelfs horen uit welke wijk iemand kwam. Vandaag zijn die lokale verschillen afgevlakt. We praten dan ook niet meer over het dialect van Antwerpen Stad, Hoboken, Berchem, Deurne of Merksem, maar gewoon over het Antwerps.

de directe rede en de indirecte rede
(Eng. direct and indirect speech, Fr. le discours (in)direct)

Wat	1 **Directe rede** De letterlijke weergave van iemands woorden. - Wat je precies citeert, komt tussen aanhalingstekens te staan. - De hoofdzin bevat een communicatief werkwoord, bv. zeggen, spreken, vragen, roepen, antwoorden … Hij komt voor, tussen of na de bijzin. - Het stuk tussen aanhalingstekens heeft de woordvolgorde van een hoofdzin: de persoonsvorm staat op de eerste of tweede plaats in de zin.

Wat	2	**Indirecte rede**
		Je vertelt wat iemand heeft gezegd, maar je geeft de woorden niet letterlijk weer zoals ze gezegd zijn.
		- Er zijn geen aanhalingstekens.
		- De hoofdzin bevat een communicatief werkwoord, bv. spreken, zeggen, vragen, roepen …
		- De bijzin wordt ingeleid door 'of', 'dat' of een vraagwoord (bv. wie, wat, wanneer, waarom, hoe).
		- De bijzin heeft de woordvolgorde van een bijzin: de persoonsvorm en de eventuele andere werkwoorden staan achteraan.
Voorbeelden	1	**Directe rede**
		- Ze zei: '<u>Je bent een afschuwelijk kind.</u>'
		bijzin
		- '<u>Je bent een afschuwelijk kind</u>', zei ze.
		- '<u>Wie</u>', vroeg ze, '<u>heeft dat gedaan?</u>'
	2	**Indirecte rede**
		- Ze zei <u>dat ze een afschuwelijk kind was</u>.
		bijzin
		- Ik vraag me af <u>of het morgen zal sneeuwen</u>.
		- Hij vroeg <u>wie de wedstrijd gewonnen had</u>.

de enkelvoudige zin en de samengestelde zin
(Eng. the simple and compound/complex sentence, Fr. la phrase simple ou composée)

Wat	1	**Enkelvoudige zin**
		Een zin met maar één persoonsvorm.
	2	**Samengestelde zin**
		Een zin met meer dan één persoonsvorm. Samengestelde zinnen zijn nevengeschikt of ondergeschikt.
		Zie ook de 'zin' voor een praktisch schema.
Voorbeelden	1	**Enkelvoudige zin**
		- We <u>gaan</u> naar Walibi.
		- <u>Ga</u> weg!
	2	**Samengestelde zin**
		- We <u>gaan</u> naar Walibi en we <u>amuseren</u> ons rot.
		- We <u>blijven</u> thuis omdat het veel te hard <u>regent</u>.

het eponiem

Wat	Een woord dat etymologisch (= op basis van herkomst) teruggaat op een persoonsnaam (vgl. het metoniem onder 'neologisme').
Voorbeelden	- Een diesel: een motortype uitgevonden door Rudolf Diesel.
	- Pasteuriseren: een bepaald proces toepassen dat is uitgevonden door Louis Pasteur; hiermee kan men bv. melk vrij van bacteriën maken en langer bewaren.

het etnolect of het etnisch Nederlands

Wat	Een variant van het Nederlands zoals die gesproken wordt door een bepaalde volksgroep (bv. Turken, Marokkanen of Surinamers). Daarin komen af en toe woorden of constructies uit de eigen taal voor. Vaak is er ook een licht afwijkende uitspraak.
Voorbeeld	Het Surinaams-Nederlands: bv. 'neusboter' (snot) of 'zet die tv dicht' (zet de tv af).

de etymologie
(adj. etymologisch) (Eng. etymology, Fr.)

Wat	De studie van de herkomst en geschiedenis van woorden.
Voorbeeld	Het woord 'drug' hebben we ontleend aan het Engels, maar het Engelse woord is gebaseerd op het Franse 'drogue'. Deze term komt op zijn beurt uit het Middelnederlands en is een vervorming van 'drooghe waere' of 'droochgoet' (droge koopwaar).
Volks-etymologie	In een vreemd woord meent men soms bekende woorddelen te herkennen. Als dat woord daardoor een andere vorm krijgt, hebben we te maken met volksetymologie. Het woord 'hangmat' komt bijvoorbeeld uit het Spaanse 'hamaca', dat op zijn beurt afkomstig is uit een Caraïbische indianentaal. Men dacht er 'hang' en 'mat' in te herkennen, waardoor het woord veranderd is in 'hangmat'.

het eufemisme en het dysfemisme

Wat	1 **Het eufemisme (adj. eufemistisch)** Een opzettelijk mooier(e), verzachtend(e) of verhullend(e) woord of uitdrukking. Door gebruik van een eufemisme probeert men woorden te vermijden die men als ongepast, vies, te hard of kwetsend beschouwt. Vaak probeert men mensen zo ook te manipuleren. 2 **Het dysfemisme (adj. dysfemistisch)** In plaats van het normale woord wordt een opzettelijk grovere term gebruikt. Het doel: stoer doen, aanstoot geven, grappig zijn, boosheid uitdrukken …
Voorbeelden	1 **Het eufemisme** - Ze is een beetje corpulent. (= Ze is dik.) - Ik moet een grote boodschap doen. (= Ik moet kakken.) - Het stoffelijk overschot. (= Het lijk.) - Het schip is in goede conditie, alleen heeft het een negatieve stabiliteit. (= Het schip kan omslaan.) 2 **Het dysfemisme (adj. dysfemistisch)** - Hou je waffel/smoel/bakkes. (= Zwijg nu eens.) - Wat een zeikweer/pokkeweer! (= Wat een slecht weer!) - Wat heeft die pillendraaier gezegd? (= De apotheker)

de flexie

Wat	Verzamelnaam voor verbuiging (van zelfstandige en bijvoeglijke naamwoorden) en vervoeging (van werkwoorden).
Voorbeelden	Verbuiging: twee stoelen, de blauwe fiets, iets vreemds. Vervoeging: hij werkt, hij werkte.

het functiewoord
(Eng. the function word, Fr. le mot-outil)

Wat	Een grammaticaal woord dat bepaalde verbanden aangeeft tussen zinsdelen.
Voorbeelden	Lidwoorden, voorzetsels en voegwoorden.

de gebiedende wijs of de imperatief
(Eng. the imperative, Fr. l'impératif)

Wat	Een vorm van het werkwoord die een bevel, een toelating of een verzoek uitdrukt.	
Voorbeelden	1	**Zonder onderwerp**: we nemen gewoon de stam, zowel voor het enkelvoud als meervoud. Voorbeelden: - <u>Neem</u> toch nog een taartje, Emma. - <u>Leef</u> je uit.
	2	**Met een onderwerp**: volgens de normale regels van de tegenwoordige tijd. Voorbeelden: - <u>Ga</u> jij eens naar de directeur. - <u>Komt</u> u eens mee. - <u>Denken</u> jullie toch eens na.

het genus of het woordgeslacht
(Eng. the gender; Fr. le genre)

Wat	Het taalkundige of grammaticale geslacht van een zelfstandig naamwoord: mannelijk, vrouwelijk of onzijdig.	
Soorten en voorbeelden	1	**Het-woorden** hebben 'het' als lidwoord en zijn 'onzijdig'. - Het boek is dik -> het is dik. - Het paard mankt -> het mankt.
	2	**De-woorden** kun je vervangen door 'hij' (mannelijk) of 'zij' (vrouwelijk). - De man/koning/haan slaapt -> Hij slaapt. - De vrouw/koningin/hen/kip slaapt -> Zij slaapt. In deze voorbeelden valt het grammaticaal en biologisch geslacht samen. Woorden die niet naar levende wezens verwijzen, zijn meestal zowel mannelijk als vrouwelijk. Voor uitzonderingen zie onder 'genus' bij 'Efficiënt Communiceren'.

het geoniem

Wat	Een woord dat etymologisch afgeleid is van een aardrijkskundige of geografische naam (vgl. het metoniem in het 'neologisme').
Voorbeelden	Pils (naar de stad Pilsen in Tsjechië), rugby (naar een kostschool in het Engelse Rugby), sinaasappel (letterlijk: een appel uit China).

het getal
(Eng. the number: singular and plural, Fr. le nombre)

Wat	Het getal van een persoonsvorm of zelfstandig naamwoord kan enkelvoud of meervoud zijn.

Voorbeelden	1	**Enkelvoud**
		- Werkwoord: bv. ik eet.
		- Zelfstandig naamwoord: bv. een auto, een vliegtuig.
	2	**Meervoud**
		- Werkwoord: bv. wij eten.
		- Zelfstandig naamwoord: bv. twee auto's, vijf vliegtuigen.

de gevoelswaarde, de connotatie en de denotatie

Wat	1	**De denotatie**
		De objectieve of eigenlijke betekenis van een woord of uitdrukking.
	2	**De connotatie of gevoelswaarde**
		De subjectieve, gevoelsmatige betekenis; de associaties die het woord bij ons oproept. De gevoelswaarde kan zowel positief als negatief (pejoratief) zijn (zie ook 'eufemisme en dysfemisme') en kan verschillen van persoon tot persoon.
Voorbeelden	1	**De denotatie**
		Gisteren hebben we een grote *kudde* schapen gezien.
		-> Een kudde = een troep dieren die bijeenhoren.
	2	**De connotatie of gevoelswaarde**
		In de zomer staan elk weekend hele *kudden* mensen in de file op weg naar een of ander strand.
		-> Een kudde = een grote groep mensen, met de bijbetekenis dat ze zich gedragen zoals dieren; ze doen zonder veel nadenken wat de grote massa doet.

het gezegde
(Eng. the predicate, Fr. le prédicat)

Wat	Het gezegde zorgt voor de link tussen het onderwerp en de aanvullingen in de zin (de voorwerpen en bepalingen).
	Het gezegde bestaat uit een naamwoordelijk en werkwoordelijk gezegde.
Soorten en voorbeelden	Wij <u>geven</u> de kinderen veel zakgeld. *Geven* vormt de link tussen het onderwerp *wij* en het meewerkend voorwerp *kinderen* en het lijdend voorwerp *zakgeld*.
	1 **Het naamwoordelijk gezegde**
	= Koppelwerkwoord + naamwoordelijk deel van het gezegde.
	- Jan <u>is mijn broer</u>, hij <u>werd ziek</u> (pv + naamwoordelijk deel).
	- Zij <u>blijft trouw</u> aan haar vriend.
	Het naamwoordelijk deel van het gezegde is het zinsdeel dat (meestal) achter het koppelwerkwoord staat. Het geeft antwoord op de vraag: wat/hoe is het onderwerp?
	2 **Het werkwoordelijk gezegde**
	Alle werkwoorden in een enkelvoudige zin en woorden die daar noodzakelijk bij horen vormen samen het werkwoordelijk gezegde.
	a Een persoonsvorm (pv) zonder aanvulling.
	- Ik <u>wacht</u> niet graag.

Soorten en voorbeelden	b Een persoonsvorm en een of meer andere werkwoorden.
	    - Ik heb twee uur gewacht (pv + voltooid deelwoord).
	    - Ik ga graag winkelen (pv + infinitief).
	    - Ik sta te wachten (pv + te + infinitief).
	    - Ik ben hier op de bus aan het wachten (pv + aan het + infinitief).
	    - Ik heb de kapper mijn baard laten bijknippen (pv + infinitief + infinitief).
	    - Ik moest de facturen al betaald hebben (pv + voltooid deelwoord + infinitief).
	
	c Een persoonsvorm en woorden die nauw bij het werkwoord aansluiten, maar zelf geen werkwoord zijn.
	    - Ik was niet graag af (pv + afgescheiden deel van de pv (adpv)).
	    - Ik was me (pv + wederkerend voornaamwoord).
	    - Ik houd mijn broer voor de gek (pv + werkwoordelijke uitdrukking).
	
	d Een persoonsvorm, een of meer andere werkwoorden en woorden die nauw bij het werkwoord aansluiten, maar zelf geen werkwoord zijn (een combinatie van b en c).
	    - Ik heb het hazenpad gekozen (pv + werkwoordelijke uitdrukking + voltooid deelwoord).
	    - Ik moet me vergist hebben (pv + wederkerend voornaamwoord + voltooid deelwoord + infinitief).

het grondwoord

Wat	Een woord of woordvorm waarmee een afleiding of samenstelling is gevormd.
Voorbeelden	1 **Afleiding**: bv. roodachtig (het grondwoord 'rood' + het achtervoegsel 'achtig'). 2 **Samenstelling**: bv. voetbal (voet + bal), voetbalspel (voetbal + spel), eetkamer (eet + kamer). Hier zijn er telkens twee grondwoorden. Zie ook het 'kernwoord'.

het handelend voorwerp
(Eng. the agent, Fr. le complément d'agent)

Wat	Het handelend voorwerp begint altijd met 'door' en geeft aan door wie de actie wordt uitgevoerd. Je vindt het handelend voorwerp enkel in een passieve zin. Als je de zin actief maakt, wordt het handelend voorwerp het onderwerp van de actieve zin.

Voorbeeld	De afwas wordt door vader gedaan. (= Passieve zin)
	                handelend voorwerp
	-> Actieve zin: Vader doet de afwas.
	              onderwerp

het idiolect

Wat	Het taalgebruik van ieder van ons vertoont een aantal eigenaardigheden die ons typeren: de uitspraak van bepaalde klanken of woorden, een voorkeur voor bepaalde woorden, het gebruik van bepaalde stopwoorden, de wijze waarop we iemand aanspreken of afscheid nemen ...
Voorbeeld	Iemand over wiens idiolect al herhaaldelijk is geschreven, is de grootste voetballer van Nederland, Johan Cruijff. Een van zijn typische uitspraken: 'Elk nadeel heb z'n voordeel.'

het Indo-Europees

Wat	1 Een **taalfamilie** waartoe o.m. de volgende taalgroepen horen: de Germaanse talen (waartoe het Nederlands hoort) evenals de Romaanse, Slavische, Keltische, Baltische, Indische en Iraanse talen. 2 De **oorspronkelijke (gereconstrueerde) taal** waarop alle talen teruggaan die tot deze taalfamilie behoren.

de infinitief (ook: de noemvorm of onbepaalde wijs)
(Eng. the infinitive, Fr. l'infinitif)

Wat	Dit is de onvervoegde vorm van het werkwoord die je in het woordenboek vindt. Haast alle infinitieven bestaan uit een stam + (e)n.
Voorbeeld	Studeren, dansen, skaten, gaan, stofzuigen, rollerskaten.

de intonatie

Wat	De variaties in toonhoogte wanneer je een woord of een zin uitspreekt.
Voorbeeld	Wanneer je een vraag stelt, gaat de toonhoogte aan het einde van de zin omhoog.

de inversie
(Eng. inversion, Fr. l'inversion)

Wat	In een zin staat het onderwerp normaal voor de persoonsvorm. Als het achter de persoonsvorm staat, heb je inversie.
Voorbeelden	1 Normale volgorde, zonder inversie: *Jij* eet graag spruitjes. (= ond. + pv) 2 Inversie: Eet *jij* graag spruitjes? (= pv + ond.)

het jargon

Wat	Een groepstaal die moeilijk verstaanbaar is voor mensen die niet tot die groep horen.
Voorbeelden	Advocaten gebruiken onder elkaar bijvoorbeeld graag juridisch jargon, artsen een medisch jargon.

de jongerentaal en de straattaal

Wat	Een groepstaal die door jongeren wordt gebruikt. Jonge mensen gebruiken hun eigen taalvariant omdat dit stoerder staat en omdat ze zich op die manier kunnen afzetten tegen hun oudere medemensen. De jongerentaal evolueert heel snel, dus wat nu 'in' is, is over enkele jaren helemaal 'uit'.
Kenmerken en voorbeelden	- Veel neologismen: bv. de smoelensmid (de tandarts) en belbaar (bereikbaar). - De woorden drukken vaak een bepaalde waardering uit: bv. een marina (een leeghoofdig meisje), marginaal (super) of sweety (tof). - Vaak zijn de woorden ontleend aan het Amerikaans-Engels en gelinkt aan de populaire cultuur: bv. weirdo, bitch, cool en pimpen (stoer doen).
Straattaal	Straattaal is een mengtaal die gesproken wordt door jongeren van verschillende etnische groepen, vooral op straat. Het is een meertalige variant van de jongerentaal en dus ook een etnolect. De basis is het Nederlands, maar dit wordt doorspekt met woorden uit andere talen: bv. doekoe (geld; uit het Sranan, een taal uit Suriname), chillen (relaxen) en dumus (varken; uit het Turks). Er zijn ook veel neologismen.
Het Algemeen Cités	Een al wat langer bestaande vorm van straattaal in Vlaanderen is het Algemeen Cités, dat gesproken wordt door jonge Limburgse migranten in bv. Genk en Beringen. 'Cité' betekent arbeiderswijk. De leenwoorden komen vooral uit het Italiaans. Enkele voorbeelden: scasseer niet (vertel geen onzin; van het Italiaanse 'scassare', stukmaken), die kerel maakt me eieren (die kerel ergert me), een patat van een auto (een heel mooie, snelle auto).

het kernwoord

Wat	1 **In een samenstelling**: het laatste woord, dat ook het belangrijkste is. Het bepaalt namelijk de keuze van het lidwoord, de meervoudsvorm en woordsoort. 2 **In een woordgroep of zinsdeel**: het belangrijkste woord. De andere woorden geven er meer uitleg over.

Voorbeelden	1 **In een samenstelling**
	- Bloedarmoede
	  -> Het bloed + de armoede => de bloedarmoede.
	- Een bloedmooi meisje
	  -> Zelfst. nw. 'bloed' + bijv. nw. 'mooi' => 'bloedmooi' = bijv. nw.
	2 **In een woordgroep of zinsdeel**
	Ik zie de fiets van de vriend van mijn broer.
	-> Wat zie ik? De fiets, de vriend of mijn broer?
	-> De fiets => dit is het kernwoord.

de klanknabootsing of de onomatopee

Wat	Het maken van een nieuw woord door een geluid te imiteren.
Voorbeelden	Koekoek, piepen, pingpong, tiktak, tsjilpen, fladderen, flapperen, ruisen, schrapen.

de klanksymboliek

Wat	Het verschijnsel dat de klanken iets van de betekenis van het woord suggereren.
Voorbeelden	Fladderen, flapperen, ruisen, schrapen.

het lemma
(mv. lemma's of lemmata)

Wat	Het titelwoord in een woordenboek of encyclopedie, het trefwoord.
Voorbeeld	In dit taalkundig lexicon staat er boven elk blokje een lemma, bv. 'lemma, het' of 'klanksymboliek, de'. De lemma's staan in alfabetische volgorde.

letterlijk en figuurlijk

Wat	1	**Letterlijk** Precies zoals het er staat. Wat gezegd wordt, wordt ook woordelijk zo bedoeld.
	2	**Figuurlijk (ook: overdrachtelijk, niet letterlijk)** Er wordt gebruikgemaakt van een stijlfiguur om de boodschap over te brengen.
Voorbeelden	1	**Letterlijk** Ze draagt een <u>gouden</u> ring. = Een ring gemaakt van goud.
	2	**Figuurlijk (ook: overdrachtelijk, niet letterlijk)** Hij heeft een hart <u>van goud</u>. = Hij zou iedereen helpen; zijn hart is dus niet letterlijk gemaakt van goud.

lexicaal

Wat	In verband met de woordenschat of woordbetekenis.

het lexicon

Wat	Een (wetenschappelijk) woordenboek.

het lidwoord
(Eng. the definite or indefinite article, Fr. l'article défini ou indéfini)

Wat	Een woord dat bij een zelfstandig woord staat en zegt of dat woord bepaald of onbepaald is. Het geeft ook aan of het een *de*- of *het*-woord is (zie het 'genus').

Soorten en voorbeelden	1	**Het bepaald lidwoord (de, het):** geeft aan over wie of wat je het precies hebt. Bv. Geef me de krant eens. (Je weet welke je moet geven.)
	2	**Het onbepaald lidwoord (een):** geeft niet precies aan over wie of wat je het precies hebt. Bv. Geef me eens een krant. (Je weet niet welke je moet geven; het maakt niet uit welke.)

het lijdend voorwerp
[Eng. the direct object, Fr. le complément d'objet direct (COD)]

Wat	- Stel de vraag: wie/wat + persoonsvorm + onderwerp? Bv. Wat bakken we? Het antwoord is het lijdend voorwerp: bv. lekkere pannenkoeken. - Het lijdend voorwerp vind je enkel in een actieve zin.
Voorbeelden	- We bakken lekkere pannenkoeken. - Die regel begrijp ik niet.

het meewerkend voorwerp
[Eng. the indirect object, Fr. le complément d'objet indirect (COI)]

Wat	- Stel de vraag: aan of voor wie/wat + persoonsvorm + onderwerp + …? Bv. Aan wie gaf hij cadeautjes? Voor wie bracht hij cadeautjes mee? Het antwoord is het meewerkend voorwerp: aan of voor haar. - Het meewerkend voorwerp is een zinsdeel dat start met 'aan' of 'voor'. Als deze woorden er niet staan, kun je ze er steeds bij denken.
Voorbeelden	- Hij gaf haar cadeautjes. - De hond gehoorzaamde aan zijn baas. - Ik vergeef het je nooit.

de modaliteit
(Eng. modality, modal verbs; Fr. la modalité)

Wat		Modaliteit is de houding van de zender ten opzichte van wat hij/zij meedeelt (de boodschap). Als we iets zeggen of schrijven, blijkt altijd op de een of andere manier: - of we de boodschap beschouwen als zeker, waarschijnlijk, noodzakelijk, gewenst enz.; - of we verbaasd, blij, woedend enz. zijn.
Soorten en voorbeelden	1	**Zekerheid** De informatie wordt voorgesteld als zeker, waarschijnlijk, mogelijk, onzeker, onmogelijk … Voorbeelden: - Ik spijbel niet. (zekerheid) - Waarschijnlijk is ze ziek. (waarschijnlijkheid) - We gaan morgen misschien naar Amsterdam. (mogelijkheid of onzekerheid) - Naar het schijnt speelt Ronaldo volgend jaar voor Lierse. (uit de lucht gegrepen)

	2	**Wens, verzoek of verlangen**
		Voorbeelden:
		- Hopelijk regent het morgen niet. (wens of verlangen)
		- Wil je me even helpen? (verzoek)
		- Doe het raam eens open. (verzoek)
	3	**Bevel, verplichting, noodzaak of toelating**
		Voorbeelden:
		- Je moet eerst nog naar de bakker. (bevel of verplichting)
		- Je rapport is slecht, je mag deze maand niet uitgaan. (verbod)
		- Je hoeft je geen zorgen te maken. (geen noodzaak)
		- Je mag een ijsje kopen. (toestemming)
	4	**Enkele andere gevoelens of gedachten**
		Voorbeelden:
		- Gelukkig raakte niemand gewond. (opluchting)
		- Ik heb mijn taak helaas vergeten. (spijt)
		- Joepie, ik ben geslaagd! (blijdschap)
Manieren om modaliteit uit te drukken	1	**De soort zin:** mededelend, vragend of uitroepend.
	2	**Modale werkwoorden:** bv. vermoeden, wensen, willen, hopen, lijken, schijnen, moeten, mogen, kunnen.
	3	**Modale naamwoorden:** bv. veronderstelling, vermoeden, wens.
	4	**Modale adjectieven, bijwoorden of bijwoordelijke bepalingen:** bv. misschien, vermoedelijk, waarschijnlijk, hopelijk.
	5	**Modale zinnen**
		- Hoofdzin: bv. het is mogelijk dat, het kan zijn dat, ik wou dat.
		- Bijzin: bv. als het sneeuwt, voor zover ik weet.
	6	**Werkwoordstijden met een modale betekenis:** bv. Wist ik het maar! (OVT). Had ze dat maar niet gezegd! (VVT)

het Nederlands

Wat	Het Nederlands is een taal die door meer dan 22 miljoen mensen wordt gesproken in Nederland, België, Suriname, de Nederlandse Antillen, Aruba en Frans-Vlaanderen (het noordwesten van Frankrijk, waar het vooral gesproken wordt door oudere personen).
Historische achtergrond	Het Nederlands is een Indo-Europese taal, meer bepaald een Germaanse taal (net zoals o.m. het Duits, Engels en Zweeds). We onderscheiden drie fasen in de geschiedenis van onze taal:
	1 **Het Oudnederlands** (10de – midden 12de eeuw).
	De oudste zin in onze taal is: 'maltho thi afrio lito' (= ik zeg je: ik maak je vrij, halfvrije). De mooiste en bekendste zin is echter: 'Hebban olla vogala nestas hagunnan hinase hic enda thu – uuat unbidan uue nu'. De letterlijke vertaling: 'Hebben alle vogels nesten begonnen behalve ik en jij – wat wachten we nu.'
	2 **Het Middelnederlands** (midden 12de eeuw – ca. 1500). Enkele bekende teksten: *Van den Vos Reynaerde, Karel ende Elegast* en *Beatrijs*.
	3 **Het modern of Nieuwnederlands** (vanaf ca. 1500).

het neologisme

Wat	Een nieuw(e) woord/uitdrukking of een woord/uitdrukking in een nieuwe betekenis.

Soorten en voorbeelden	1 **De woordvorming**
	Met bestaande woorden of woordelementen worden nieuwe woorden gevormd: bv. 'draagmoeder' of 'onthaasten'.
	2 **De ontlening**
	Een woord afkomstig uit een andere taal. De soorten:
	  a **Het leenwoord**
	    Een woord dat zich helemaal aan het Nederlands heeft aangepast en niet meer als ontlening herkenbaar is: bv. boos, film, ijzer, kaas, kelder, kous, lef, markt, piekeren, rijst, slippen, toets. Hiertoe hoort ook de zgn. **leenvertaling**, d.w.z. een letterlijke vertaling zoals 'voetbal' (football).
	  b **Het bastaardwoord**
	    De vreemde herkomst is nog goed of redelijk herkenbaar, hoewel de spelling, uitspraak en/of morfologie van het woord al gedeeltelijk vernederlandst is/zijn: bv. acteur, democratie, enthousiasme, racen.
	  c **Het vreemde woord**
	    Een woord dat nog echt vreemd aandoet omdat het weinig of niet aan het Nederlands is aangepast: bv. barbecue, croissant, lingerie, software, teenager.
	3 **De beeldspraak**
	  a De metafoor: bv. de muis (van een computer), hij is een beer van een kerel (= zo groot en sterk als een beer).
	  b Het metoniem: bv. Heb je de laatste Verhulst al gelezen? (= het laatste boek van Dimitri Verhulst.)
	4 **Woordschepping** (zie ook 'klanknabootsing')
	Dit gebeurt vandaag vooral bij merknamen, bv. Fanta of Dreft.
	5 **Allerlei verkortingen**
	Bv. aids, beha (bustehouder), de bieb, Biotex (biologisch textiel), de horeca (hotel, restaurant, café), info, een prof, de scheids.

de nevengeschikte zin of de nevenschikking
(Eng. coordinate sentence, coordination; Fr. la phrase coordonnée, la coordination)

Wat	Bij een nevengeschikte zin worden twee of meer gelijkwaardige zinnen met elkaar verbonden. - Elk van de zinnen is een hoofdzin. - In elke zin staat het onderwerp vlak voor of na de persoonsvorm.
Wanneer nevenschikking	Zie het schema bij de 'zin'. 1 *Zijn de deelzinnen gelijkwaardig?* Als je het verbindingswoord vervangt door een punt, krijg je bij nevenschikking twee zelfstandige zinnen. Soms moet je wel een kleinigheid aanpassen (bv. inversie). Bv. We gaan naar Walibi en we amuseren ons rot. -> We gaan naar Walibi. We amuseren ons rot. 2 *Staan de persoonsvormen telkens vooraan in de zin bij een vraag?* Bv. Gaan we naar Walibi en amuseren we ons rot? -> **Als het antwoord ja is, hebben we te maken met nevenschikking. Is het nee, dan is er sprake van onderschikking.**

Soorten en voorbeelden	1	**Aaneenschakelend verband:** de ene zin gaat gewoon voort op de andere of geeft nog meer informatie over de eerste.
		- Voorbeeld: Jullie zijn nog wat te jong, *bovendien* is het al heel laat.
		- Voegwoorden: en, bovendien, ten eerste ... ten tweede ...
	2	**Tegenstellend verband:** de verschillende zinnen bevatten een tegenstelling.
		- Voorbeelden: Ze kan absoluut niet zingen, *toch* wil ze elke keer een solo. Jij bent rijk, ik ben arm.
		- Voegwoorden: maar, toch, echter, of(wel) ...
	3	**Redengevend of oorzakelijk verband:** de ene zin geeft een reden of oorzaak voor de andere.
		- Voorbeelden: We geven een feestje *want* we zijn allebei jarig. Zijn trein had vertraging, *daardoor* arriveerde hij te laat.
		- Voegwoorden: want, daarom, immers, daardoor ...
	4	**Concluderend verband:** de ene zin bevat een besluit bij de andere.
		- Voorbeelden: De straten zijn nat, *dus* heeft het vannacht geregend. Ik heb haar bijtijds gewaarschuwd; ze kan me niets verwijten.
		- Voegwoorden: dus, bijgevolg ...
		In plaats van een voegwoord kan soms ook gewoon een komma of puntkomma worden gebruikt.

het onbepaald voornaamwoord
(Eng. the indefinite pronoun, Fr. l'adjectif / le pronom indéfini)

Wat	Een voornaamwoord dat verwijst naar een groep die niet nader genoemd is.
Voorbeelden	- <u>Alle</u> mensen zijn broeders.
	- <u>Elke</u> leerling moet een uniform dragen.
	- Niet <u>iedereen</u> is dol op Madonna.
	- Ik heb <u>(n)iets</u> vergeten.
	- We hebben <u>allemaal</u> honger.
	- <u>Verscheidene</u> toeristen zijn bedolven door de lawine.

de ondergeschikte zin of de onderschikking
(Eng. subordinate clause, Fr. la phrase subordonnée, la subordination)

Wat	De samengestelde zin bestaat niet uit gelijkwaardige zinnen.
	- De hoofdzin kan op zichzelf staan zonder de bijzin.
	- De bijzin is geen echte zin, maar is een deel van de hoofdzin.
Wanneer onderschikking	Zie het algoritme bij de 'zin'.
	1 ***Zijn de deelzinnen ongelijkwaardig?***
	Als je het verbindingswoord vervangt door een punt, is de hoofdzin een zelfstandige zin; de bijzin niet.
	Bv. Hebben ze een snor op je gezicht getekend toen je sliep?
	-> Hebben ze een snor op je gezicht getekend? Toen je sliep.

Wanneer onderschikking	2	*Staat een van de persoonsvormen achteraan in de deelzin in een vraag?* Bv. <u>Hebben</u> ze een snor op je gezicht getekend toen je <u>sliep</u>? -> **Als het antwoord ja is, hebben we te maken met onderschikking. Is het nee, dan is er sprake van nevenschikking.**

Functies van de bijzin en voorbeelden		De bijzin heeft dezelfde functies als een gewoon woord. Enkele voorbeelden:
		- *Fietsers* moeten hier extra voorzichtig zijn.
		   -> *Wie met een fiets rijdt*, moet hier extra voorzichtig zijn.
		               onderwerpszin
		- Hij verwachtte *een zwaardere straf*.
		   -> Hij verwachtte *dat hij zwaarder gestraft zou worden*.
		               lijdend voorwerpszin
		- Het *lachende* meisje *met de paardenstaart* is mijn zuster.
		   -> Het meisje *dat lacht en een paardenstaart heeft*, is mijn zuster.
		               bijvoeglijke bijzin
		- Je kunt beter ergens schuilen *tot het einde van het onweer*.
		   -> Je kunt beter ergens schuilen *tot het onweer voorbij is*.
		               bijwoordelijke bijzin

het onderwerp
(Eng. the subject, Fr. le sujet)

Wat	Elke zin bestaat uit een onderwerp en een gezegde. Het onderwerp hoort bij de persoonsvorm: het voert de handeling uit of ondergaat ze.
Hoe herkennen en voorbeeld	Stel een ja-neevraag (= een vraag waarop het antwoord enkel ja of neen kan zijn). Als je dat doet, staat de persoonsvorm (pv) altijd op de eerste plaats, het onderwerp steeds op de tweede. Bv. Was | de juf Nederlands | gisteren heel blij? pv onderwerp
Speciale soort	**Het loos onderwerp** Bv. <u>Het</u> regent. <u>Het</u> bliksemt. <u>Het</u> lijkt in orde. 'Het' is een loos onderwerp als 'het' niet naar iets of iemand verwijst.

de passieve zin en de actieve zin
(Eng. the passive and active voice, Fr. la voix passive et active)

Wat	1	**De actieve zin (de bedrijvende vorm):** het onderwerp voert zelf de handeling uit. We gebruiken de actieve vorm van het werkwoord.
	2	**De passieve zin (de lijdende vorm):** het onderwerp ondergaat de handeling. Wanneer je een actieve zin passief maakt, wordt het onderwerp handelend voorwerp en staat het werkwoord in het passief (worden + voltooid deelwoord). Zie ook het 'handelend voorwerp' en 'passivitis' (bij 'Efficiënt communiceren').
Voorbeelden	1	**Actief** *De leraar* zette de lastige leerling uit de klas.
	2	**Passief** De lastige leerling werd door *de leraar* uit de klas gezet.

het persoonlijk voornaamwoord
(Eng. the personal pronoun, Fr. le pronom personnel)

Wat	Het verwijst naar personen, dieren of zaken in een zin of tekst. Persoonlijke voornaamwoorden kunnen een 1ste, 2de of 3de persoon zijn, staan in het enkelvoud of meervoud en kunnen een onderwerp of een voorwerpfunctie hebben in de zin.
Voorbeelden	**Onderwerp** **Voorwerp** 1ste pers. enk.: ik mij, me 2de pers. enk.: jij, je jou, je 3de pers. enk.: hij, zij, het hem, haar, het 1ste pers. mv.: wij, we ons 2de pers. mv.: u, jullie u, jullie 3de pers. mv.: zij, ze hen, hun, ze Onderscheid *hen – hun*: aan/voor hen = hun. *Hun* wordt gebruikt als meewerkend voorwerp zonder het voorzetsel *voor* of aan. Bv.: Ik geef *hun* het boek. Ik geef het boek *aan hen*.

de persoonsvorm
(Eng. the finite form, a finite verb; Fr. le verbe à un mode personnel)

Wat	Een werkwoordsvorm die in getal en persoon overeenkomt met het onderwerp van de zin (= congruentie), ook als dit verzwegen is.
Voorbeeld	- Dat *is* Ann. - Dat *zijn* Ann en Peter. - *Geef* dat hier! De volgende werkwoordsvormen zijn dus geen persoonsvormen: - deelwoorden: bv. gewerkt, geslapen, lopend, kuchend; - de infinitief: bv. voetballen, redeneren, lopen. Een infinitief die gebruikt wordt als imperatief, is ook geen pv (bv. Doorlopen!).

de polysemie
(adj. polyseem)

Wat	Het verschijnsel dat een bepaald woord vaak meer dan één betekenis heeft. Daardoor kan een uitspraak dubbelzinnig zijn. De grens met homonymie is soms moeilijk te maken. (zie 'woordverbanden').
Voorbeeld	'Voet' = een lichaamsdeel; het onderste van iets (bv. een tafel, glas, berg, boom); een oude lengtemaat; een versvoet ...

het predicaat

Wat	Het predicaat bevat alle zinsdelen van de zin behalve het onderwerp. Met andere woorden, het omvat alle zinsdelen die iets over het onderwerp zeggen.
Voorbeeld	Zij *zijn vreselijk ziek geworden.* Ik *ben in Spanje op vakantie geweest.*

het slang
(op zijn Engels uitspreken)

Wat	De typische uitdrukkingen die door een bepaalde sociale groep worden gebruikt.
Voorbeeld	Het slang van studenten, soldaten of rappers.

het sociolect of de groepstaal

Wat	Een taalvariant die afhangt van de sociale groep(en) waartoe we behoren. Zoals de groep waarvan we deel uitmaken ons gedrag bepaalt, zo heeft deze ook een invloed op ons taalgebruik. Het opvallendst is de afwijkende woordenschat. Soms zijn er ook verschillen in grammatica of uitspraak.
Voorbeelden	Jongerentaal, studentaal, vaktaal, religieuze taal, het taalgebruik van mannen en vrouwen, straattaal.

de spraakkunst of de grammatica (adj. spraakkunstig of grammaticaal)
(Eng. grammar, Fr. la grammaire)

Wat	1 De **studie** van het taalsysteem of de taalstructuur: de klankvormen, woordsoorten, woordvorming en zinsbouw. 2 Een **boek** dat de regels van een taal bevat (bv. de *Algemene Nederlandse Spraakkunst*).

de Standaardtaal, het Standaardnederlands, het AN of het Algemeen Nederlands

Wat	Het Nederlands dat als correct wordt beschouwd over het hele taalgebied (op het gebied van uitspraak, woordenschat en zinsbouw). De standaardtaal wordt in principe gebruikt door de overheid, in het onderwijs en door de meeste media. Zie ook 'dialect' en 'tussentaal'.
Basis	De standaardtaal is gebaseerd op het dialect van die streek die op economisch, politiek en cultureel vlak domineert. In de middeleeuwen was dit gebied bij ons het graafschap Vlaanderen; daarna werd dit het hertogdom Brabant. Na de val van Antwerpen (1585) verschoof het centrum naar Noord- en Zuid-Holland.

Het VRT-Nederlands	Een variant van de standaardtaal die door de VRT wordt gebruikt in bv. het journaal of documentaires en door veel Vlamingen als de norm wordt beschouwd. De VRT volgt de standaardtaal, maar de al te Hollandse trekjes zijn afgezwakt, vooral in de uitspraak. Enkele voorbeelden - geen scherpe maar een zachte 'g'; - 'politie' i.p.v. 'politsie'; - 'therapeutisch' met 'eu' i.p.v. 'ui'.
Het Poldernederlands	Een variant van de standaardtaal die in Nederland steeds populairder wordt. Het belangrijkste verschil met de standaardtaal is eigenlijk de uitspraak van de klinkers en tweeklanken: bv. 'taaid' i.p.v. 'tijd', 'deig' i.p.v. 'deeg' of 'aut' i.p.v. 'uit'.

de stemhebbende medeklinker

Wat	De stembanden trillen bij het uitspreken van de medeklinker. Dit is het geval bij *b, d, g, v* en *z*. Alle klinkers zijn eveneens stemhebbend.

de stemloze medeklinker

Wat	De stembanden trillen niet bij het uitspreken van de medeklinker. Dit is het geval bij *ch, f, k, p, s, t*. Vergelijk de medeklinkers in de volgende woorden: 't kofschip, 't fokschaap.

de taalkunde of de linguïstiek

Wat	Taalwetenschap, de wetenschappelijke studie van de taal.
Onderzochte taalaspecten	1 **De fonetiek of klankleer (adj. fonetisch)** De studie van de spraakklanken: hoe worden ze geproduceerd, wat zijn de verschillen …? 2 **De morfologie of vormleer (adj. morfologisch)** De studie van de woordvorming, verbuiging en vervoeging. 3 **De semantiek of betekenisleer (adj. semantisch)** De studie van de betekenis van woorden en zinnen. 4 **De syntaxis of zinsleer (adj. syntactisch)** De studie van de zinsbouw (de manier waarop woorden en woordgroepen tot zinnen worden gecombineerd).

de taalvariant of de taalvariëteit

Wat	Afhankelijk van factoren zoals de regio of de context kan de taal die we gebruiken, verschillen. We gebruiken dan een andere taalvariant.
Soorten en voorbeelden	1 *Geografische of regionale taalvarianten*: dialecten. 2 *Sociale taalvarianten*: groepstalen of sociolecten. 3 *Individuele taalvarianten*: idiolecten. 4 *Contextuele taalvarianten*: registers. 5 *Historische of diachrone taalvarianten*: bv. het Oudnederlands en Middelnederlands.

het telwoord
(Eng. the numeral, cardinal and ordinal numbers; Fr. l'adjective numéral)

Wat	Het telwoord geeft de hoeveelheid of de rangorde aan.
Soorten en voorbeelden	1 **Het hoofdtelwoord** Het duidt aan hoeveel personen, zaken, dieren … er zijn. Het geeft antwoord op de vraag: hoeveel? Voorbeelden: drie cd's (bepaald hoofdtelwoord), veel/minder cd's (onbepaald hoofdtelwoord). 2 **Het rangtelwoord** Het zegt op welke plaats die persoon, zaak of dat dier staat als je een rangorde opstelt. Het geeft antwoord op de vraag: de/het hoeveelste? Voorbeelden: de eerste cd (bepaald rangtelwoord), de laatste cd (onbepaald rangtelwoord). 3 **Het breukgetal of de breuk** Voorbeelden: een zesde, twee derde, een half, anderhalf, een kwart.

de trappen van vergelijking

Wat	Het bijvoeglijk naamwoord vertelt je dat een bepaalde eigenschap aanwezig is in een zelfstandig naamwoord. De trappen van vergelijking vertellen je in welke mate die eigenschap precies aanwezig is.
Voorbeeld	1 **De stellende trap**: bv. groot, klein. 2 **De vergrotende trap of comparatief**: groter, kleiner. Deze zegt dat een eigenschap meer of minder aanwezig is. 3 **De overtreffende trap of superlatief**: grootst, kleinst. Deze zegt dat een eigenschap het meest of het minst aanwezig is.

de tussentaal of het Verkavelingsvlaams

Wat	Een taalvariant tussen de standaardtaal en het dialect die door steeds meer Vlamingen in de dagelijkse omgang en zelfs in de schrijftaal wordt gebruikt. De kern ervan wordt gevormd door de dialecten uit de provincies Vlaams-Brabant, Antwerpen en ook wel Oost-Vlaanderen.
Waarom	Aan de ene kant willen veel Vlamingen geen plat dialect praten, aan de andere kant weten ze niet precies hoe het in de standaardtaal hoort of willen ze niet te Hollands klinken. Ze poetsen dan maar hun dialect op door bepaalde klanken en woorden te vermijden.
Voorbeelden	(zie tabel hieronder)

Dialect	Tussentaal	Standaardtaal
(H)oe noemde gij?	Hoe noemt gij? Hoe noem jij?	Hoe heet jij?
Welk/Wa'd uur is't?	Welk uur is het?	Hoe laat is het?
(H)edde gij goesting om …?	Hebt gij goesting om …? Heb jij goesting om …?	Heb jij zin om …?

het tussenwerpsel
(Eng. the interjection, Fr. l'interjection)

Wat	Een woord of woordgroep waarmee een gevoel wordt uitgedrukt of een geluid wordt nagebootst. Omdat het buiten het eigenlijke zinsverband staat, wordt er in geschreven teksten een komma of uitroepteken voor of achter geplaatst. In de spreektaal verandert de intonatie en volgt er vaak een pauze.
Voorbeeld	- <u>Au</u>, dat doet pijn! - <u>Pssssst,</u> kun je me zeggen waar het toilet is? - <u>Ach</u>, het zijn kinderen. - <u>Komaan</u>, doe eens wat meer moeite. - <u>Verdorie</u>, dat ik daar niet aan gedacht had. - U gelooft me niet, <u>hé</u>? - Afblijven, <u>hoor</u>! - <u>Nee maar</u>, daar komt de directeur!

de uitgang

Wat	Het deel van het woord dat je toevoegt aan de stam van een woord om het te verbuigen of vervoegen (zie de 'verbuiging' en 'vervoeging').
Voorbeelden	- Ik werk -> wij werk<u>en</u>. - Lachen -> lachen<u>d</u>. - Een wolk -> veel wolk<u>en</u>. - Een mooi paard -> mooi<u>e</u> paarden, een mooi<u>er</u> paard. - Lekker -> iets lekker<u>s</u>.

de vaktaal

Wat	De groepstaal die typisch is voor een bepaald vak(gebied).
Kenmerken	- Het opvallendst is de aparte woordenschat. De termen hebben een heel precieze betekenis om elk misverstand te voorkomen. - In de wetenschap leidt de eis van nauwkeurigheid en objectiviteit ook tot onpersoonlijke formuleringen (bv. veel passiefzinnen).
Voorbeelden	- Informatica: bv. browser, server, shareware, software. - Geneeskunde: bv. analgeticum, angina, dermatoloog, intoxicatie, meningitis, metastase, neuralgie, oftalmologie, pneumonie.

het verbindingswoord en het signaalwoord
(Eng. the conjunction, Fr. la conjonction)

Wat	Een woord dat een verband legt tussen:
	1 delen van de zin (= een verbindingswoord),
	2 delen van een tekst (= een signaalwoord).
	Verbindings- en signaalwoorden zorgen voor meer samenhang en maken het bv. gemakkelijker om de opbouw van een tekst te volgen.
	Als verzamelnaam voor verbindingswoorden en signaalwoorden wordt vaak de term structuuraanduider gebruikt.
Voorbeelden	**1 Tussen zinsdelen**
	- Barcelona is niet alleen kampioen, *maar* speelt ook het mooiste voetbal.
	- De dijken zijn gebarsten *doordat* het zo hard regent.
	2 Tussen de delen van een tekst
	- *Een tweede oorzaak* van de armoede in de derde wereld is het gebrekkige onderwijs.
	- *Kortom*, er moet dringend wat gedaan worden om het openbaar vervoer te verbeteren.
Soorten verbanden en voorbeelden	1 dus, samengevat, samenvattend kunnen we zeggen, kortom, de conclusie is, hieruit blijkt, wat kunnen we hieruit besluiten, de slotsom van dit alles is …	1 besluit of samenvatting
	2 om, hiervoor, daartoe, wat is het doel hiervan, om dit te bereiken …	2 doel
	3 daardoor, zodat, vandaar dat, hieruit volgt dat, het resultaat hiervan is, dit leidt tot …	3 gevolg
	4 hiermee, hoe gebeurt dit, zo …, een andere methode of manier is …	4 middel of manier
	5 doordat, de oorzaak hiervan is, hoe komt dit?, waaraan ligt dit?, dit komt doordat, dit is te danken/wijten aan …	5 oorzaak
	6 en, ook, bovendien, eveneens, zowel … als, tevens, daarenboven, verder, voorts, vervolgens, daarnaast, daar komt nog bij dat, een ander …, ten tweede, ten slotte …	6 opsomming
	7 eerst behandelen we, hierna gaan we dieper in op, later komen we daar nog op terug, zoals al gezegd …	7 overgang of verwijzing
	8 omdat, want, aangezien, namelijk, immers, daarom, om deze reden, de reden hiervoor is dat, op grond hiervan, dit wordt gedaan omdat, waarom, dat verklaart waarom …	8 reden
	9 maar, echter, daarentegen, toch, nochtans, enerzijds … anderzijds, aan de andere kant, daar staat tegenover dat …	9 tegenstelling
	10 daarna, toen, wanneer, tot, nadat, terwijl, pas als, eerst, vroeger, later, intussen, sindsdien, uiteindelijk …	10 tijd
	11 hoewel, ook al, toch, niettegenstaande dat, ondanks dat, niettemin, weliswaar …	11 toegeving
	12 in feite, eigenlijk, m.a.w., wat betekent dit nu, dit houdt o.m. het volgende in, we kunnen dit het best verklaren door, ter verduidelijking …	12 uitleg, toelichting, verduidelijking

	13	zoals, gelijk, evenals, evenzeer, op dezelfde wijze, hetzelfde geldt voor, dit doet zich ook voor bij, even belangrijk, nog invloedrijker, hiermee vergeleken, een soortgelijk, het grootste verschil hiermee is ...	13 vergelijking
	14	naarmate (dat), naargelang (dat), hoe ... hoe/des te	14 verhouding
	15	een voorbeeld hiervan is, zo is, nemen we, laten we deze idee concretiseren, kijk maar eens naar, ter illustratie, wat betekent dit nu in de praktijk, toegepast op ...	15 voorbeeld
	16	als, tenzij, mits, voor het geval dat, onder deze voorwaarden, pas wanneer, als we aannemen dat, neem nu dat, gesteld dat, wat zijn de voornaamste condities, een voorwaarde daarvoor is ...	16 voorwaarde

de verbuiging

Wat	Wanneer de uitgang van een bijvoeglijk of zelfstandig naamwoord verandert, spreken we van verbuiging. Dit hangt samen met het getal (meervoud-enkelvoud), het woordgeslacht (mannelijk, vrouwelijk, onzijdig) en de naamval.
Voorbeelden	- Een fiets – twee fiets*en*. - Een mooi meisje – het mooi*e* meisje – mooi*e* meisj*es*. - Het is vreemd – ik heb iets vreemd*s* gezien. - De tijd – de tand des tijd*s*.

de vervoeging

Wat	Je vervoegt een werkwoord wanneer je de persoon, het getal (meervoud-enkelvoud) en de tijd ervan verandert. In het Nederlands maken we daarbij vaak gebruik van hulpwerkwoorden (bv. hebben, is, zullen). De meeste werkwoorden hebben een regelmatige vervoeging, sommige zijn onregelmatig. Regelmatig betekent dat ze niet van klank veranderen, onregelmatig betekent dat ze niet de gewone regels volgen. Meestal verandert de klank.
Voorbeelden	1 **Regelmatig**: zij werkt, zij werkte, zij heeft gewerkt. 2 **Onregelmatig**: hij loopt, hij l*ie*p, hij heeft gel*o*pen.

het verwijswoord of de verwijzing

Wat	1 **Binnen de tekst:** woorden die verwijzen naar andere woorden of zinnen. Ze zorgen voor samenhang omdat ze verschillende zinnen of stukken ervan inhoudelijk met elkaar verbinden. 2 **Buiten de tekst:** woorden die verwijzen naar elementen uit de gesprekssituatie.

Voorbeelden	1 **Binnen de tekst**
	- Mijn vrienden hebben tijdens <u>hun</u> vakantie veel meegemaakt.
	-> 'Hun' verwijst naar 'mijn vrienden'.
	- De politie heeft gisteren vijf boeven opgepakt in Dendermonde. <u>Ze</u> waren <u>daar</u> ontsnapt uit de gevangenis en probeerden een winkel te overvallen met speelgoedpistooltjes.
	-> 'Ze' verwijst naar de boeven uit de vorige zin, 'daar' naar 'Dendermonde'.
	2 **Buiten de tekst**
	- Wil je *dit* snoepje of *dat*?
	-> 'Dit' + 'dat' verwijzen naar een snoepje dat dichtbij of veraf ligt.
	- Dat is niet *mijn*, maar *haar* boek.

het voegwoord
(Eng. the conjunction, Fr. la conjonction)

Wat	Een onverbuigbaar woord dat zinnen verbindt tot een samengestelde zin of woorden/woordgroepen tot een nieuw geheel. We onderscheiden nevenschikkende en onderschikkende voegwoorden (zie de 'nevengeschikte zin' en de 'ondergeschikte zin').
Voorbeeld	1 **Nevenschikkend**
	- Hij werkt <u>dag</u> *en* <u>nacht</u>.
	- <u>Ik ga naar het park</u> *en* <u>ga op een bank zitten</u>.
	2 **Onderschikkend**
	- <u>De wedstrijd werd uitgesteld</u>, *omdat* <u>het hevig gesneeuwd had</u>.
	- *Toen* <u>ineens een storm uitbarstte</u>, <u>gingen we allemaal schuilen in een bushokje</u>.

het voegwoordelijk bijwoord
(Eng. conjunctive adverb, Fr. l'adverbe conjonctif)

Wat	Een woord dat tegelijk een voegwoord en een bijwoord is:
	- Zoals een voegwoord geeft het een verband aan tussen zinnen of zinsdelen (neven- of onderschikkend).
	- Zoals een bijwoord kan het op verschillende plaatsen in de zin voorkomen (een voegwoord heeft een vaste plaats).
Voorbeeld	- De weg is nat. Het heeft <u>dus</u> geregend/<u>Dus</u> heeft het geregend.
	- Ze is niet rijk en ze is <u>evenmin</u> beroemd/Ze is niet rijk en <u>evenmin</u> beroemd.
	- Ik leen je geen cent. Je moet me <u>trouwens</u> nog 2 euro voor die cola gisteren.
	- Om te vermijden dat micro-organismen zich ongeremd in het voedsel vermenigvuldigen, is een goede bewaring thuis <u>bovendien</u> noodzakelijk.
	- Voedselinfecties ontstaan door het eten van besmet voedsel. <u>Daardoor</u> kunnen zich ziekmakende bacteriën zoals salmonella en listeria in de darmen ontwikkelen. Bij een voedselvergiftiging <u>daarentegen</u> wordt men ziek door een toxine geproduceerd door bacteriën die zich in het voedsel vermenigvuldigen.

het voornaamwoordelijk bijwoord
(Eng. the conjunction, Fr. l'adverbe pronominal)

Wat	Een samenstelling die bestaat uit het bijwoord 'er', 'daar', 'hier' of 'waar' plus een voorzetsel dat de vorm en functie heeft van een bijwoord (aan, binnen, in, op, voor …). Zie ook 'bijwoord'.
Voorbeeld	- De auto <u>waarin</u> we zaten, begaf het na vijf minuten. - De kat: we spelen <u>ermee</u> als we ons vervelen. - <u>Hierop</u> slapen we al een week. - Waarom ga je <u>daarnaartoe</u>? - Het huis <u>hiertegenover</u> staat op instorten.

het voorzetsel
(Eng. the preposition, Fr. la préposition)

Wat	Het voorzetsel geeft het verband aan tussen het naamwoord dat erop volgt en de rest van de zin.
Voorbeelden	- Ik sta <u>voor</u> de tafel, jij staat <u>achter</u> de stoel. (= Plaats.) - <u>Voor</u> het derde lesuur hebben we pauze, <u>na</u> het vierde lesuur is het middag. (= Tijd.) - <u>Door</u> het slechte weer is de wedstrijd afgelast. (= Oorzaak.)

het voorzetselvoorwerp
(Eng. the prepositional object, object of the preposition; Fr. le complément prépositionnel)

Wat	Het voorzetselvoorwerp hoort bij een werkwoord met een vast voorzetsel, zoals 'denken aan', 'wachten op', 'zich ergeren aan' of 'zeuren over'.
Voorbeelden	- We wachten <u>op jullie</u>. - Ze ergeren zich <u>aan ons</u>. - Zeur niet zo <u>over je liefdesleven</u>.

het vragend voornaamwoord
(Eng. the interrogative pronoun, Fr. l'adjectif/le pronom interrogatif)

Wat	Een voornaamwoord waarmee je iets vraagt.

Voorbeelden	1 **Zelfstandig gebruikt**
	   - <u>Wie</u> is daar?
	   - <u>Wat</u> heb je daar?
	2 **Niet zelfstandig gebruikt**
	   - <u>Welke</u> broek kies je?
	   - <u>Wat voor</u> sport is dat?
	   - <u>Wat voor (een)</u> film is het?

het wederkerend voornaamwoord
(Eng. the reflexive pronoun, Fr. le pronom réfléchi)

Wat	Dit voornaamwoord wordt enkel gebruikt bij wederkerende werkwoorden zoals 'zich wassen' en 'zich aankleden'.
Voorbeelden	- Ik was me. - Hij vergist zich. - Ze heeft zichzelf op tv gezien. - Wij kleden ons aan. - Jullie moeten je verstoppen.

het wederkerig voornaamwoord
(Eng. the reciprocal pronoun, Fr. le pronom réfléchi)

Wat	De voornaamwoorden 'elkaar(s)', elkander(s)' of 'mekaar(s)'. Ze duiden een actie aan die van weerskanten komt.
Voorbeelden	- Nina helpt Tina en Tina helpt Nina. Ze helpen elkaar. - Twee fietsers zijn tegen elkaar gereden. - Ze droegen elkaars kleren.

het werkwoord
(Eng. the verb, Fr. le verbe)

Wat	Het werkwoord drukt een actie, werking of toestand uit. Het kan vervoegd worden: - het congrueert in persoon en getal met het onderwerp ('congruentie' of overeenkomst in vorm); - het staat in een bepaalde tijd en wijs. Zie ook 'werkwoordstijd' en 'wijs'.
Voorbeelden	- Hij deed de deur open. - Mijn fiets roest niet. - België bestaat sinds 1830.
Soorten en voorbeelden	1 **Zelfstandig werkwoord** Dit soort werkwoorden komt het vaakst voor: ze vormen de kern van de zin. Bv. we springen, lachen en giechelen. 2 **Het koppelwerkwoord** Werkwoorden zoals 'zijn', 'worden', 'blijven', 'blijken', 'heten', 'lijken', 'schijnen' en 'voorkomen'. Ze verbinden het onderwerp met het naamwoordelijk deel van het gezegde. Voorbeelden: - Ze is mooi, ze is mijn zus. - Hij blijft ziek tot donderdag. - Ze heet Amina. Ze lijkt erg lief.

3 **Het hulpwerkwoord**
Een werkwoord dat niet zelfstandig wordt gebruikt. Het dient om het werkwoord te vervoegen (bv. verleden of toekomende tijd), passief te maken of om de modaliteit uit te drukken.
Voorbeelden:
- Ik <u>heb</u> helemaal alleen tiramisu gemaakt.
- Ze <u>wordt</u> geholpen door haar grootmoeder.
- Ik <u>moet</u> morgen studeren voor het examen.
- Je <u>mag</u> een ijsje halen.

4 **(On)overgankelijke werkwoorden**
   a *Het overgankelijk of transitief werkwoord*
   - Een werkwoord dat altijd een lijdend voorwerp heeft.
   - Bv. 'meenemen' en 'beetnemen': Je neemt je opa toch niet beet op 1 april?

   b *Het onovergankelijk of intransitief werkwoord*
   - Een werkwoord dat nooit een lijdend voorwerp heeft.
   - Bv. 'gaan' en 'meeluisteren': Pas op, de juf luistert mee.

5 **Het wederkerend of reflexief werkwoord**
Een werkwoord dat in de infinitief voorkomt met een wederkerend voornaamwoord.
Er zijn twee soorten:
   a *Verplicht of noodzakelijk wederkerende werkwoorden*
   Ze kunnen niet zonder wederkerend voornaamwoord voorkomen.
   Bv. 'zich vergissen' en 'zich schamen': Ik heb me in je vergist.

   b *Toevallig wederkerende werkwoorden*
   Ze kunnen zonder wederkerend voornaamwoord voorkomen.
   Bv. 'zich wassen' en 'zich afdrogen': Ze wast zich. Ze wast haar kind.

6 **Het onpersoonlijk werkwoord**
Een werkwoord met het onbepaalde voornaamwoord 'het' als onderwerp.
Bv. het regent, het spookt daar, het is tijd, het vriest dat het kraakt.

de werkwoordstijd
(Zie ook bij 'Spelling')

Wat	De tijd van het werkwoord zegt ons of de actie op dit moment bezig is (= tegenwoordige tijd), al gebeurd is (= verleden tijd) of nog moet gebeuren (= toekomstige tijd).
Soorten en voorbeelden	**Tegenwoordige tijden**: 1 De onvoltooid tegenwoordige tijd (o.t.t.): bv. Ik werk. 2 De voltooid tegenwoordige tijd (v.t.t.): bv. Ik heb gewerkt. **Verleden tijden:** 3 De onvoltooid verleden tijd (o.v.t.): bv. Ik werkte. 4 De voltooid verleden tijd (v.v.t.): bv. Ik had gewerkt. **Toekomende tijden:** 5 De onvoltooid tegenwoordig toekomende tijd (o.t.t.t): bv. Ik zal werken. 6 De voltooid tegenwoordig toekomende tijd (v.t.t.t.): bv. Ik zal gewerkt hebben. 7 De onvoltooid verleden toekomende tijd (o.v.t.t.): bv. Ik zou werken. 8 De voltooid verleden toekomende tijd (v.v.t.t.): bv. Ik zou gewerkt hebben.

de wijs of de wijze van het werkwoord
(Eng. the mode, Fr. le mode)

Wat	Een vormcategorie bij de vervoeging van het werkwoord.
Soorten en voorbeelden	1 **De onbepaalde wijs of infinitief** 2 **De aantonende wijs of indicatief** De gewone persoonsvorm van het werkwoord. 3 **De aanvoegende wijs of conjunctief** Een vorm van het werkwoord die vandaag in het Nederlands nog weinig voorkomt en gebruikt wordt om een wens of aansporing uit te drukken. Voorbeelden: - *Leve* de koning! - Het *ga* je goed. - Het *zij* zo. - *Mogen* zij rusten in vrede. - Men *neme* een snuifje zout. 4 **De gebiedende wijs of imperatief**

het woordenboek

Wat	Een boek waarin je informatie vindt over woorden en vaste verbindingen, die (meestal) in alfabetische volgorde opgenomen zijn.
De bekendste soorten	1 **Verklarend woordenboek** Een eentalig woordenboek waarin je een verklaring krijgt van de betekenis van de opgenomen woorden. Daarnaast krijg je o.m. nog grammaticale en stilistische informatie. 2 **Vertaalwoordenboek** Geeft de corresponderende woorden of uitdrukkingen in een andere taal.
Enkele andere soorten	3 **AN-woordenboek** De opgenomen woorden zijn dialectwoorden, erachter vind je telkens het correcte woord in het Algemeen Nederlands. 4 **Dialectwoordenboek (of: het idioticon)** Een verklarend woordenboek van een bepaald dialect: bv. een West-Vlaams of Antwerps idioticon. 5 **Etymologisch woordenboek** De herkomst van de opgenomen woorden wordt hierin verklaard. 6 **Spellingwoordenboek** Een alfabetische lijst met de correcte spelling van de opgenomen woorden. Je vindt ook allerlei gegevens over de woordvorm: meervoud, afbreking, verkleinwoord, genus. Doorgaans vind je vooraan ook de belangrijkste spellingregels. Het belangrijkste: *Woordenlijst Nederlandse Taal* (het 'Groene Boekje'). 7 **Spreekwoordenboek** Een lijst van spreekwoorden met hun verklaring. Ze zijn meestal alfabetisch geordend volgens het kernwoord (bv. niet door de beugel kunnen) of thematisch (bv. de mens: geboorte, familie, leeftijd, huwelijk, kinderen).

8 **Synoniemenwoordenboek**
Voor elk van de opgenomen woorden krijg je één of meer synoniemen met de eventuele verschillen in register of betekenis.
9 **Systematisch woordenboek**
Alle woorden die naar hun betekenis verwant zijn, worden bij elkaar gezet in bepaalde categorieën. Dit woordenboek is dus niet alfabetisch en geeft ook geen verklaringen. Het vertrekt vanuit een reeks systematisch geordende begrippen (bv. levende wezens) die verder onderverdeeld zijn (bv. mensen en dieren).
10 **Uitspraakwoordenboek**
Hierin krijg je in fonetisch schrift de juiste uitspraak van de opgenomen woorden.
11 **Vak- of terminologisch woordenboek**
Termen die kenmerkend zijn voor een bepaald vak of taaldomein worden hierin verduidelijkt.

de woordgroep
(Eng. a phrase, a group of words; Fr. le groupe de mots)

Wat	Een groep woorden die bij elkaar horen. Een woordgroep kan een zinsdeel zijn.
Voorbeeld	Ik loop met hele mooie bloemetjeslaarzen door de natte straten. woordgroep 1 woordgroep 2

de woordontleding

Wat	Als je woorden ontleedt, dan ga je na tot welke woordsoort (werkwoord, lidwoord, zelfstandig naamwoord enz.) ze horen of onderzoek je uit welke delen ze bestaan (cf. de woordvorming).
Voorbeeld	Jaloersheid: = zelfstandig naamwoord, = afleiding van het bijvoeglijk naamwoord 'jaloers' met het achtervoegsel 'heid'.

de woordsoort

Wat	De grammaticale categorie waartoe een woord hoort.
Soorten	Het bijvoeglijk naamwoord, het bijwoord, het lidwoord, het werkwoord, de voornaamwoorden, het telwoord, het tussenwerpsel, het voegwoord, het voorzetsel en het zelfstandig naamwoord.

woordverbanden

Op grond van de betekenis (semantische relaties)	1 **Gelijke of tegengestelde betekenis** a **Het synoniem** Twee of meer woorden met dezelfde betekenis: bv. imiteren – nadoen. Woorden die volledig synoniem zijn, komen weinig voor. Op een van de volgende gebieden is er bijna altijd een verschil: - De betekenis: bv. lachen – gieren, bewonderen – verafgoden. - De gevoelswaarde: bv. vrouw – wijf, sterven – creperen. - De stijl of het register: bv. water – H_2O (vaktaal), altijd – altoos (verouderd), politieagent – smeris (informeel).

		b **Het antoniem** Twee of meer woorden met een tegengestelde betekenis: bv. groot en klein, schuldig en onschuldig.
	2	**Hiërarchie of rangorde** a **Het hyperoniem** Een overkoepelend woord of verzamelnaam. Het staat hiërarchisch boven een hyponiem. b **Het hyponiem** Een woord dat ondergeschikt is aan een ander en een meer specifieke betekenis heeft. De onderschikkende relatie kan van verschillende aard zijn. Voorbeelden: - geheel en deel: bv. auto (hyperoniem) -> deur, motor, rem, wiel (hyponiemen); - categorie: bv. dier (hyperoniem) -> hamster, hond, kat, koe (hyponiemen).
Op grond van de vorm of klank	1	**De homofoon** De uitspraak is gelijk, maar de spelling en betekenis zijn anders: bv. 'bereiden' en 'berijden' of 'hard' en 'hart'. Veelal verschilt ook de woordsoort.
	2	**De homograaf of het homogram** Alleen de schrijfwijze is gelijk, de betekenis en uitspraak zijn anders: bv. bedelen (bédelen en bedélen) of regent (het régent, een regént).
	3	**Het homoniem** De woorden hebben dezelfde vorm, maar verschillende betekenissen: bv. bal (rond voorwerp of danspartij) en koper (iemand die koopt of een bepaald materiaal).

de woordvorming

Wat	Het maken van een nieuw woord door woorden of woordstukken bij elkaar te voegen. Dit is de belangrijkste manier om nieuwe woorden te creëren. Zie ook het 'neologisme'.	
Soorten en voorbeelden	1	**De samenstelling** We voegen verschillende woorden samen die elk ook zelfstandig kunnen voorkomen. Tussen deze grondwoorden vind je soms de tussenklank -e(n) of -s. Voorbeelden: - brood + doos -> brooddoos. - mp3 + speler -> mp3-speler. - station + buurt -> stationsbuurt. Het laatste woord is telkens het kernwoord.
	2	**De afleiding** Aan een zelfstandig woord hechten we een woordelement dat niet als zelfstandig woord kan voorkomen. Er zijn twee soorten: a *Het voorvoegsel of het prefix* Bv. <u>on</u>rust, <u>wan</u>orde, <u>sub</u>klasse, <u>ex</u>-collega, <u>ver</u>dragen, <u>ont</u>voeren, <u>aarts</u>lui, <u>oer</u>oud, <u>in</u>correct. b *Het achtervoegsel of het suffix* Bv. vrij<u>heid</u>, boer<u>in</u>, film<u>en</u>, douch<u>en</u>, koel<u>tjes</u>, huis<u>waarts</u>, dank<u>baar</u>, werk<u>loos</u>, geel<u>achtig</u>. Om misverstanden te vermijden: grammaticale uitgangen (meervoud, enkelvoud, -t, -dt ...) horen *niet* bij de woordvorming. Ze geven nieuwe woordvormen, geen nieuwe woorden.

We kunnen deze twee soorten ook combineren in een zgn. **samenstellende afleiding**. Dit is een woord dat zowel een samenstelling als een afleiding bevat: bv. tientonner = tien + ton (samenstelling) + er (achtervoegsel => afleiding).

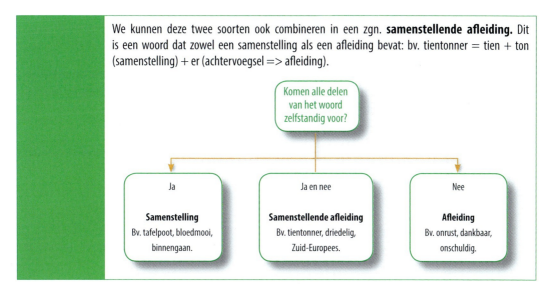

het zelfstandig naamwoord of het substantief
(Eng. the noun, Fr. le substantif)

Wat	Een woord dat een mens, dier, voorwerp, gevoel, gedachte ... aanduidt. Je kunt er een lidwoord (een, de, het) voor zetten. Meestal kun je ook een meervoud vormen.

Soorten en voorbeelden	1 **Eigennaam en soortnaam**
	  a De eigennaam: de naam van een persoon, plaats, product enz.
	    Bv. Tina, Vlaanderen, de Alpen, de VRT.
	  b De soortnaam: de naam voor alle voorwerpen van dezelfde soort.
	    Bv. auto, huis, goedheid, alzheimer (een ziekte), champagne (een bepaalde drank).
	2 **Telbaar en ontelbaar**
	  a Telbare zelfstandige naamwoorden: je kunt ze in het meervoud zetten, je kunt ze tellen.
	    Bv. een kat -> twee katten.
	  b Ontelbare zelfstandige naamwoorden: er is geen meervoud, je kunt ze niet tellen.
	    Bv. vreugde. Onmogelijk zijn: * een vreugde, * twee vreugdes.
	3 **Concreet en abstract**
	  a Concrete zelfstandige naamwoorden: ze staan voor een wezen, groep of voorwerp dat we met de zintuigen kunnen waarnemen of ons in een bepaalde vorm kunnen voorstellen.
	    Bv. vrouw, hond, volk, bier, zeep, Karen, Schelde, Pyreneeën.
	  b Abstracte zelfstandige naamwoorden: ze geven iets weer dat geen bepaalde waarneembare vorm heeft, ontastbaar is.
	    Bv. liefde, duurte, geloof, kilo, mei, het surrealisme.

de zin
(Eng. the sentence, Fr. la phrase)

Wat	Een groep woorden die samen een afgerond geheel vormen en een bepaalde gedachte uitdrukken. In de geschreven taal begint het eerste woord van de zin met een hoofdletter en eindigt de zin op een punt, vraagteken of uitroepteken.

Soorten volgens de communicatieve functie en voorbeelden	1 **De mededelende zin**
	Deze soort komt het vaakst voor. Ze eindigt op een punt. Ze kan bevestigend of ontkennend zijn.
	Bv. Ik heb twee verschillende sokken aan.
	2 **De vragende zin**
	Een zin waarin je een vraag stelt en die eindigt met een vraagteken.
	Bv. Mag ik nog een koekje?
	3 **De bevelende zin**
	Je beveelt iemand om iets (niet) te doen. Meestal wordt de gebiedende wijs gebruikt en eindigt de zin met een uitroepteken.
	Bv. Blijf daar af!
	    Gaat u maar zitten.
	    Niet roken. (Infinitief gebruikt als imperatief.)
	4 **De uitroepende zin**
	Een zin waarin men uitdrukking geeft aan een emotie zoals verwondering, woede of angst. Hij eindigt op een uitroepteken.
	Bv. Je hebt dat fantastisch gedaan!
	    Au! Idioot!
	    Smerig dat het daar was!

Soorten volgens de vorm en voorbeelden	1 **De onvolledige of elliptische zin** Een volledige zin bevat een persoonsvorm, een onvolledige geen. Voorbeelden: - Brand! - Honger? - Wat een weertje, hé? - Beter laat dan nooit. - Anderlecht in topvorm (krantenkop). 2 **De enkelvoudige en samengestelde zin**.
Andere soorten	Zie de 'passieve en actieve zin' of de 'bevestigende en ontkennende zin'.

Hoe herken ik de verschillende soorten zinnen?

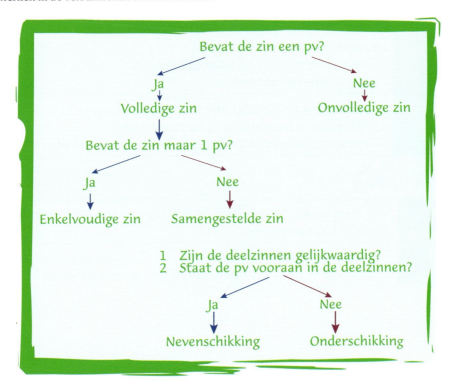

het zinsdeel
(Eng. a part/constituent of a sentence, Fr. la partie de la phrase)

Wat	Een zinsdeel bestaat uit een woord of woordgroep en vervult een bepaalde functie in de zin (bv. onderwerp of lijdend voorwerp).

Voorbeelden	Dit weekend hielp Jan vijftien oma's de straat oversteken.
	- Wie hielp vijftien oma's de straat oversteken?
	  -> Jan. (Onderwerp.)
	- Wie hielp Jan de straat oversteken?
	  -> Vijftien oma's. (Lijdend voorwerp.)
	- Wanneer hielp Jan vijftien oma's de straat oversteken?
	  -> Dit weekend. (Bijwoordelijke bepaling van tijd.)

het zinsdeelstuk
(Eng. a part of a constituent, Fr. le syntagme)

Wat	Een zinsdeelstuk is een deel van een zinsdeel.
	- Het geeft meer informatie over het belangrijkste woord.
	- Meestal kan het weggelaten worden.
Soorten en voorbeelden	1 **Voorbepaling**: bv. dikke oude *boeken*, hij toetert bijzonder *luid*.
	2 **Nabepaling**: bv. *boeken* van mijn zus, het is *warm* genoeg.
	De bepalingen zijn onderstreept, de belangrijkste woorden zijn cursief gedrukt.

de zinsontleding

Wat	Als je zinnen ontleedt, dan verdeel je de zin in zinsdelen en zeg je welke functie deze hebben (onderwerp, lijdend voorwerp enz.).			
Voorbeeld	Ik /	begrijp /	jouw reactie /	heel goed.
	Onderwerp	pv	lijdend voorwerp	bijwoordelijke bepaling

LITERAIR LEXICON

hoofdstuk 5

de absurde humor of de nonsens of de kolder

Wat	Soort humor: opzettelijke onzin, zaken die strijdig zijn met de logica.
Voorbeeld	

het acrostichon

Wat	Een dichtvorm waarbij de eerste letters of woorden van elk vers of elke strofe samen een woord, naam of zin vormen.
Voorbeelden	Het Wilhelmus: de eerste strofe begint met W, de tweede met I, de derde met L, de vierde met H ...

de adolescentenliteratuur

Wat	Literatuur geschreven voor jongeren tussen ongeveer 15 en 20 jaar. Adolescentenromans behandelen in de eerste plaats onderwerpen die te maken hebben met volwassen worden en de zoektocht naar een eigen identiteit (zie ook de initiatieroman bij de 'roman'). De grens met de zgn. jeugd- en volwassenenliteratuur is vaak niet zo duidelijk.
Voorbeelden	Dirk Bracke, Melvin Burgess, Aidan Chambers, Mark Haddon, Sonya Hartnett, Anne Provoost, Meg Rosoff en Gerda van Erkel.

de allusie of de zinspeling
(ww. alluderen of zinspelen op)

Wat	Een bedekte verwijzing naar iets bekends: een persoon, voorval, situatie, tekst ...
Voorbeeld	'Kalmeer toch een beetje! ... Het was maar een film, in 's hemelsnaam!' (Gary Larson) *The Godfather* is een film over de Amerikaanse maffia. Daarin wordt iemand die niet 'meewerkt' op een bepaald moment gestraft: het afgehakte hoofd van zijn favoriete paard wordt in zijn bed gelegd.

het anachronisme

Wat	Een opzettelijke of onopzettelijke vergissing i.v.m. de tijdrekening: een persoon of zaak wordt in een verkeerd tijdperk geplaatst.
Voorbeelden	Een film die zich afspeelt in de oudheid waarin een acteur een horloge draagt.

het anagram of de letterkeer

Wat	Een woord, woordgroep of zin die bestaat uit dezelfde letters of woorden als een ander woord, woordgroep of zin, maar in een andere volgorde.
Voorbeelden	- Eigenaars – aasgieren. - A. Hitler – The Liar. - Salvador Dalí – Avida dollars (= hij is uit op dollars; in het Spaans is het wel 'dolares'). (Dit niet helemaal perfecte anagram is afkomstig van André Breton die vond dat Dalí te veel op geld uit was.)

de antagonist

Wat	De tegenstander of tegenspeler van de hoofdfiguur of protagonist.
Voorbeelden	The Joker in de film *Batman*, Macduff in het toneelstuk *Macbeth* van William Shakespeare.

de anticlimax
(vgl. de climax)

Wat	Een moment van spanning dat een onverwachte, vaak teleurstellende afloop heeft.

de antiheld(in)

Wat	Een personage dat afwijkt van de traditionele held en met wie men zich liever niet vereenzelvigt. Antihelden hebben hun lot niet echt in eigen handen, zij zijn te zwak, zijn het slachtoffer van het lot of een fatale vergissing, leven aan de rand van de maatschappij, zijn te alledaags of gewoon …
Voorbeelden	Guust Flater in de strips van Franquin en Don Quichot in het gelijknamige boek van Cervantes.

de antiroman of de experimentele roman

Wat	a **Oorspronkelijk** Een roman die afwijkt van de conventies, zowel wat de inhoud als de vormgeving betreft, vaak met een parodiërend doel. b **Vandaag** Elke roman waarin wordt geëxperimenteerd, bv. met de romanstructuur (bv. encyclopedische vorm, heden en verleden door elkaar), de personages (bv. geen beschrijvingen of verklaringen, een voorwerp i.p.v. een mens) of de stijl (bv. diverse stijlen naast elkaar, door de ogen van een krankzinnige).
Voorbeelden	a *Don Quichot* (Cervantes) (een parodie op de ridderroman). b *Molloy* (Samuel Beckett), *The Sound and the Fury* (William Faulkner), *Het boek Alfa* (Ivo Michiels) en *Groente* (Atte Jongstra).

het antropomorfisme
(adj. antropomorf)

Wat	Het toekennen van menselijke eigenschappen, gevoelens, gedachten e.d. aan dieren, goden, natuurkrachten en andere niet-menselijke wezens.
Voorbeeld	Donar als de god van de donder. Zie ook het 'dierenverhaal'.

de associatie

Wat	Enkele begrippen worden onwillekeurig met elkaar in verband gebracht. Het ene woord roept vanzelf het andere op.
Soorten en voorbeelden	1 **Klankassociatie**: bv. maan, traan, laan, staan, kraan, gaan … 2 **Betekenisassociatie**: bv. winter, koud, sneeuw, glas, ijs, schaatsen …

de autobiografie

Wat	De schrijver beschrijft in een autobiografie zijn eigen leven of een periode eruit.
Voorbeelden	*Mijn verhaal* (Tom Boonen); *Overleven* (Jean-Marie Pfaff); *Is dit een mens* (Primo Levi), *Mijn leven als genie* (Salvador Dalí) en *Ver van huis* (Ishmael Beah).

de avant-garde
(de avant-gardist, avant-gardistisch)

Wat	Een groep kunstenaars die zich afzetten tegen de kunst van hun tijd en experimenteren met nieuwe vormen. Door hun kritiek en vernieuwingsdrang vormen ze een soort voorhoede en staan ze vaak aan de rand van de maatschappij.
Voorbeelden	- De literaire werken van de symbolisten, dadaïsten en postmodernisten. - Schrijvers zoals Charles Baudelaire, Arthur Rimbaud, James Joyce, Samuel Beckett, Italo Calvino of Julio Cortázar.

de ballade

Wat	Een gedicht dat bestaat uit verschillende strofen en verhaalt over een tragische gebeurtenis.
Voorbeelden	*Heer Halewijn* (Anoniem) en *Vander mollen feeste* (Anthonis De Roovere).

de barok

Wat	Stijlstroming in Europa van ca. 1550 tot 1700.
Algemene kenmerken	- In de beeldende kunst: overdadige, overweldigende, gekunstelde stijl met veel versieringen, vol pracht en praal. Deze kunst moet indruk maken op de mensen, om ze zo terug tot het ware geloof te brengen of ter verheerlijking van de absolute macht. - In de literatuur: sterke uiting van gevoelens, maar volgens regels en conventies.
Literatuur	Miguel de Cervantes Saavedra (*Don Quichot*), John Donne, Constantijn Huygens, William Shakespeare en Joost van den Vondel.

Facade Val de Grace, Parijs (1637)

Pieter Paul Rubens: *Verkrachting van de dochters van Leucippus* (1617)

het bedrijf of de akte

Wat	Toneelstukken zijn verdeeld in een aantal hoofddelen, vergelijkbaar met de hoofdstukken in een roman. Zo'n hoofddeel noemen we een bedrijf of akte.

de beeldspraak

Wat	Figuurlijk (= niet letterlijk bedoeld) taalgebruik, waarbij een begrip omgezet wordt in een beeld.

Soorten en voorbeelden	1 **De vergelijking**
	Twee begrippen worden vergeleken met woorden als *(zo)als, gelijk, alsof* of *lijkt op*: bv. *Je bent zo lief als een engel.*
	2 **De metafoor**
	Een vergelijking waarbij het vergelijkende woord (zoals, als of gelijk) is weggevallen. Zo krijgt het eerste begrip de kenmerken van het tweede: bv. *Je bent een engel.*
	3 **Het metoniem (de metonymie)**
	In plaats van een begrip rechtstreeks te noemen, wordt een tweede begrip gebruikt dat iets te maken heeft met het eerste. In tegenstelling tot de metafoor is er geen gelijkenis, maar een ander verband. Enkele mogelijke verbanden:
	  - deel voor het geheel: bv. Laten we *de koppen* (van de mensen) tellen;
	  - geheel voor een deel: bv. *België* heeft van *Nederland* gewonnen (= de voetbalploegen van deze landen);
	  - herkomst: bv. Ik ben dol op *emmentaler* (= kaas gemaakt in Emmental in Zwitserland);
	  - maker of uitvinder: bv. (Schilderij van) *Rembrandt* geveild voor 200 miljoen;
	  - opvallende eigenschap of kenmerk: bv. Ik heb *een duizendpoot* gezien (= een dier met duizend poten);
	  - product i.p.v. datgene waarin het zich bevindt: bv. Geef me de (fles) *melk* eens;
	  - stof of materiaal waaruit iets gemaakt is: bv. Ik heb *een blikje* (bier) gedronken.
	4 **De personificatie**
	Een vorm van beeldspraak waarbij een dier, een voorwerp of iets abstracts (bv. de dood) handelt en spreekt zoals een mens.
	Bv. een *lachende* koe of een *schreeuwende* kleur.
	5 **De allegorie**
	Op grond van een bepaalde gelijkenis wordt een gedachte of een abstract begrip op een bepaalde manier voorgesteld, bv. de dood als een skelet of als een man met een kap, een zeis en zandloper (= een allegorie van de dood of de tijd).

het cabaret

Wat	Een vorm van theater waarbij een of meer artiesten het publiek willen amuseren met een mengeling van humor, muziek en/of dans. Bij sommige cabaretiers ligt het accent vooral op de verbale humor, bij andere op de chansons, die worden afgewisseld met komische intermezzo's.
Voorbeelden	Wim Sonneveld, Toon Hermans, Wim Kan, Freek de Jonge, Youp van 't Hek, Urbanus, Hans Teeuwen.

de catharsis

Wat	Term uit de klassieke tragedie. De tragische gebeurtenissen op het podium moeten bij de toeschouwer, die intens meeleeft, leiden tot een louterend, zuiverend, therapeutisch effect. Deze ingrijpende, emotionele ervaring is de catharsis.

de chronologische volgorde

Wat	Een rangschikking waarbij de gebeurtenissen verteld worden zoals ze zich in werkelijkheid een na een hebben voorgedaan: het eerste voorval, dan het tweede, derde enz. Zie ook de 'plot'.

de cirkelstructuur

Wat	Het begin en het einde van het verhaal of gedicht zijn (bijna) identiek, verwijzen naar elkaar of houden op een duidelijke manier verband met elkaar.
Voorbeelden	- Aan het begin van de western komt de eenzame held aan in een stadje in de Far West, op het einde vertrekt hij weer alleen nadat hij enkele bandieten uit de weg heeft geruimd. - In het begin van de film *Amadeus* van Milos Forman spreekt de beroemde hofcomponist Salieri met een priester, na een mislukte zelfmoordpoging. Daarna keren we terug in de tijd naar zijn eerste kennismaking met Mozart en vernemen we hoe hij steeds jaloerser wordt op zijn geniale tijdgenoot. Op het einde van de film zitten we weer in het heden en neemt de priester afscheid van Salieri.

de citaat (citeren) of de aanhaling (aanhalen)

Wat	a **Gewone betekenis** De letterlijke overname van een stuk tekst met vermelding van de bron. Let wel: - Citaten zet je altijd tussen dubbele aanhalingstekens. - Je citeert ook altijd letterlijk. Mochten er fouten staan (bv. een spelfout of dialect), dan schrijf je daarachter: (sic) of (sic!). - Laat je bepaalde stukken weg uit de oorspronkelijke tekst, dan noteer je op die plek: (...). b **In de postmoderne kunst** (zie ook 'het postmodernisme') Een fragment dat geïnspireerd is op of overgenomen is uit een ander kunstwerk.
Voorbeelden	a **Gewone betekenis** "What's in a name? That which we call a rose By any other name would smell as sweet." (William Shakespeare: *Romeo and Juliet*) b **In de postmoderne kunst** In de films *Kill Bill 1* en *Kill Bill 2* (Quentin Tarantino) zitten allerlei elementen die direct verwijzen naar bekende Italiaanse westerns (bv. een stuk muziek), Chinese kungfufilms en Japanse samoeraifilms of mangastrips.

de cliffhanger

Wat	Het afbreken van een hoofdstuk, episode of deel van een verhaal (bv. voor een reclamespot) op een cruciaal moment, zodat de lezer of kijker zich vol spanning afvraagt wat er zal gebeuren.

de climax
(antoniem: anticlimax)

Wat	Het moment in een verhaal, toneelstuk of film waarop de spanning op haar toppunt is.

de column
(de columnist of columnschrijver)

Wat	Een tekst die regelmatig en meestal op een vaste plaats in een krant of tijdschrift verschijnt. De schrijver ervan geeft daarin op een erg persoonlijke manier zijn mening over allerlei actuele onderwerpen. Soms worden er zelfs polemieken in uitgevochten. Hoewel de column eigenlijk hoort tot de didactiek, beschouwt men de teksten van goede columnisten als literatuur.
Voorbeelden	De columns van Herman Brusselmans, Remco Campert, Gerrit Komrij, Jan Mulder en Kees van Kooten.

de contradictio in terminis

Wat	Een uitdrukking die een tegenspraak bevat. Wanneer de contradictio als stijlmiddel wordt gebruikt, spreken we van een oxymoron (zie aldaar).
Voorbeelden	- Ziende blind zijn. - Een oorverdovende stilte.

de crisis
(mv. crisissen, crises)

Wat	Het hoogtepunt van het conflict in een verhaal, dat tegelijk ook een keerpunt is en leidt tot de uiteindelijke ontknoping. Zie ook 'ontknoping' en 'tragedie'.

het cynisme
(adj. cynisch; zn. een cynicus)

Wat	Soort humor: harde, bittere, bijtende spot, veelal in verband met zaken waarover men normaal met eerbied of ontzag spreekt. Aan de basis van cynisme ligt meestal ontgoocheling, verbittering, ongeloof in de goedheid van de mens en in idealen. Cynisme is niet per se grappig; het kan ook heel serieus zijn.
Voorbeelden	Kinderen zijn een enorme troost wanneer je oud bent. En ze zorgen ervoor dat je het sneller wordt. (Lionel Kauffmann)

het dadaïsme

Wat	Kunststroming die bloeide tussen 1916 en 1925.
Algemene kenmerken	1 Het dadaïsme is anarchistisch, destructief, zelfs nihilistisch: alles wordt op de helling gezet, de hele Westerse cultuur wordt als hol en leugenachtig ervaren. 2 De kunstenaars houden ervan te choqueren en benadrukken het absurde en het toeval. Ze eisen een volledige artistieke vrijheid met ruimte voor het irrationele. 3 Een hele reeks nieuwe technieken worden geïntroduceerd: collage, readymade, fotomontage enz. Kurt Schwitters maakte zelfs met afval kunst (Merzkunst).
Ontstaan	Deze kunstrichting ontstond tijdens de Eerste Wereldoorlog, terwijl de waanzin in de loopgraven nog volop bezig was. Verscheidene kunstenaars waren soldaten die het front ontvlucht waren naar Zwitserland, waar in 1916 in Zürich het Cabaret Voltaire werd opgericht. Al snel werd het dadaïsme een internationale beweging met nieuwe centra zoals New York, Berlijn, Keulen, Hannover en Parijs.

| Literatuur | Paul van Ostaijen, I.K. Bonset, Hugo Ball en Kurt Schwitters. |

George Grosz: *Hugo Stinnes* (ca. 1920)

Marcel Duchamp: *L.H.O.O.Q* (1919)
Hij nam gewoon een prentbriefkaart en tekende er een snor op. Later signeerde hij een onveranderde reproductie en gaf het de titel *Rasée*.

Marcel Duchamp stuurde dit urinoir in onder de naam R. Mutt voor een tentoonstelling in New York 1917. Men had immers beloofd alle inzendingen te tonen.

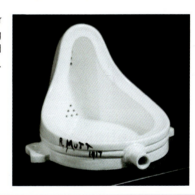

het decor

| Wat | Alle middelen die op het podium gebruikt worden om de plaats van de handeling voor te stellen. |

de deus ex machina

| Wat | Een plotse gebeurtenis die voor een oplossing van het probleem in een toneelstuk moet zorgen. |

de dialoog

| Wat | Gesprek tussen twee of meer personages. |

de dictie

Wat	De wijze van voordragen of uitspreken, de zegging.

de didactiek of de didactische literatuur

Wat	Hoofdgenre zoals epiek, lyriek en dramatiek (zie ook 'genre'). Verzamelnaam voor alle teksten die een belerende bedoeling hebben.
Voorbeelden	De autobiografie, de brief, het opiniestuk, de reisbeschrijving en de reportage.

het dierenverhaal

Wat	Verhaal met dieren in plaats van mensen.
Soorten en voorbeelden	1. Het **dierensprookje**. Voorbeelden: *Het verhaal van de drie varkentjes* en *De gelaarsde kat*. 2. De **dierenfabel**. Voorbeeld: *De haas en de schildpad* (Jean de la Fontaine). 3. Het **dierenepos**: een langer verhaal met dieren in de rol van de held uit een epos of ridderroman. Voorbeeld: *Vanden Vos Reynaerde*. 4. Het **dierenverhaal**. Voorbeeld: *Animal Farm* (George Orwell).

het docudrama

Wat	Mengvorm van een documentaire en een toneelstuk of film. De acteurs proberen de feiten zo getrouw mogelijk na te spelen.
Voorbeelden	- Toneel of tv-programma: een assisenproces dat nagespeeld wordt. - Film: *Touching the Void* van Kevin MacDonald, over een tragisch ongeval tijdens een bergbeklimming.

de dramatiek of het toneel

Wat	Een van de drie hoofdgenres van de literatuur, naast epiek en lyriek. Onder dramatiek vallen alle vormen van literatuur die door een of meer acteurs gespeeld worden voor een publiek. Gewoonlijk is er een podium, een decor, belichting enz. De handeling draait rond een conflict dat zorgt voor spanningen tussen de personages.

de dramatis personae

Wat	De personages die optreden in een toneelstuk, o.a. de protagonist en de antagonist.

de dramatische ironie (zie ook de 'ironie')

Wat	De ironie ontstaat doordat een personage in een verhaal, toneelstuk of film minder weet dan de andere personages of het publiek.
Soorten en voorbeelden	In *Psycho* van Alfred Hitchcock neemt een vrouw een douche. De kijker weet dat iemand op haar toesluipt met de bedoeling haar te doden, maar zij is zich van geen kwaad bewust.

de dramaturg

Wat	a Een toneelschrijver.
	b Iemand die een toneelgezelschap adviseert. Dit houdt een of meer van de volgende taken in: toneelstukken lezen om het repertoire vast te leggen, samen met de regisseur een schema maken van de enscenering, de teksten beschikbaar maken, de public relations verzorgen, brochures opstellen ...

de drie eenheden

Wat	1 **De eenheid van handeling:** er mag maar één echte handeling in het stuk zijn; er mogen dus geen kleinere acties zijn. 2 **De eenheid van plaats**: het toneelstuk speelt zich af op één plaats. 3 **De eenheid van tijd**: de actie in het stuk mag niet langer dan 24 uur beslaan.
Evolutie	In de Griekse tragedie waren de drie eenheden gewoon een praktische noodzaak. Men kon zich bv. maar één decor veroorloven en er waren weinig acteurs. In de renaissance (toen de klassieke oudheid erg werd bewonderd) werden de eenheden in Frankrijk bindende regels voor de toneelschrijvers.

de elegie of het treurlied, de treurzang, het grafdicht, het klaaglied, de klaagzang

Wat	Een gedicht waarin n.a.v. de dood van een geliefde of een andere droevige gebeurtenis nagedacht wordt over de tragische kanten van het leven.

het enjambement

Wat	Het einde van de zin valt niet samen met het einde van een versregel. De zin loopt door naar het volgende vers.
Voorbeeld	*Wanneer ik morgen doodga,* *vertel dan aan de bomen* *hoeveel ik van je hield.* (Het begin van 'Voor een dag van morgen' van Hans Andreus)

de enscenering of de mise-en-scène

Wat	De manier waarop een toneelstuk of film wordt gebracht: de rolverdeling, de decors, de kostumering, de belichting, de muziek ...

de epiek

Wat	Verzamelnaam voor alle verhalende literaire werken. Een van de hoofdgenres van de literatuur naast de lyriek (poëzie) en dramatiek (toneel). Let wel, er bestaan overlappingen tussen deze genres: bv. lyrische romans (cf. lyriek) en romans die (bijna) uitsluitend uit dialogen bestaan (cf. dramatiek).

de epiloog
(antoniem: proloog)

Wat	Het laatste deel (van een roman, film of toneelstuk) dat de afloop schetst van het verhaal, het naspel.

het epitheton

Wat	Een bijvoeglijk naamwoord dat dient als versiering bij of karakterisering van een zelfstandig naamwoord of naam.
Soorten en voorbeelden	- Het **epitheton ornans**: een bijvoeglijk naamwoord dat een typische eigenschap geeft en vast wordt verbon-den met een zelfstandig naamwoord of naam. Voorbeelden: de snelvoetige Achilles (Homerus), die felle met den roden baerde (Reinaert) en de snotgroene zee (James Joyce). - Het **individualiserend epitheton**: een origineel kenmerkend bijvoeglijk naamwoord. Een voorbeeld: de kantieke schoolmeester (Louis Paul Boon).

het epos of het heldendicht
(mv. epen; de vorm epossen komt weinig voor)

Wat	Een verhaal in versvorm en in een verheven stijl over de strijd van goden en helden.
Soorten en voorbeelden	1 Het **volksepos** is (oorspronkelijk) mondeling overgeleverd, bv. *Beowulf*. 2 Het **cultuurepos** is gemaakt door één schrijver, bv. de *Aeneis* van Vergilius. Zie ook het 'dierenverhaal' voor het 'dierenepos'.

het essay

Wat	Een niet te korte verhandeling waarin iemand zijn standpunt geeft over een bepaald onderwerp in een persoonlijke stijl. Omdat de auteur een ruim publiek wil bereiken, is de tekst niet te gedetailleerd en wordt o.a. gebruikgemaakt van treffende voorbeelden. Het essay is langer dan een column en minder gebonden aan de directe actualiteit.
Voorbeeld	*Essai* (Montaigne).

het existentialisme

Wat	Filosofische richting ontstaan eind 19de eeuw, maar bijzonder invloedrijk in de literatuur in de jaren 1940 en 1950.
Algemene kenmerken	- Ons bestaan (= existentie) is tijdelijk en heeft op zich geen zin, is absurd (God is dood). De personages leven in een zinloze wereld en worden geconfronteerd met moeilijke keuzes, angst voor mislukking, verveling, vervreemding … - Het leven is een mogelijkheid, we moeten elk onze verantwoordelijkheid nemen en zin creëren. Bij J.P. Sartre leidt dit tot politiek engagement.
Literatuur	Albert Camus, Willem-Frederik Hermans en Jean-Paul Sartre.

het experimentele literatuur

Wat	Alle literatuur die afwijkt van de conventies, waarin geëxperimenteerd wordt op inhoudelijk of vormelijk vlak. Zie bv. 'de antiroman'.

het expressionisme

Wat	Kunststroming van 1910 tot 1925 die zich afzet tegen het impressionisme en naturalisme.
Algemene kenmerken	- Men wil niet in de eerste plaats de werkelijkheid weergeven, maar zijn eigen emotionele ervaringen uitdrukken en zijn visie op het wezen van de dingen. - Typische thema's: de beschrijving van het leven in de grote stad en de liefde voor de kleine man. - In de poëzie vinden we vaak een vervormde zinsbouw, een sterke beeldspraak, typografische experimenten en een vrij vers.
Richtingen in de literatuur	1 **Het humanitair expressionisme** is idealistisch en wil o.a. een verzoening tussen alle volkeren. Bv. Wies Moens. 2 **Het vitalisme.** Intensiteit, persoonlijkheid en levens-optimisme staan centraal. Bv. Hendrik Marsman.
Literatuur	Franz Kafka, Herman Teirlinck en Paul van Ostaijen.

Wassily Kandinsky:
Zicht op Murnau met kerk (1910)

Frits Van den Berghe:
De idioot (1926)

Frans Masereel:
tafereel uit *De Stad* (1925)

de fabel

Wat	Een kort verhaal, vaak in versvorm, dat een algemene waarheid of wijsheid bevat. Het heeft een moraliserend of satirisch doel. Door middel van dieren of planten wordt kritiek gegeven op wantoestanden en menselijke zwakheden.
Voorbeelden	De fabels van Aesopus, Phaedrus en Jean de la Fontaine.

de fantasy

Wat	Verzamelnaam voor bijzonder fantasierijke verhalen die zich in een denkbeeldige wereld afspelen. Een belangrijk thema is de strijd tussen goed en kwaad.
Voorbeelden	*The Lord of the Rings* (J.R.R. Tolkien), *Northern Lights* (Philip Pullman), de Harry Potterverhalen van Joanne K. Rowling, de Schijfwereld-boeken van Terry Pratchett en *Red as Blood* (Tanith Lee).

de fictie
(adj. fictief) (antoniem: de non-fictie of non-fiction)

Wat	Verzamelnaam voor op fantasie berustende teksten.
Voorbeelden	Roman, sprookje en toneel.

het fin de siècle

Wat	Term voor het geestelijk klimaat tijdens de laatste twee decennia van de 19de eeuw.

Algemene kenmerken	Veel kunstenaars en denkers hebben het gevoel dat de beschaving op haar einde loopt, wat zorgt voor een gevoel van doelloosheid, machteloosheid en levensmoeheid, maar tegelijk ook voor een zucht naar nieuwe sensaties en een afkeer van alles wat de vrijheid beperkt. Dit leidt tot:
	1 **Estheticisme**
	  De schepping van schoonheid is een doel op zich (kunst om de kunst). De kunstenaar interesseert zich niet voor sociale problemen.
	2 **Decadentisme**
	  Een doorgedreven estheticisme. Men cultiveert het artificiële en zelfs afwijkende. Men vraagt zich af wat de zin is van morele waarden en verwerpt ze vaak.
	Zie ook het 'symbolisme'.

Literatuur	Joris-Karl Huysmans, Oscar Wilde en Louis Couperus.

Inkompoort, domein Berenger (1895)

Aubrey Beardsley: *The Climax* (1894), illustratie bij *Salome* van Oscar Wilde

de flashback of de terugverwijzing
(antoniem: flashforward)

Wat	Passage waarin teruggegaan wordt naar iets dat vroeger is gebeurd. De normale chronologie van het verhaal wordt dus doorbroken en er wordt een stuk uit het verleden ingelast.

de flashforward of de vooruitwijzing
(antoniem: flashback)

Wat	Een verwijzing naar de toekomst die in het verhaal wordt ingelast.
Voorbeelden	Een zinnetje zoals: 'Hij wist niet dat hij die avond zou sterven.'

het genre (literaire)

Wat	Een vorm van literatuur.
Soorten	1. De literatuur wordt ingedeeld in drie (of vier) **hoofdgenres**: dramatiek, epiek en lyriek. Vroeger hoorde hier ook de didactiek bij. 2. Deze hoofdgenres worden ingedeeld in kleinere **genres** of ondersoorten. Zo behoort het genre van de roman tot het hoofdgenre van de epiek. 3. De roman kun je nog verder indelen: bv. de griezelroman, de detectiveroman, de historische roman ... Deze ondersoorten noemt men **subgenres**.

de groteske

Wat	a **Algemeen**: een literaire tekst met een grillig, ongewoon, niet-harmonieus karakter. b **Meer specifiek**: een bepaald soort fantasierijk verhaal waarin de gangbare logica op haar kop wordt gezet.
Soorten en voorbeelden van b	1. **Absurde grotesken**, zoals De *gedaanteverwisseling* van Kafka, waarin een heel vreemde, onrealistische gebeurtenis plaatsheeft: de hoofdfiguur verandert plots in een insect. 2. **Maatschappijkritische grotesken**, zoals *Het gevang in de hemel* van Paul Van Ostaijen, waarin op een gekke manier de bestaande orde gehekeld wordt. De hoofdfiguur is zo gewoon aan het gevangenisleven dat hij per se in de cel wil blijven. Als hij vrijkomt, doet hij er alles aan om weer opgesloten te worden, tot zelfs het plegen van een moord. Sommige politici zien hier meteen brood in ...

de haiku

Wat	Dichtvorm uit Japan bestaande uit drie verzen. Het tweede vers bestaat uit 7 lettergrepen, het eerste en derde uit 5 lettergrepen. - In de klassieke haiku roept de dichter een bepaalde natuurervaring op die meer inzicht in de werkelijkheid verschaft (vaak geïnspireerd door het zenboeddhisme). - In de moderne haiku wordt vaak van de strakke klassieke vorm afgeweken.

de held(in)

Wat	De protagonist van het verhaal is vaak een held(in): iemand die zelf de loop van de gebeurtenissen bepaalt, degene die het uiteindelijk haalt. Hij/zij is iemand die ook in moeilijke situaties voldoende karakter, dapperheid, doorzettingsvermogen e.d. toont om onze sympathie, bewondering of respect te verdienen. Zie ook 'antiheld(in)'.

het humanisme

Wat	Geestelijke stroming van de 14de tot 16de eeuw, ontstaan in Italië.
Algemene kenmerken	- Menselijke waarden en de menselijke waardigheid staan centraal. - Vreugde en geluk moeten op aarde zelf gezocht worden. - De mens moet zelfstandig leren denken, de natuur onderzoeken en verklaren. Een goede opvoeding, geschoeid op klassieke leest, is belangrijk. - De humanisten bestudeerden de oude Latijnse en Griekse teksten zelf, en wilden de antieke auteurs evenaren.
Literatuur	Desiderius Erasmus (*Lof der Zotheid*) en Thomas Morus (*Utopia*).

de humor

Wat	Iets dat je aan het (glim)lachen brengt, meestal omdat het ongewoon, ongepast of verrassend is: bv. gedrag dat niet in een bepaalde situatie past, iets dat een taboe doorbreekt, een gekke gedachte of grove taal. Het kan zowel subtiel als vulgair zijn.
Soorten	Absurde humor, cynisme, ironie, parodie, sarcasme, satire en zwarte humor. Zie voor elk van deze soorten humor het respectievelijke lemma.
Enkele gebruikte technieken	1 **Taalhumor:** bv. gebruik van dialect, een opzettelijke taalfout, overdrijving, een understatement (zie 'understatement'), originele woorden en woordspeling (zie 'woordspeling'). 2 **Andere technieken:** bv. een allusie (zie 'allusie'), herhaling, karakterhumor (zie 'karakterhumor'), personificatie (zie 'personificatie'), situatiehumor (zie 'situatiehumor') en regels of taboes doorbreken.

de illusie

Wat	In een verhaal (**epische illusie**) of toneelstuk (**dramatische illusie**) probeert de auteur alles zo weer te geven dat de lezer of toeschouwer het gevoel heeft dat het allemaal echt is. Zo wordt een schijn van werkelijkheid gecreëerd.
Doorbreken van de illusie	Soms wordt de illusie doelbewust doorbroken. Enkele voorbeelden: - In een verhaal: de auteur onderbreekt het verhaal om iets uit te leggen, een personage geeft commentaar op een gebeurtenis, de auteur treedt plots op als personage, er worden foto's ingelast ... - In het theater: een acteur stelt een vraag aan het publiek, de acteurs voeren een discussie met de zaal over een bepaalde kwestie, enkele acteurs stappen plots vanuit de zaal het podium op of zeggen dat het allemaal maar toneel is. Zie ook 'het vervreemdingseffect'.

het impressionisme

Wat	Kunststroming van 1874 (tentoonstelling van *Impression, soleil levant* van Monet) tot ongeveer 1890.
Algemene kenmerken	- De kunstenaar gaat uit van de zichtbare werkelijkheid, maar wil de stemming, de sfeer van een plaats weergeven. - Deze subjectieve, zintuiglijke indruk op één bepaald moment tracht men zo direct mogelijk te vatten in zijn unieke verschijningsvorm.
Literatuur	Herman Gorter en Lodewijk van Deyssel.

Auguste Renoir: *Le Moulin de la Galette* (1876)

in medias res
(antoniem: ab ovo = vanaf het begin)

Wat	Techniek waarbij men midden in het verhaal, de handeling, het onderwerp of betoog begint zonder veel inleiding. Zaken die voorafgaan in het verhaal, worden pas later verteld. De letterlijke betekenis: in het midden van de zaak. Daartegenover staat een verhaal dat vanaf het chronologische begin start (= ab ovo). Het verhaal kan ook post rem beginnen, d.w.z. bij het einde, de afloop van de gebeurtenissen. Iemand wordt bv. terechtgesteld en daarna vernemen we hoe het zover is kunnen komen.
Voorbeeld	Het verhaal begint midden in een actie, bv. met een achtervolgingsscène. Wat ervoor is gebeurd en waarom iemand wordt achtervolgd, vernemen we later.

de intertekstualiteit

Wat	De onderlinge verbanden tussen teksten. De tekst verwijst op de een of andere manier naar één of meer andere teksten en krijgt zijn betekenis tegen de achtergrond van die tekst(en). Zie ook het 'postmodernisme'.
Voorbeelden van intertekstuele verbanden	1 **De allusie of zinspeling.** 2 **De bewerking of adaptatie** De film *Romeo + Juliet* van Baz Luhrmann (1996) bv. is een bewerking van het toneelstuk van William Shakespeare, maar dan gesitueerd in het moderne Los Angeles. 3 **Het citaat**. In de film *Psycho* (Alfred Hitchcock, 1960) wordt bv. een vrouw tijdens het nemen van een douche op een gruwelijke manier met messteken vermoord. In heel wat films wordt naar deze beroemde scène verwezen, o.a. in *Dressed to Kill* van Brian De Palma (1980). 4 **De parodie**: deze kun je pas goed begrijpen als je het origineel kent dat spottend nagebootst wordt.

de intrige

Wat	In een toneelstuk, verhaal of film: de reeks gebeurtenissen en handelingen die onvermijdelijk tot de ontknoping leiden, d.w.z. een gelukkig einde of de ondergang. Zie ook de 'plot'.

de ironie

Wat	Soort humor: fijne, subtiele, bedekte spot. Er is daarbij een tegenstelling tussen wat men zegt of toont en de werkelijke bedoeling. Dit blijkt uit de context, de intonatie of mimiek. Wanneer iemand met zichzelf spot, spreken we van **zelfironie**.
Veel gebruikte technieken	1 Het tegenovergestelde zeggen of tonen van wat men precies bedoelt. Bv. na een blunder: 'Je bent echt een genie.' 2 De zaken veel zwakker voorstellen dan ze zijn (zie 'understatement'). 3 Woordspeling.

de jeugdliteratuur

Wat	Literatuur bestemd voor jongeren van ongeveer 12 tot 16 jaar. De term wordt ook ruimer gebruikt en omvat dan eveneens kinder- en adolescentenliteratuur. De thema's zijn heel divers, maar sluiten normaal aan bij de leefwereld van jongeren. Over het algemeen is een goed verhaal belangrijk, of het nu realistisch dan wel erg fantasierijk is. Onder de jeugdliteratuur vallen tevens bv. strips en de zgn. jongens- of meisjesboeken.
Voorbeelden	Dirk Bracke, Lewis Carroll (*Alice's Adventures in Wonderland*), Ed Franck, Hector Malot (*Sans famille*), Per Nilsson, Philip Pullman, Joanne K. Rowling (de Harry Potterverhalen) en Toon Tellegen.

het kaderverhaal of de raamvertelling

Wat	Literatuur bestemd voor jongeren van ongeveer 12 tot 16 jaar. De term wordt ook ruimer gebruikt en omvat dan eveneens kinder- en adolescentenliteratuur. De thema's zijn heel divers, maar sluiten normaal aan bij de leefwereld van jongeren. Over het algemeen is een goed verhaal belangrijk, of het nu realistisch dan wel erg fantasierijk is. Onder de jeugdliteratuur vallen tevens bv. strips en de zgn. jongens- of meisjesboeken.
Soorten en voorbeelden	a Het binnenverhaal wordt verteld door één personage. De situatie in *Duizend-en-een-nacht* vormt het kader. De koning heeft, nadat hij door zijn echtgenote was bedrogen, besloten om elke nacht met een nieuwe vrouw te trouwen. 's Morgens wordt ze dan terechtgesteld. Om aan dit lot te ontsnappen, vertelt Sheherazade een mooi verhaal dat ze niet afmaakt. De 1000 volgende nachten doet ze telkens hetzelfde tot de koning zo van haar is gaan houden dat hij haar spaart. Hier zijn er dus 1001 binnenverhalen. b Het binnenverhaal wordt verteld door een groep personen: bv. *Decamerone* van Giovanni Boccaccio. Wanneer de pest uitbreekt in Florence, vluchten 10 jonge mensen de stad uit (kader). Om de tijd te doden, vertellen ze elkaar om beurten een verhaal (het binnenverhaal).

de karakterhumor

Wat	De humor vloeit voort uit de aard van de gekozen personen, types, groepen of volkeren.
Voorbeelden	De Belgen (levensgenieters die van eten en drinken houden), Britten (onverstoorbaar, een tikkeltje hooghartig, gek op rugby), Zwitsers (heel stipt) enz. in de Asterix-strips. (Peter van Straaten)

de karaktertekening of de karakterisering

Wat	De manier waarop in een verhaal een personage beschreven of getypeerd wordt.
Enkele methoden	- Informatie die we rechtstreeks krijgen van de schrijver. - Gegevens die we afleiden uit wat de personages doen, denken of zeggen. - Informatie die we krijgen van andere personages.
Soorten karakters	1 Een *vlak karakter* (flat character): het personage heeft maar enkele eigenschappen, evolueert niet, gedraagt zich voorspelbaar. Bv. de meeste personages in stripverhalen: de onverstoorbare en sterke Jerom in *Suske en Wiske* of de dappere en schrandere Asterix. Zie ook het 'type'. 2 Een *rond karakter* (round character): het personage heeft veel verschillende karaktertrekken, is complexer en niet zo voorspelbaar. Het personage evolueert in de loop van het verhaal.

de karikatuur

Wat	Spotprent of spotbeeld: een afbeelding waarin men iemand of iets belachelijk probeert te maken door een of meer typische eigenschappen of kenmerken uit te vergroten of te overdrijven. In de literatuur vinden we dergelijke beschrijvingen of voorstellingen eveneens terug.
Voorbeeld	*L'Avare* (Molière).

het keerpunt of de wending

Wat	Het moment in het verhaal waarin een plotse, belangrijke verandering optreedt. In een verhaal kunnen er verschillende wendingen zijn. Ze worden onder meer gebruikt om spanning te creëren, voor verrassingen te zorgen of om een oplossing van het conflict mogelijk te maken. Een sonnet kan ook een wending of volta hebben.
Voorbeeld	In *Romeo en Julia* (William Shakespeare) heeft Romeo zich altijd vreedzaam opgesteld. Het keerpunt is wanneer Tybalt zijn vriend Mercutio doodt en Romeo niet anders kan dan zich te wreken. Daardoor wordt hij uit de stad verbannen, wat leidt tot het tragische einde van het verhaal.

de klucht

Wat	Kort toneelstuk waarin alledaagse gebeurtenissen op komische wijze behandeld worden. - De humor is niet zo fijn (als in een komedie), maar simpel en vaak plat. - De figuren zijn typen. - Het onderwerp is veelal de strijd tussen de generaties, de klassen of geslachten.
Voorbeelden	- Middeleeuwse kluchten (of sotternieën) zoals *Nu noch* en *De buskenblaser*. - Uit de zeventiende eeuw: *De klucht van de koe* en *De klucht van de molenaar* (Gerrit Adriaensz. Bredero).

de komedie (adj. komisch) of het blijspel

Wat	Een toneelstuk, film of tv-programma waarin men het publiek wil vermaken. We zien de mens met al zijn fouten en zwakheden, niet op een ernstige maar op een lachwekkende wijze. Er is een happy end. De ondertoon is, zoals bij veel echte humor, vaak wel serieus.
Voorbeeld	*A Midsummer Night's Dream* van William Shakespeare.

het kortverhaal of de short story

Wat	Een kort verhaal met een snel en spannend verloop. Het begint vaak in medias res, in volle actie. Na een hoogtepunt eindigt het vlug en verrassend. Het einde is meestal open, d.w.z. de lezer blijft met een aantal vragen zitten. Het beschrijft een schijnbaar willekeurige gebeurtenis uit het leven van één personage, die evenwel een belangrijke betekenis blijkt te hebben. Door de lengte is het aantal personages beperkt.
Voorbeelden	Anton Tsjechov, Ernest Hemingway, Hugo Claus, J. Maarten A. Biesheuvel en Toon Tellegen.

kunst om de kunst (l'art pour l'art)

Wat	Opvatting waarbij het maken van kunst een doel op zich is. De kunstenaars zijn niet geïnteresseerd in maatschappelijke problemen of hebben geen didactisch doel voor ogen. Hun werk mag enkel esthetisch beoordeeld worden (estheticisme).
Voorbeelden	Charles Baudelaire, Gustave Flaubert, Oscar Wilde en Willem Kloos.

de legende

Wat	Een legende is een volks, godsdienstig verhaal vol verbeelding (bv. wonderen) met een didactische functie. Dit wil zeggen dat het de bedoeling is dat jer er iets uit leert.
Voorbeelden	De verhalen over Sinterklaas en St.-Christoffel.

de limerick

Wat	Een humoristische dichtvorm van Engelse oorsprong. De kenmerken: - vijf verzen; - normaal het volgende rijmschema: aabba; - het eerste vers eindigt gewoonlijk op een plaats- of persoonsnaam; - normaal twee beklemtoonde lettergrepen in het derde en vierde vers, elders drie; - het derde en vierde vers zijn korter dan de andere verzen; - het gedicht eindigt met een pointe: een snedig, goedgevonden, vaak onverwacht slot.
Voorbeeld	Er was eens een kaasboer in Gouda Die zat om de tafel z'n vrouw na, Maar zij riep heel vief: 'Alles is relatief: Als ik iets harder loop, zit ik jou na!' (Alex van der Heide)

het luister- of het hoorspel

Wat	'Toneelstuk' dat door de radio uitgezonden wordt en dus louter werkt met stemmen en geluiden.
Voorbeelden	*The War of the Worlds* (Orson Welles' zogezegde documentaire gebaseerd op het boek van Herbert George Wells over een invasie van marsmannetjes), *Under Milk Wood* (Dylan Thomas) en *Samuel o Samuel* (Ivo Michiels).

de lyriek

Wat	Een van de drie hoofdgenres (naast epiek en dramatiek). Het accent ligt op de uitdrukking van de eigen gevoelens of stemming, die men ook wil oproepen bij de lezer. Ook typisch: - de schrijver gebruikt de versvorm (de regels worden niet volgeschreven); - de tekst is verdeeld in strofen, gescheiden door een witregel; - beeldspraak, klank en ritme zijn erg belangrijk. Let wel, er bestaat ook verhalende poëzie (bv. de ballade) evenals lyrisch proza.

het magisch realisme

Wat	a	**Europa**
		Een kunstrichting die de werkelijkheid heel precies weergeeft, maar tegelijk vreemde, bovennatuurlijke elementen invoegt om zo een bijzonder, bovenwerkelijk effect te bereiken. De bedoeling is de diepere zin van ons bestaan naar boven te brengen. Daarbij wordt vaak gebruikgemaakt van dromen.
		In het surrealisme ligt het accent heel sterk op het onbewuste, terwijl in het magisch realisme het verstand niet wordt uitgeschakeld. De kunstenaar zoekt naar een synthese van werkelijkheid, fantasie en verstand.
	b	**Latijns-Amerika**
		Een stijl waarbij op een realistische manier geschreven wordt over uitzonderlijke gebeurtenissen. In *Een stokoude heer met enorme vleugels* bijvoorbeeld, een verhaal van Gabriel Garcia Márquez, belandt op een dag een soort engel of vogelmens in een dorp. Hoewel hij heel nauwkeurig wordt beschreven, weten we op het einde nauwelijks meer wanneer hij even mysterieus verdwijnt als hij is gekomen.
Voorbeelden	a	**Europa**
		Le Grand Meaulnes (Alain-Fournier), *De trap van steen en wolken* en *De man die zijn haar kort liet knippen* (Johan Daisne), *De komst van Joachim Stiller* en *De zwanen van Stonenhenge* (Hubert Lampo) en *De kelner en de levenden* (Simon Vestdijk).
	b	**Latijns-Amerika**
		Honderd jaar eenzaamheid (Gabriel Garcia Márquez), *Het koninkrijk van deze wereld* (Alejo Carpentier), *Pedro Páramo* (Juan Rulfo) en *Het huis met de geesten* (Isabel Allende).

het melodrama
(melodramatisch)

Oorspronkelijk	Een toneelstuk met muziek of zang: bv. *Pygmalion* van Jean Jacques Rousseau.
Later	Een overdreven gevoelig toneelstuk waarin het kwade wordt bestraft en het goede beloond.
Tegenwoordig	Een overdreven gevoelig verhaal (toneelstuk, roman of film) dat onwaarachtig of kitscherig overkomt. Er vloeien ook veel tranen. Synoniem: een draak of tranentrekker. Enkele voorbeelden van melodramatische films: *The Bridges of Madison County* (Clint Eastwood), *Kramer vs. Kramer* (Robert Benton), *Love Story* (Arthur Hiller) en *Terms of Endearment* (James L. Brooks).

het metrum of de versmaat

Wat	Gedichten hebben iets muzikaals. Het ritme wordt hoofdzakelijk bepaald door de afwisseling van beklemtoonde en onbeklemtoonde lettergrepen. Wanneer hierin regelmaat zit, dan spreken we van een metrum of versmaat.

Versvoeten	Als we de versmaat willen aangeven, noteren we voor beklemtoonde lettergrepen –, voor onbeklemtoonde u. We onderscheiden o.a. de volgende versvoeten:
	a De amfibrachys: u – u (bv. parade).
	b De anapest: u u – (bv. inderdaad).
	c De dactylus: – u u (bv. stamelen).
	d De jambe: u – (bv. gezien).
	e De spondee: – – (bv. Pas op!)
	f De trochee: – u (bv. liefde).
Soorten	Op basis van het aantal voeten dat een bepaald vers telt, spreken we van een monometer (1 voet), dimeter (2 voeten), trimeter (3 voeten), tetrameter (4 voeten), pentameter (5 voeten), hexameter (6 voeten) … Een versregel met zes jamben is een alexandrijn.
Voorbeeld	Een pentameter: Ik ben een God in 't diepst van mijn gedachten 　　　　　　　/u – / u　 –　 / u　　–　 / u　 – / u　–　 u/ (Willem Kloos)

de mimiek
(adj. mimisch)

Wat	1 De verschillende uitdrukkingen van het gezicht door het bewegen van de gelaatsspieren, de gelaatsexpressie.
	2 Gebarenkunst, de kunst om door gebaren allerlei zaken uit te drukken.

het modernisme
(adj. modernistisch)

Wat	1 Overkoepelende term voor een hele reeks nieuwe kunststromingen die elkaar snel opvolgen tussen 1910 en 1940: het expressionisme, het futurisme, abstracte kunst, het dadaïsme en surrealisme.
	2 Verzamelnaam voor het werk van een belangrijke groep vernieuwende schrijvers uit dezelfde periode.
Kenmerken van de literatuur	- **Fragmentering en verinnerlijking**. In tegenstelling tot de realisten en naturalisten acht men het onmogelijk de werkelijkheid in zijn geheel te kennen. Men wil de complexiteit laten zien. Het accent valt daarbij op het innerlijke, het onderbewuste (cf. Freud).
	- **Relativisme**. De kunstenaar staat kritisch tegenover alles, ook het schrijven zelf en de taal.
	- **Voortdurende formele vernieuwing**. Een eenheidsstijl is er niet omdat men steeds op zoek is naar nieuwe, geschiktere vormen.
	- **Kosmopolitisme**. Verbondenheid met de mensheid. Wereldburgerschap.
Literatuur	Thomas Stearns Eliot (*The Waste Land*), William Faulkner, James Joyce (*Ulysses*), Franz Kafka (*Het proces*), Thomas Mann, Robert Musil, Ezra Pound, Marcel Proust (*A la Recherche du Temps Perdu*), Simon Vestdijk, Virginia Woolf en William Butler Yeats.

de monoloog

Wat	1 Deel van een toneelstuk dat door één acteur gebracht wordt. Synoniem: alleenspraak.
	2 Kort toneelstuk voor één acteur. Synoniem: monodrama.

het motief

Wat	Een betekenisvol element dat herhaaldelijk in een tekst (of in verschillende teksten) voorkomt en zo zorgt voor meer interne samenhang. Het kan bestaan uit een of meer woorden, een gebeurtenis (bv. mishandeling), een voorwerp, een persoon (bv. het Don Juan-motief) enz. Bij de herhaling kunnen er lichte variaties zijn.
Bijzondere soort	Een *leidmotief* is een motief dat bijna letterlijk wordt herhaald (te vergelijken met een refrein in een lied). Het doel is een personage of situatie herkenbaar te maken: bv. een typische uitspraak die vaak terugkomt of een bepaalde melodie die je in een film hoort telkens wanneer iemand verschijnt.

het motorisch moment

Wat	Het ogenblik in een verhaal waarop een handeling begint die onvermijdelijk moet leiden tot een conflict. Het is die handeling die alles echt in gang zet.

de mythe

Wat	Een overgeleverd verhaal over goden, halfgoden of helden uit het verleden.
Soorten en voorbeelden	1. De **verklarende mythe** geeft een uitleg voor het ontstaan of bestaan van bv. het heelal, de mens, het kwaad, de dood, het vuur of de bliksem. Voorbeeld: Prometheus en Orpheus. 2. De **heldenmythe** (of **heldensage**) heeft een historische kern rond een held, maar die is in de loop der eeuwen vervormd en uitgebreid. Voorbeeld: Heracles.

het naturalisme

Wat	Literaire stroming tussen 1870 en 1880, waarbij het realisme op de spits wordt gedreven.
Algemene kenmerken	De kunstenaar beschrijft de werkelijkheid zo precies mogelijk en zoekt naar wetenschappelijke verklaringen. Belangrijke gevolgen: - **Determinisme**: men gelooft dat de mens volledig bepaald wordt door zijn milieu en/of erfelijke factoren. - **Sombere levensvisie, fatalisme**: het leven ligt vooraf vast, de mens is het slachtoffer van omstandigheden waar hij geen vat op heeft. - **Miserabilisme**: de figuren komen vaak uit mensonwaardige, achtergestelde milieus. Vincent Van Gogh: *De aardappeleters* (1885)
Literatuur	Cyriel Buysse, Louis Couperus, Herman Heijermans, Henrik Ibsen, August Strindberg en Emile Zola (de grondlegger).

de nieuwe zakelijkheid

Wat	Een artistieke stroming van ca. 1920 tot eind jaren 1930.
Algemene kenmerken	Men keert terug naar een klare, objectieve weergave van de werkelijkheid, waarbij men zich ook afzet tegen de lange beschrijvingen en mooischrijverij van de naturalisten en impressionisten.
Literatuur	Ferdinand Bordewijk en Willem Elsschot.

Otto Dix: *Pooier met prostituees* (ca. 1920-1930)

de non-fictie of de non-fiction
(antoniem : fictie)

Wat	Verzamelnaam voor teksten die niet op fantasie, maar op feiten berusten.
Voorbeelden	Een wetenschappelijke studie, essay of documentaire.

de novelle

Wat	Een verhaal dat langer is dan een kortverhaal, maar korter dan een roman. De novelle beschrijft een enkele gebeurtenis, die een belangrijk moment of keerpunt is in het leven van de protagonist. Het tempo is relatief snel, het aantal personages beperkt. De grens met bepaalde korte romans of langere verhalen is niet altijd even scherp.
Voorbeelden	*The Old Man and the Sea* (Ernest Hemingway) en *De trein der traagheid* (Johan Daisne).

de ode

Wat	Lofdicht: verheerlijking van een persoon (bv. een bewonderd of erg geliefd iemand), een begrip (bv. *Ode an die Freude* van Ludwig van Beethoven) ...

de ontknoping

Wat	De laatste fase of bladzijden van het verhaal waarin alles wordt opgehelderd.

de oxymoron

Wat	Een stijlfiguur waarbij twee tegenovergestelde begrippen bij elkaar worden gebracht om iets puntig te formuleren.
Voorbeelden	- Hij zag eruit als een *levend lijk*. - *Een onzinnige wijsheid*.

het open einde
(antoniem: gesloten einde)

Wat	Het einde van de tekst geeft geen antwoord op de vragen die de lezer zich normaal stelt. Als we zulke verhalen lezen of zien, moeten we zelf een geschikt einde verzinnen. Vaak is het de bedoeling ons aan het denken te zetten of wil men ons nieuwsgierig maken naar het vervolg.

de paradox
(adj. paradoxaal)

Wat	Een uitspraak die een tegenstrijdigheid lijkt te bevatten. Als je hem echter onderzoekt, blijkt hij wel te kloppen omdat er een diepere waarheid achter schuilt.
Voorbeelden	- Minder is meer. (Minder is vaak beter: bv. een lange, te gedetailleerde uitleg is vaak moeilijker dan een kortere zonder de vele details.) - Een toekomst voor ons verleden (i.v.m. de bescherming van monumenten). - De mens leert uit de geschiedenis dat de mens niets leert uit de geschiedenis. (Hegel) - Schrijven is schrappen.

de parodie
(adj. parodiërend, parodistisch; zn. een parodist)

Wat	Soort humor waarin iets of iemand spottend wordt nagebootst. De vorm wordt min of meer behouden, maar de inhoud wordt komisch verdraaid.
Voorbeelden	- *Marc groet 's morgens de dingen* (Paul van Ostaijen) Dag ventje met de fiets op de vaas met de bloem, ploem ploem - *De parodie van H. Huurdeman*: Dag Cruyffie (Johan Cruyff is een van de beste voetballers aller tijden) met de bal op de wreef van je schoen poenpoen.

het personage

Wat	Een persoon in een literair werk, een verhaalfiguur. Zie ook 'held', 'antiheld' en 'karaktertekening'.

de plot

Wat	De volgorde van de gebeurtenissen in een verhaal zoals de auteur die heeft gekozen. Deze kan chronologisch zijn, maar om de lezer nieuwsgierig te maken, wordt doorgaans een andere volgorde gekozen: eerst vindt men bv. het lijk en pas later vernemen we hoe de moord is gebeurd. Zie ook de 'intrige'.

de poëzie

Wat	De kunst van het dichten, de dichtkunst. Zie ook de 'lyriek' en het 'proza'.
	- De schrijver gebruikt de versvorm: de regels worden niet volgeschreven.
	- Er staan niet zo veel woorden op een blad als bij proza.
	- De tekst is verdeeld in strofen, gescheiden door een witregel.

de pointe of de clou

Wat	1 De betekenis van een woordspeling, geestigheid of grap.
	2 De verrassende gebeurtenis of zinswending waarmee een verhaal of gedicht eindigt, datgene waar het precies om gaat.

het postmodernisme

Wat	Verzamelnaam voor allerlei kunstuitingen vanaf het begin van de jaren 1960.
Algemene kenmerken	Het postmodernisme is in feite een radicale voortzetting van het modernisme. De voornaamste kenmerken van de literatuur:
	- **Extreme twijfel** aan elke ideologie. Er is geen absolute waarheid, je kunt alles op heel veel manieren bekijken. De auteurs schrijven geen rechtlijnige verhalen; vaak zijn het gewoon fragmenten zonder direct verband en karakterbeschrijving.
	- **Twijfel aan de mogelijkheden van de taal** om de werkelijkheid te beschrijven. Elke weergave is kunstmatig of zelfs fictief, want de taal vervormt onze kijk. De auteurs stellen zich voortdurend vragen over het schrijven (metafictie, zelfreflectie).
	- **Intertekstualiteit, citatenkunst.** Alles is eigenlijk een verhaal. De wereld is een enorme bibliotheek, waaruit je vrij kunt citeren. Een tekst is altijd een verwerking, vervorming, voortzetting van andere teksten.
	- **De lezer is even creatief als de schrijver**. Elke absolute interpretatie is onmogelijk, want er is geen buitentekstuele waarheid.
	- **Stijlvermenging.** Er is geen echt onderscheid tussen hoge en lage kunst zoals er ook geen verschil is tussen feit en fictie. De meest diverse genres, stijlen en media worden gecombineerd.
	- **Spel.** De twijfel leidt niet per se tot pessimisme. Er is veel interesse voor diverse komische vormen. In *Het verdriet van België* bv. houdt H. Claus ervan een spel te spelen met zijn lezers.
Literatuur	Paul Auster, Samuel Beckett, Jorge Luis Borges, Italo Calvino, Hugo Claus, Umberto Eco, Arnon Grunberg, Stefan Hermans, Tom Lanoye, Gabriel García Márquez, Charlotte Mutsaers, Vladimir Nabokov, Cees Nooteboom, Thomas Pynchon, Salmon Rushdie, Peter Verhelst en Joost Zwagerman.

post rem (zie ook 'ab ovo' en 'in medias res')

Wat	Het verhaal begint bij het einde, de afloop van de gebeurtenissen.
Voorbeelden	Iemand wordt terechtgesteld, daarna vernemen we hoe het zover is kunnen komen.

de proloog
(antoniem: de epiloog)

Wat	Het eerste deel van een toneelstuk, roman of film dat vertelt wat vooraf is gebeurd, het voorspel.

de protagonist
(antoniem: de antagonist)

Wat	De hoofdrolspeler in een verhaal, toneelstuk of film.

het proza

Wat	Een manier van schrijven waarbij geen gebruik gemaakt wordt van de dichtvorm. - De auteur maakt gebruik van de volledige breedte van het blad. - De tekst is verdeeld in alinea's en hoofdstukken en soms ook in paragrafen. Zie ook de 'poëzie'.

het realisme

Wat	Kunststroming die zich afzet tegen de romantiek. In de strikte zin valt ze tussen ongeveer 1830 en 1880.
Algemene kenmerken	- De werkelijkheid wordt zo objectief mogelijk weergegeven. - Bij voorkeur worden alledaagse onderwerpen beschreven, uit eigen tijd en omgeving. - Door de slechte maatschappelijke situatie is er vaak een sociaal-politieke tendens: de kunstenaar klaagt bepaalde wantoestanden aan.
Literatuur	Honoré de Balzac, Nicolaas Beets (*Camera Obscura*), Anton Bergmann (*Ernest Staes, Advocaat*). Charles Dickens (*Oliver Twist*), Fjodor Michajlovitsj Dostojevski (*Misdaad en straf*), Gustave Flaubert (*Madame Bovary*) en Leo Tolstoy (*Oorlog en vrede*).

Jean François Millet: *De arenleesters* (1857)

reality-tv

Wat	Een verzamelnaam voor allerlei vormen van televisie met de volgende kenmerken: - gebeurtenissen uit het alledaagse leven; - de centrale figuren zijn meestal gewone burgers; - veel aandacht voor persoonlijke, vaak intieme zaken; - het hoofddoel is meestal te amuseren. De grens met de soap is niet altijd scherp.
Voorbeelden	*Boer zoekt vrouw*, *Extreme Makeover*, *Mijn Restaurant*, *Supernanny* en *Temptation Island*.

de recensie
(de recensent, recenseren)

Wat	Een bespreking van een literair werk, toneelstuk, film, tv-programma, opera, concert, cd, dvd, wetenschappelijke publicatie enz. in een krant of tijdschrift. Op die manier probeert men de lezer op de hoogte te houden van de actualiteit op dit gebied. Recensies zijn kritisch bedoeld, maar de recensent kan zich beperken tot het geven van informatie. Soms is de kwaliteit zo laag dat de recensie niet meer dan een vorm van reclame is.
Voorbeelden	Sommige kranten hebben een literatuurbijlage met allerlei recensies, bv. *De Morgen*, *De Standaard* en *NRC Handelsblad*.

de rede(voering)

Wat		Een betoog, een uitgewerkte toespraak over een bepaald onderwerp met de bedoeling het publiek van een bepaald standpunt te overtuigen. De redenaar kan bv. proberen de toeschouwers ertoe aan te zetten voor hem te stemmen of de jury om zijn cliënt onschuldig te verklaren.
De onderdelen van de klassieke rede	a	**Het exordium** Het doel is de aandacht van het publiek te trekken en ervoor te zorgen dat ze positief tegenover de redenaar staan (captatio benevolentiae). De hoofdgedachte wordt ook beknopt geformuleerd zodat men gemakkelijker kan volgen.
	b	**Het middendeel of corpus** Bestaat meestal uit vijf delen. Enkele opbouwmogelijkheden: - Het voorstel van de spreker (propositio) gevolgd door de argumenten ervoor (probatio) en de weerlegging van mogelijke tegenargumenten (refutatio). - De feiten worden uiteengezet (expositio of narratio). Daarna volgen het voorstel en de argumenten of omgekeerd. Het midden kan ook een opsomming bevatten van de punten die ter sprake zullen komen (partitio) of de opsomming van argumenten tegen een voorstel (obiectio). Deze kunnen in de plaats komen van het voorstel of het aanvullen.
	c	**Het besluit of de peroratio** De redenaar herhaalt kort zijn standpunt en bewijzen, en probeert het publiek voor zich te winnen.
Voorbeelden		*De Apologie van Socrates* (Plato), *Derde Philippica* (Demosthenes), *Vierde Philippica tegen Marcus Antonius* (Marcus Tullius Cicero), *Rede op de Rijksdag te Worms* (Maarten Luther), de rede van Marcus Antonius in *Julius Caesar* (William Shakespeare), *Gettysburg Address* (Abraham Lincoln), *Toespraak tot de hoofden van Lebak* (Multatuli), *Wilt u de totale oorlog?* (Joseph Goebbels), *Ich bin ein Berliner* (John Fitzgerald Kennedy) en *I have a dream* (Martin Luther King).

het refrein

Wat	Een steeds terugkerende regel of strofe. Door deze herhaling krijgt het gedicht of lied ritme of structuur.

de regie

Wat	Het geven van aanwijzingen over de manier waarop de tekst door de acteurs gebracht moet worden (wijze van spreken, gebaren …), hoe de decors eruit moeten zien, hoe de belichting moet gebeuren, welke rekwisieten worden gehanteerd, welke muziek of geluiden worden gebruikt e.d.

de regisseur

Wat	De verantwoordelijke voor de regie. Hij/zij ontwikkelt een visie op de manier waarop het toneelstuk, de film of het tv-programma gebracht moet worden en zorgt dat alle betrokkenen deze uitvoeren.
Voorbeelden	Francis Ford Coppola (*The Godfather*) en Dirk Tanghe (Vlaamse toneelregisseur).

de rekwisieten of de toneelattributen
(enk. het rekwisiet)   (enk. het toneelattribuut)

Wat	Alle voorwerpen die nodig zijn bij een toneelvoorstelling, film of tv-programma, maar geen verband houden met de decoratie of kleding.
Voorbeelden	De vuilnisbakken waarin Nagg en Nell leven in *Endgame* (Samuel Beckett), de dolk en het flesje vergif in de ontknoping van *Romeo and Juliet* (William Shakespeare).

de renaissance

Wat	Kunststroming ontstaan in Italië inde 13de-14de eeuw, die haar hoogtepunt kent in de 17de eeuw. De kunst keert terug naar de verworvenheden van de klassieke oudheid, die als het ware een wedergeboorte kent.
Algemene kenmerken	- Beweging van een theocentrisch naar een antropocentrisch wereldbeeld. In plaats van God komt de mens in het centrum te staan. Realisme, betrokkenheid op het aardse. - Grotere aandacht voor de schoonheid van het aardse, de natuur, de mens. Levenslust en levensblijheid i.p.v. gerichtheid op het leven na de dood. - Opkomst van het individualisme. Een goede opvoeding is bijzonder belangrijk. Het ideaal is de 'uomo universale'. - Verheerlijking van de klassieke oudheid die men via nabootsing wil evenaren, later zelfs overtreffen. - Men wil zelf ondernemen, zelf onbevooroordeeld onderzoeken, bestuderen. Geleidelijk ontstaat de vooruitgangsgedachte: de dingen kunnen veranderen, ze hoeven niet te zijn zoals ze zijn.
Literatuur	Petrarca, Boccaccio (13de en 14de eeuw in Italië), Pieter Corneliszoon Hooft, Michel de Montaigne (*Essais*), Francois Rabelais (*Gargantua et Pantagruel*).

Michelangelo Buonarroti: *David* (1501-1504)

Stadhuis, Antwerpen (1561-1564)

de retorica of de redekunst
(redenaar, retorisch)

Wat	De redenaarskunst, de leer van de welsprekendheid, met de bedoeling het publiek van een bepaald standpunt te overtuigen. Voor de retorica en retorische technieken bestaat weer heel wat interesse vanuit de argumentatie- en communicatieleer.
Voorbeelden	*Socrates* (Plato), *Vierde Philippica tegen Marcus Antonius* (Marcus Tullius Cicero), *Toespraak tot de hoofden van Lebak* (Multatuli), *I have a dream* (Martin Luther King) en *Yes, we can* (Barack Obama).

de retorische vraag
(ook: de oratorische vraag)

Wat	Een vraag waarop men geen antwoord verwacht. De zender wil de ontvanger aan het denken zetten of zijn woorden extra beklemtonen.
Voorbeelden	Reclame voor een goed doel: 'U kunt dit kind toch niet laten sterven?'

het rijm

Wat	Klankovereenkomst tussen woorden of lettergrepen die zich in elkaars buurt bevinden of zich in een gedicht op vaste plaatsen bevinden.

Enkele soorten en voorbeelden	1 Volgens de plaats van het rijm in het vers of gedicht.
	  a Het **binnenrijm**: twee of meer beklemtoonde lettergrepen binnen één vers rijmen met elkaar. Voorbeeld: Ik ben ge<u>bo</u>ren uit zonneg<u>lo</u>ren (Herman Gorter).
	  b Het **eindrijm**: de woorden aan het eind van twee of meer versregels eindigen op dezelfde klank. Een voorbeeld van Martinus Nijhoff:
	    Ik droeg nog kleine kleren, en ik <u>lag</u>
	    Languit met moeder in de warme <u>hei</u>,
	    Wolken schoven boven ons voor<u>bij</u>
	    En moeder vroeg wat 'k in de wolken <u>zag</u>.
	  c Het **middenrijm**: de woorden die met elkaar rijmen, bevinden zich in opeenvolgende versregels op ongeveer dezelfde plaats. Een voorbeeld van Hendrik de Vries:
	    Een plein vol g<u>ruis</u>, een afdak boven palen,
	    Een lampenb<u>uis</u> in elk der kalklokalen, (...)
	2 Volgens de aard van de klankovereenkomst.
	  a De **acconsonantie** (het medeklinkerrijm): de medeklinkers zijn gelijk, terwijl de klinkers verschillen. Voorbeeld: lak, lek, lik, lok, luk.
	  b De **alliteratie** (ook: het begin- of stafrijm): de beginmedeklinker(s) van twee of meer beklemtoonde lettergrepen of woorden binnen een zin of vers zijn gelijk. Voorbeeld: <u>r</u>ust <u>r</u>oest, <u>zw</u>arte <u>zw</u>anen, <u>h</u>oog op de <u>h</u>euvels.
	  c De **assonantie** (het klinkerrijm): de beklemtoonde klinkers zijn gelijk, terwijl de medeklinkers verschillen. Voorbeeld: zij zijn wel w<u>ij</u>zer, de l<u>a</u>mp br<u>a</u>ndt.
	3 Volgens het aantal rijmende lettergrepen.
	  a Het **mannelijk** of **staand rijm**: twee beklemtoonde eenlettergrepige woord(del)en rijmen. Voorbeeld: 'tien' en 'zien'.
	  b Het **vrouwelijk** of **slepend rijm**: de rijmende woord(del)en bestaan uit één beklemtoonde gevolgd door één onbeklemtoonde lettergreep. Voorbeeld: 'horen' en 'toren'.

het rijmschema

Wat	Weergave van het patroon van het eindrijm in een gedicht. De eerste rijmklank wordt aangeduid met de letter 'a', de tweede met 'b' enz. Dezelfde rijmklanken krijgen dezelfde letteraanduiding.
Voorbeeld	Ik wilde een gedicht op een waaier schrijven, a (= ijven) Zodat je de woorden je kunt toewuiven b (= uiven) En de strofen wanneer je wilt blijven a (= ijven) Mijmren, weer achtloos dicht kunt schuiven. b (= uiven) … (Jan Jacob Slauerhoff)

het ritme
(adj. ritmisch)

Wat	a	**Poëzie** De opeenvolging van beklemtoonde en onbeklemtoonde of lange en korte lettergrepen. Hierdoor krijg je een stijgend of dalend ritme, een sneller of trager tempo. Bij het spreken kan ook de intonatie verschillen. Zie ook het 'metrum'.
	b	**Verhaal en film** Het tempo, dat bepaald wordt door de verhouding tussen de vertelde en verteltijd, door herhalingen e.d.

de roman

Wat	De klassieke of traditionele roman is een uitgebreid verhaal waarin het leven of verschillende episodes uit het leven van een of meer mensen wordt beschreven. Het karakter van de protagonist/hoofdfiguur (of hoofdfiguren) ontwikkelt zich doorheen een aantal gebeurtenissen en conflicten.	
Enkele soorten met voorbeelden	1	***De avonturenroman*** Het accent valt op bijzondere gebeurtenissen, vaak in een vreemd milieu. Bv. *De drie musketiers* (Alexandre Dumas), *De schat van de Sierra Madre* (B. Traven), *De brief voor de koning* (Tonke Dragt) en *Stormbreaker* (Anthony Horowitz).
	2	***De dagboekroman*** Roman in de vorm van een dagboek. Bv. *The Secret Diary of Adrian Mole, Aged 13 ¾* (Sue Townsend) en *Een nagelaten bekentenis* (Marcellus Emants).
	3	***De detective(roman)*** Een bepaalde soort misdaadroman waarin de oplossing van een misdaad door een speurder centraal staat. In Angelsaksische landen noemt men dit ook een 'whodunit'. Bv. Agatha Christie, Henning Mankell, Jef Geeraerts en Pieter Aspe.
	4	***De documentaire roman** of **(de) faction** (= samentrekking van 'fact' en 'fiction')* Een roman die bepaalde reële feiten en toestanden zo waarheidsgetrouw mogelijk probeert weer te geven. Soms is er nauwelijks nog een grens tussen fictie en realiteit. Bv. *Als de olifanten vechten* en *Black* (Dirk Bracke), *Hiroshima* (John Hersey), *In Cold Blood* (Truman Capote) en *Jan Rap en z'n Maat* (Yvonne Keuls).

Enkele soorten met voorbeelden

5 *De griezelroman, horrorroman* of **gothic novel**
Verhaal waarin gruwelijke of angstaanjagende gebeurtenissen plaatsvinden. Er wordt overvloedig gebruikgemaakt van geheimzinnige, spookachtige en bovennatuurlijke elementen (klopgeesten, spiritisme, vampiers …). Bv. *Frankenstein* (Mary Shelley), *Dracula* (Bram Stoker), *Carrie* (Stephen King), *Interview with the Vampire* (Anne Rice) en *More Horowitz Horror* (Anthony Horowitz).

6 *De historische roman*
De auteur inspireert zich op historische gebeurtenissen, meestal met de bedoeling een bepaalde periode uit het verleden op te roepen. Sommige schrijvers blijven vrij dicht bij de feiten, andere laten hun verbeelding meer de vrije loop. Bv. *Ivanhoe* (Sir Walter Scott), *De Leeuw van Vlaanderen* (Hendrik Conscience), *Het Parfum* (Patrick Süskind), *Kruistocht in spijkerbroek* (Thea Beckman) en *Abélard en Héloise* (Ed Franck).

7 *De ideeënroman of filosofische roman*
De gebeurtenissen zijn in deze roman ondergeschikt aan de uitwerking van een idee of levensbeschouwing. Bv. *Siddharta* (Hermann Hesse), *La Nausée* (Jean Paul Sartre), *Zen and the Art of Motorcycle Maintenance* (Robert Pirsig), *De donkere kamer van Damokles* (Willem Frederik Hermans), *De wereld van Sofie* (Jostein Gaarder) en *Speeldrift* (Juli Zeh).

8 *De initiatieroman*
Een roman waarin de hoofdfiguur een inwijding ondergaat. In romans voor jongeren gebeurt het bv. erg vaak dat de held(in) kennismaakt met nieuwe zaken zoals de eerste seksuele ervaring, familiaal geweld, incest of een andere cultuur. Bv. *Het boek van Bod Pa* (Anton Quintana) en *The Catcher in the Rye* (J.D. Salinger).

9 *De misdaadroman*
Verzamelnaam voor allerlei soorten romans over een misdaad of misdadigers (detectiveroman, spionageverhaal, thriller en bepaalde psychologische romans). Bv. *Misdaad en straf* (Fjodor Michajlovitsj Dostojevski), *Kroniek van een aangekondigde dood* (Gabriel Garcia Márquez) en *De kroongetuige* (Maarten 't Hart).

10 *De ontwikkelingsroman (of bildungsroman)*
Romansoort waarin de geestelijke, psychologische evolutie van een personage beschreven wordt, veelal vanaf de kindsheid tot een ideale levenshouding is bereikt. Deze werken staan vaak in de ik-vorm en bevatten veelal autobiografische elementen. Wanneer de hoofdfiguur een kunstenaar is, wordt (met een Duits woord) gesproken van een Künstlerroman. Bv. *David Copperfield* (Charles Dickens), *De kleine Johannes* (Frederik van Eeden), *Wilhelm Meisters Lehrjahre* (Johann Wolfgang von Goethe), *The World according to Garp* (John Irving) en *The Day of the Locust* (Nathaniel West).

11 *De psychologische roman*
Het accent valt minder op de gebeurtenissen dan op de innerlijke ontwikkeling van de personages. Wat gebeurt, is minder belangrijk dan het waarom. Bv. *Misdaad en straf* (F.M. Dostojevski) en *Een roos van vlees* (Jan Wolkers).

12 *De sciencefictionroman*
Een verhaal waarin avonturen beschreven worden in de verre of nabije toekomst. De auteur baseert zich hierbij op actuele of verzonnen wetenschappelijke ontdekkingen. Om het verhaal realistisch te maken, worden vaak moderne problemen in de toekomst geprojecteerd. Vb. Jules Verne, *The Time Machine* (Herbert George Wells) en *I Robot* (Isaac Asimov).

13 *De sociale roman*
Hierin worden bepaalde, meestal slechte, sociale toestanden beschreven en doorgaans aangeklaagd. Bv. *Oliver Twist* (Charles Dickens), *Het recht van de sterkste* (Cyriel Buysse) en de volgende werken van Dirk Bracke: *Blauw is bitter*, *Als de olifanten vechten* en *Black*.

Enkele soorten met voorbeelden	14	***De tendensroman*** Een roman waarin getracht wordt de lezer te overtuigen van een bepaalde opinie van politiek-sociale, religieuze of filosofische aard. Wanneer gewoon een bepaald probleem wordt belicht zonder dat een specifieke oplossing gepropageerd wordt, spreekt men doorgaans van een 'probleemroman'. Bv. *Uncle Tom's Cabin* (Harriet Beecher-Stowe) en *Max Havelaar* (Multatuli).
	15	***De thriller*** Een spannend verhaal (ook toneelstuk of film) met een vrij ingewikkelde plot en een snel verlopende handeling. Er zitten doorgaans elementen in van het misdaadverhaal, de detective en soms van de griezelroman. Bv. *Killing me Softly* (Nicci French), *The Silence of the Lambs* (Thomas Harris), *Double-face* (Jef Geeraerts) en *Tweestrijd* (René Appel).
	16	***De tijdroman*** Roman waarin de schrijver een realistisch beeld wil geven van de eigen tijd. Soms ook gebruikt voor elke roman die een beeld geeft van een bepaalde tijd, ook dus van het verleden of de toekomst. Bv. *The Great Gatsby* (Scott Fitzgerald), *On the Road* (Jack Kerouac), *Less than Zero* (Brett Easton Ellis), *The Bonfire of the Vanities* (Tom Wolfe), *De avonden* (Gerard Reve) en *Advocaat van de hanen* (A.F.Th. van der Heijden).
	17	***De toekomstroman*** Een roman die een beeld geeft van een mogelijke toekomstige wereld. Gewoonlijk dreigt daarin alle menselijkheid verloren te gaan door de almachtige techniek. In tegenstelling met sf-verhalen domineren dus sociaalfilosofische overwegingen. Vaak wordt ook de term 'utopische roman' gebruikt. Hoewel de term 'utopie' verwijst naar een toekomstbeeld dat als ideaal wordt voorgesteld, schetsen de meeste auteurs een maatschappij die ze verwerpen (antiutopie of dystopie). Bv. *Wij* (Jevgeni Zamjatin), *Brave New World* (Aldous Huxley), *1984* (George Orwell), *Het reservaat* (Ward Ruyslinck) en *Bèta* (Tomas Ross).

de romantiek

Wat	Kunststroming die zich afzet tegen het rationalisme en classicisme. De romantiek in de strikte zin valt ongeveer tussen 1780 en 1835.	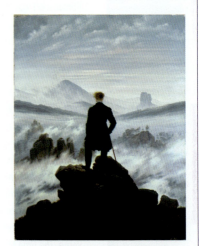
Algemene kenmerken	Onvrede met de maatschappij die te zakelijk, burgerlijk en onnatuurlijk is. De kunstenaar verlangt naar een andere plaats en tijd. Goethe: *"Daar waar ik niet ben, is het geluk."* Gevolgen: - Accent op gevoel en verbeelding. - Individualisme, streven naar originaliteit, afkeer van regels, opstandigheid, vechten voor zuivere idealen.	Caspar David Friedrich: *Wandelaar boven de zee van wolken* (ca. 1817)

Algemene kenmerken	- Voorliefde voor het ongerepte: de wilde natuur, exotische volkeren, het kind. - Bewondering voor het heldhaftige nationale verleden: bv. de Guldensporenslag (in *De leeuw van Vlaanderen* van Hendrik Conscience). - Melancholie: de kunstenaar lijdt aan de wereld (weltschmerz), voelt zich vaak eenzaam en onbegrepen, piekert over de dood. - Interesse voor het irrationele en mysterieuze: dromen, krankzinnigheid, het monsterlijke (bv. *Frankenstein*), het occulte, drugs. - Vaak zwarte humor (bv. Piet Paaltjens).
Literatuur	William Blake, Lord Byron, J.W. Goethe (*Het leiden van de jonge Werther*), Victor Hugo (*Les Misérables*) en Sir Walter Scott (*Ivanhoe*).

de ruimte (literaire)

Wat	De plek waar een verhaal zich afspeelt, zoals beschreven of gesuggereerd. In een toneelstuk of film is deze voor de toeschouwer zichtbaar, ook al is de suggestie hier eveneens vaak heel belangrijk.
Soorten	1 **Concrete ruimte:** de ruimte wordt min of meer gedetailleerd beschreven, erg visueel. 2 **Sfeerscheppende ruimte** met als doel een stemming op te roepen. In gothic novels roept de ruimte een angstaanjagende sfeer op. 3 **Symbolische ruimte:** de ruimte staat symbool voor de gemoedstoestand van een personage. Bv. de sneeuw in *Hersenschimmen* (J. Bernlef) als symbool van vervreemding en eenzaamheid.

de sage

Wat	Een sage is een overgeleverd volksverhaal. Hoewel vaak allerlei fantastische gebeurtenissen beschreven worden, berust het op een historische achtergrond en bevat het realistische details.
Soorten en voorbeelden	1 **De heldensage**: bv. Wilhelm Tell, Koning Arthur. 2 **De historische of verklarende sage**: bv. Romulus en Remus (ontstaan van Rome). 3 **De geesten- en toversage**: bv. verhalen met weerwolven, heksen en bosgeesten. 4 **De stadssage** (zie de 'stadssage').

het sarcasme
(adj. sarcastisch; zn. een sarcast)

Wat	Soort humor: bijtende, kwetsende spot. Sarcasme kan bestaan uit scherpe, grove formuleringen, maar ook uit fijne toespelingen.
Voorbeeld	De actrice Diana Cooper, die toen een belangrijke rol had in een ernstige tragedie, zag op een avond een komedie van Noel Coward. Toen ze nadien aan de auteur liet verstaan dat ze helemaal niet had kunnen lachen met zijn stuk, antwoordde hij: 'Hoe vreemd. Toen ik jou zag in *The Glorious Adventure* heb ik de hele tijd zitten lachen.'

de satire
(adj. satirisch; zn. een satiricus)

Wat	Soort humor: hekelende spot met personen, toestanden, gewoonten. Een satiricus stelt het behandelde thema zo voor dat het bespottelijk of belachelijk wordt gemaakt. Een veel gebruikte techniek: iets/iemand karikaturaal voorstellen.

Voorbeelden	*Van den Vos Reynaerde* is een satire op de maatschappij en de ridderroman. In dit dierenverhaal wordt gespot met de hebzucht en de domheid van de mensen.

het scenario of het script

Wat	Het scenario of script omvat de geschreven tekst en alle gegevens die nodig zijn voor de verfilming ervan: de regieaanwijzingen, de camerastandpunten (vogel-, kikvors- of neutraal perpectief), het beeldkader (totaalshot, medium shot, close-up) …

de scène

Wat	1 In film en modern theater: een deel van de handeling dat een duidelijke eenheid vormt. 2 Deel van een bedrijf van een toneelstuk: na elke verandering van decor of van acteurs (iemand die het podium opkomt of verlaat) begint een nieuwe scène.

de sitcom

Wat	Een komische televisiereeks. - Over het gewone leven van een bepaalde groep mensen in een herkenbare omgeving. - De episodes vormen een geheel op zich (geen doorlopende verhaallijn). - Er is nauwelijks evolutie in de personages, die voortdurend in gelijkaardige situaties terechtkomen (de naam is een afkorting van 'situation comedy'). - De plot is vaak op misverstand en bedrog gebaseerd, maar er is een happy end. - Sitcoms worden voor een publiek opgenomen of er wordt nadien een lachband gemonteerd. - In recentere sitcoms is de grens met de soap wat vervaagd doordat het verhaal doorloopt over de verschillende afleveringen en de personages complexer zijn.
Voorbeelden	*Fawlty Towers; 'Allo, 'Allo; Keeping Up Appearances; Blackadder; The Young Ones; The Office; Friends; De Kampioenen.*

de sketch

Wat	Kort toneelstukje dat ironisch of satirisch van aard is. Meestal maakt een sketch deel uit van bv. een cabaretvoorstelling of van een komisch tv-programma.

de situatiehumor

Wat	Deze vorm van humor vloeit voort uit de gebeurtenissen, veelal uit een samenloop van omstandigheden.
Voorbeelden	- Net als je vanop de eerste verdieping door het open raam een emmer water uitgiet, komt er iemand voorbij. Hij/zij wordt uiteraard kletsnat. - De films van Laurel en Hardy ('de dikke en de dunne').

de soap of soap opera

Wat	Een langlopende vervolgserie op televisie die een zo ruim mogelijk publiek wil amuseren. - Het gaat over dagelijkse belevenissen. - Men tracht alles zo geloofwaardig mogelijk te presenteren, zodat de kijker kan meeleven met het gebeuren en de (vaak stereotiepe) personages. - Er zijn verschillende verhaallijnen die elkaar afwisselen en elkaar af en toe kruisen. - Er zijn verscheidene cliffhangers (voor de reclameblokken en op het einde). Soms lijkt de soap op een documentaire of is er een spelelement. **Oorspronkelijk:** een vervolgserie op de radio die veelal gesponsord werd door een grote zeepfabrikant. Zie ook 'reality-tv'.
Voorbeelden	*Dallas, The Bold and the Beautiful, De Luchthaven, Expeditie Robinson, Familie, Neighbours, De Pfaffs, Peking Express* en *Thuis*.

het sonnet

Wat	Gedicht van veertien verzen. - Er zijn gewoonlijk twee kwatrijnen (kwatrijn = strofe van vier verzen), gevolgd door twee terzinen (terzine = strofe van drie verzen). - Meestal is er een soort inhoudelijk contrast tussen het octaaf (de twee kwatrijnen) en het sextet (de twee terzinen) of tussen de twee terzinen. Die wending noemen we de **volta**. - Het meest gebruikte rijmschema is: abba abba ccd eed.
Voorbeelden	Vondel, Bredero en Hooft tijdens de gouden eeuw (in de 17de eeuw); Shakespeare, Petrarca (Italië), Ronsard (Frankrijk).

het sprookje

Wat	Een verhaal met een ongebreidelde fantasie. Andere kenmerken: - zwart-witkaraktertekening; - vage aanduiding van plaats en tijd: bv. 'Er was eens in een bos hier ver vandaan …'; - een verhaal met een moraal (het goede wordt beloond, het kwade bestraft); - vaste formules: bv. 'Er was eens …' en 'En ze leefden nog lang en gelukkig'; - herhaling (magische getallen: driemaal, zevenmaal …); - oorspronkelijk niet bedoeld voor kinderen wegens de wreedheid.

Soorten en voorbeelden	1	**Volkssprookjes**: mondeling overgeleverd, onbekende auteur, vaak erg wreed, pas verzameld vanaf het einde van de 17de eeuw (en om pedagogische redenen meestal bewerkt). Voorbeeld: *De sprookjes van Grimm*.
	2	**Cultuursprookjes**: veel recenter (vanaf de 19de eeuw), bekende auteur, veel persoonlijker, bevatten vaak maatschappijkritiek of een levensvisie. Voorbeeld: *De kleine zeemeermin* (Hans Christian Andersen).

de stadssage of het broodje-aap (verhaal) of de urban legend

Wat	Een veelal gruwelijk, mondeling doorverteld verhaal dat als waar wordt voorgesteld door er allerlei details aan toe te voegen. Het speelt zich doorgaans af in een verstedelijkte omgeving.
Voorbeelden	De baby in de magnetron, de gestolen grootmoeder of de man die zijn vrouw vergat.

de stand-upcomedy

Wat	Een theatervorm die lijkt op cabaret, maar er zijn belangrijke verschillen: - veel korter; - korte humoristische anekdotes i.p.v. langere, meer uitgewerkte nummers; - doorgaans in kleinere zalen, waar verscheidene stand-upcomedians na elkaar optreden.
Voorbeelden	Alex Agnew, Najib Amhali, Raf Coppens, Wouter Deprez, Javier Guzman, Geert Hoste, Bert Kruismans, Gunther Lamoot en Nigel Williams.

het stereotype
(adj. stereotiep)

Wat	Beeld van een groep of volk dat gebaseerd is op een sterke veralgemening en dus niet (helemaal) klopt met de werkelijkheid. Deze voorstelling wordt altijd opnieuw gebruikt ter karakterisering.
Onschuldig?	Stereotypen kunnen onschuldig zijn (bv. een Belg met een pak frieten of een Schot in een kilt), maar getuigen vaak ook van vooroordelen en zijn dan discriminerend. Dit kan echter evolueren: de voorstelling van bv. de zwarte in *Kuifje in Afrika* of de indiaan in *Kuifje in Amerika* werd vroeger als normaal beschouwd, maar kan vandaag niet meer. Stereotiepe voorstellingen komen vaker voor in komische teksten (bv. de strips over Asterix), omdat men voor de humor graag overdrijft, en in werken die bedoeld zijn voor een ruim publiek (bv. bepaalde soaps), o.a. omdat deze verhalen niet te complex mogen zijn en voor de herkenbaarheid.
Voorbeelden	- De gierige Nederlander, de luie Waal, de domme Belg, de moslim als terrorist; - het beeld van de vrouw die de afwas doet en de man die de krant leest in sommige stripverhalen; - het beeld van Vrijdag in *Robinson Crusoe* (Daniel Defoe) of de inboorling in *The Tempest* (William Shakespeare); - het beeld van Afrika en Congo in *Heart of Darkness* van Joseph Conrad en in sommige Vlaamse Congoromans.

de stijl
(adj. stilistisch)

Wat	
a	De typische manier waarop **een persoon** zich uitdrukt in taal: de woordkeuze, de zinsbouw, de stijlfiguren, de toon en de tekstopbouw. De stijl kan zakelijk zijn, simpel, saai, ironisch, complex, hoogdravend, bombastisch, origineel …
b	De typische manier waarop men zich **binnen een bepaalde periode** of **stroming** als schrijver uitdrukt: bv. een barokke of expressionistische stijl.
c	De typische manier die men gebruikt als men een **bepaald soort tekst** schrijft, bv. een informele of formele briefstijl.

de stijlfiguur

Wat	Een bijzondere manier van formuleren die gebruikt wordt om een bepaald effect te bereiken.
Voorbeelden	Eufemisme, herhaling, overdrijving of hyperbool, opsomming, paradox, tegenstelling, understatement.

de striproman of de graphic novel

Wat	Een stripverhaal waarin gebruikgemaakt wordt van literaire technieken zoals in een gewone roman en dat doorgaans bedoeld is voor een volwassen publiek. Het verhaal is complexer dan een gewoon beeldverhaal en de structuur geraffineerder.
Voorbeelden	*Maus I en II* (Art Spiegelman), *Persepolis* (Marjane Satrapi), *From Hell* (Alan Moore & Eddie Campbell) en *The Billiard Table Murders* (Glenn Baxter).

de strofe

Wat	Een groep versregels gemarkeerd door een witregel.
Soorten	Afhankelijk van het aantal versregels spreken we bv. van een distichon (twee versregels), een terzine (drie), kwatrijn (vier) of stanza (acht).

de stroming, literaire

Wat	De stijl die in een bepaalde tijd de kunst vernieuwt en overheerst.
Voorbeelden	De romantiek (eerste helft 19de eeuw), realisme (tweede helft 19de eeuw), naturalisme (eind 19de – begin 20ste eeuw), expressionisme (na Wereldoorlog I), modernisme (jaren 1930) …

de structuur of opbouw

Wat	De manier waarop een tekst is opgebouwd.

De structuur van een roman	Een onderzoek van de manier waarop een roman is opgebouwd, houdt bv. de volgende zaken in: - Welke delen zijn er? Zijn er hoofdstukken? - Welke verbanden bestaan er tussen de delen? Is de volgorde chronologisch of heeft de auteur voor een heel andere opbouw gekozen? Welke? - Is deze structuur functioneel (passend bij de thematiek)? - Hangen de delen goed aan elkaar of zijn er overbodige stukken? - Als er herhalingen zijn, zijn die functioneel of overtollig? - Is de opbouw evenwichtig? Een onevenwichtige opbouw betekent bv. dat een bepaald hoofdstuk erg lang is en een ander veel korter terwijl ze allebei even belangrijk zijn. In het eerste zijn er dan bv. allerlei onnodige uitweidingen. - Is de structuur origineel (bv. *Max Havelaar* van Multatuli), verrassend ...? - Begint het verhaal op een geschikte wijze en wordt het gepast afgerond? Is er bv. een cirkelstructuur? - Zit de plot degelijk in elkaar?

het surrealisme

Wat	Kunststroming die bloeide tussen de Eerste en Tweede Wereldoorlog.
Algemene kenmerken	1 Het surrealisme is minder destructief dan het dadaïsme, waarop het voortbouwt. 2 De kunstenaars willen een volledige vrijheid, maar geloven dat het mogelijk is het lot van de mens te verbeteren door de geest te bevrijden van rede en logica. Ze pleiten voor een overgave aan de almacht van de droom, het on(der)bewuste en het toeval. De basis vormen de psychologie van Freud, de filosofie van Hegel en de ideeën van Marx. Veel surrealisten zijn op een of andere manier verbonden met een communistische partij. In de schilderkunst zijn er twee grote richtingen, het abstract (bv. Joan Miro, Max Ernst en Yves Tanguy) en concreet surrealisme (bv. Salvador Dalí, René Magritte, Paul Delvaux, Max Ernst, Man Ray).
Specifiek literaire kenmerken	1 Vrij, associatief schrijven (écriture automatique). 2 Metaforen waarin onverenigbare zaken samen worden gebracht. 3 Zwarte humor en groteske grappen.
Literatuur	Louis Aragon, André Breton, Philippe Soupault en Paul Eluard. Surrealistische elementen zijn ook te vinden in het werk van bv. Federico García Lorca, Jorge Luis Borges, Cesare Pavese, Willem Frederik Hermans (bv. *De God Denkbaar Denkbaar de God*), de poëzie van de Vijftigers (bv. Lucebert, Hugo Claus), het absurd theater (o.a. Samuel Beckett en Eugène Ionesco) en de verhalen van postmoderne auteurs zoals Donald Barthelme of Paul Auster.

René Magritte: *De menselijke gesteldheid* (1934)

Salvador Dalí: *De verzoeking van Sint-Antonius* (1946)

Joan Miró: *Carnaval van de harlekijn* (1924-1925)

het symbolisme

Wat	Kunststroming die bloeide tussen 1880 en 1890 en aansluit bij het estheticisme en decadentisme van het fin de siècle.
Algemene kenmerken	- De kunstenaar wil innerlijke zielservaringen uitdrukken. Hij zoekt naar de diepere werkelijkheid die achter de uiterlijke verscholen zit en probeert die d.m.v. symbolen te laten zien. - Veel aandacht gaat naar het mysterieuze, irrationele, vreemde, intuïtieve. - Estheticisme.
Literatuur	Joris-Karl Huysmans, Maurice Maeterlinck, Stéphane Mallarmé, Rainer Maria Rilke, Antoine Rimbaud, Karel Van de Woestijne, Paul Verlaine, Albert Verwey.

Fernand Khnopff: *Slapende Medusa* (1896)

het symbool
(afgeleid zn. de symboliek)

Wat	Een woord of teken met een speciale, diepere betekenis.
Soorten en voorbeelden	1 **Oersymbolen**: bv. het water als bron van leven, zuivering of levenskracht. 2 **Cultuursymbolen**: bv. zwart (de dood) en het kruis (lijden, dood, verlossing).

het thema

Wat	1 **Het hoofdthema** is de basisgedachte van een literair werk: de gedachte die achter het werk schuilgaat, datgene waarvan het verhaal een illustratie is. 2 **Het neventhema** is een bijkomend, ondergeschikt, minder belangrijk thema.
Voorbeelden	Onmogelijke liefde, eenzaamheid, initiatie in de wereld van de volwassenen, wraak, koloniale uitbuiting, de relatie tussen vader en zoon, seksuele uitbuiting ...

de tijd

Wat	De volgende tijdselementen kunnen in een verhaal een rol spelen: - De **volgorde van de gebeurtenissen** (zie ook de 'plot'): het verhaal kan chronologisch verteld worden, maar er kan ook gewerkt worden met bv. flashbacks en flashforwards. - Het **ritme**, dat afhangt van de verhouding tussen verteltijd en vertelde tijd. De verteltijd is de tijd die je nodig hebt om een tekst te lezen, uitgedrukt in het aantal pagina's dat een verhaal telt. De vertelde tijd is het (totale) tijdsverloop in een verhaal.

het toneel

Wat	1 Het podium.
	2 De plaats waar de handeling zich afspeelt: bv. het toneel stelt een ruimtecapsule voor.
	3 Een deel van een bedrijf, een scène.
	4 Het toneelwezen, d.w.z. alles wat met de schouwburg en het toneelspelen in verband staat.
	5 Alle toneelstukken samen van een periode of een land (bv. het Elizabethaans toneel/drama, het Franse klassieke toneel/drama).

de tragedie (adj. tragisch) of het treurspel

Wat	Een ernstig toneelstuk met een droevig of rampzalig einde. De protagonist gaat meestal ten onder in een strijd met sterkere hogere machten (bv. de held versus de goden, het individu tegenover de maatschappij). De term wordt soms ook in de filmwereld gebruikt.
Voorbeelden	*Antigone* (Sophocles), *Hamlet* en *Romeo and Juliet* (William Shakespeare).

de tragikomedie
(adj. tragikomisch)

Wat	Een toneelstuk of film waarin tragische en komische taferelen elkaar afwisselen en dat een gelukkige afloop heeft. De protagonist is meestal een antiheld.
Voorbeeld	*The Winter's Tale* (William Shakespeare).

triviaalliteratuur

Wat	Overkoepelende term voor populaire literatuur bestemd voor massaconsumptie. Deze teksten willen in de allereerste plaats ontspannen. Kenmerken: • vol clichés of stereotypen; • een zwart-wit wereldbeeld; • doorgaans haalt de held(in) het en is er een happy end.
Voorbeelden	Typisch zijn de stereotiepe romances, doktersromans en westerns, maar ook nogal wat griezelverhalen, strips en thrillers horen tot de triviaalliteratuur.

het type

Wat	Een personage uit een verhaal met enkele vaste, onveranderlijke karaktereigenschappen: bv. de gierigaard, dommerik of racist. Dergelijke personages gedragen zich stereotiep en voorspelbaar, en worden daarom graag gebruikt in komische werken.
Voorbeelden	De vrek uit *Warenar* (Pieter Cornelisz. Hooft), de betweterige Lambik in *Suske en Wiske*, de donutetende en bierdrinkende Homer in *The Simpsons*.

het understatement

Wat	Vorm van ironie waarbij de zaken veel zwakker worden voorgesteld dan ze werkelijk zijn.
Voorbeeld	"WE MOETEN HET BINNENKORT EENS HEBBEN OVER JOUW TAAKOPVATTING."

de utopische literatuur of een utopie
(antoniem: antiutopie of dystopie)

Wat	Literatuur waarin een denkbeeldige ideale maatschappij wordt beschreven. De meeste moderne werken zijn eigenlijk antiutopieën of dystopieën aangezien ze een toekomstige maatschappij beschrijven die de auteurs vrezen en verwerpen.
Voorbeeld	*De republiek* (Plato) en *Utopia* (Thomas Morus). Zie ook 'de toekomstroman'.

de verhaallijn

Wat	Een roman, film, soap e.d. kan bestaan uit twee of meer verhaallijnen. Dit zijn verhalen die parallel met elkaar verlopen, maar ook op de een of andere manier met elkaar verstrengeld zijn. Bepaalde personages kunnen bv. in twee verschillende verhaallijnen voorkomen of er is een verband tussen het heden en iets wat vroeger is gebeurd.
Voorbeeld	In *Moordkuil* van Arnaldur Indridason is er een verhaallijn die zich afspeelt in het heden en een in het verleden. Het onderzoek naar een moord in het hedendaagse Reykjavik brengt beide verhaallijnen steeds dichter bij elkaar tot de ontknoping volgt.

de verlichting of de aufklärung

Wat	Europese stroming uit de achttiende eeuw (tot ongeveer 1780).
Algemene kenmerken	- Sterke invloed van het rationalisme: de rede, het verstand, krijgt het opperste gezag (cf. René Descartes: 'je pense, donc je suis'). - Kritische ingesteldheid. Het absolute gezag van Kerk en staat wordt afgezworen. De strijd wordt aangebonden tegen bijgeloof en vooroordelen; er wordt gepleit voor verdraagzaamheid. - Absoluut geloof in de vooruitgang. Het accent valt op de eigen tijd, op de verbetering van de maatschappij.
Literatuur	Daniel Defoe, Montesquieu, Jonathan Swift (*Gulliver's Travels*), Voltaire (*Candide*) en Betje Wolff.

het vers

Wat	Eén regel van een gedicht.

de verteller of het vertelstandpunt, vertelperspectief, de vertelsituatie

Wat	Elk verhaal wordt verteld vanuit een bepaald standpunt of perspectief. Je kunt een misdaadverhaal bv. beschrijven door de ogen van de misdadiger, de detective of een van de slachtoffers.
Soorten	1 De *auctoriale, auctoriële* of *alwetende verteller* • De verteller staat boven het verhaal en weet alles over de personages, de gebeurtenissen, de plaatsen enz. • Het verhaal staat in de derde persoon. • De verteller kan het verhaal onderbreken voor commentaar, een toelichting, bespiegeling ... Soms spreekt hij de lezers zelfs persoonlijk aan. 2 De *personale* of *personele verteller* • Het verhaal wordt verteld door de ogen van een personage. Je merkt nergens de hand van de schrijver. • Het verhaal staat in de derde persoon. • Doordat we in iemands huid kruipen, leren we deze persoon heel goed kennen. We weten in principe maar evenveel als dit personage zelf. 3 De *ik-verteller* (het *ik-verhaal* of de *ik-roman*) • Het verhaal wordt verteld door de ogen van een getuige of van iemand die zijn eigen handelingen en gedachten meedeelt. • Het verhaal staat in de ik-vorm. • We leren de ik-figuur heel goed kennen, maar we weten maar evenveel als dit personage zelf. Voorbeeld: *The Great Gatsby* van Scott Fitzgerald. 4 De *meervoudige vertelsituatie*, het *meervoudig perspectief* • Er zijn meerdere vertellers (in de derde of eerste persoon). • We kruipen in de huid van verschillende personages. Op deze manier kan de schrijver bv. verschillende visies op dezelfde gebeurtenis geven. Voorbeeld: *Reservoir Dogs* en *Jackie Brown* van Quentin Tarantino, *De Metsiers* van Hugo Claus.

de vertraging of de retardering

Wat	Techniek die meestal gebruikt wordt om de suspense te verhogen. Op een spannend moment wordt de handeling opzettelijk vertraagd (bv. door een lange beschrijving) of wordt plots overgeschakeld naar een andere verhaallijn zodat de lezers uit nieuwsgierigheid snel doorlezen om te weten hoe het afloopt.
Voorbeeld	Een vrouw wordt achtervolgd door een misdadiger. Op het ogenblik dat ze bijna wordt ingehaald, stopt het hoofdstuk. Het volgende begint met een andere verhaallijn, bv. over haar man die ruzie heeft met zijn baas.

het vervreemdingseffect (zie ook de 'illusie')

Wat	Door Bertolt Brecht ingevoerd procedé om de dramatische illusie te doorbreken. In het klassieke theater leeft het publiek helemaal mee met de personages. Brecht wou meer afstand scheppen tussen de karakters en de toeschouwers zodat deze laatsten meer oog hebben voor de sociale boodschap en kritisch blijven. Dit deed hij o.m. door een lied te laten zingen dat de gebeurtenissen vanop een afstand beschrijft.

vrij vers

Wat	Versvorm zonder metrum en meestal ook rijm. De verslengte varieert sterk en de strofen zijn onregelmatig (bv. een met 2 verzen, een met 8 en een met 5) of ontbreken.

de woordspeling of het woordspel

Wat	Het bij elkaar brengen van woorden of uitdrukkingen die een overeenkomst vertonen naar de vorm, maar een verschil in betekenis hebben, dit om een bepaald effect te bereiken (bv. humor, verrassen).
Soorten	1 **Spelen met betekenis** Een woord of uitdrukking wordt in verschillende betekenissen tegelijk gebruikt, bv. letterlijk en figuurlijk. 2 **Spelen met klank** Spel met homoniemen (woorden met dezelfde uitspraak, maar een andere betekenis). Een voorbeeld: zoals Bob bobt, bobt Bob alleen. 3 **Spelen met woordvormen** Allerlei vervormingen, bv.: *Instinct of verstand?* (John O'Mill) Het is het dier dat aan de rand van het gevaar terugspringt terwijl de mens met zijn verstand er elke keer weer instinct.

de zwarte humor of de galgenhumor

Wat	Soort humor waarbij men lacht met eigen of andermans ongeluk. Deze humor kan hard zijn, maar ze dient heel vaak om een moeilijke situatie wat draaglijker te maken.
Voorbeelden	

Trefwoordenlijst

A

aaneenschrijven 99
aanhalingstekens 106, 120, 135, 172
aanspreektitel 101
aanspreking 34, 37, 50, 61
aanwijzend voornaamwoord 131
aardrijkskundige namen 101
ab ovo 183
absurde humor 167, 182
achtervoegsel 86, 131, 162
acconsonantie 197
acrostichon 167
actieve zin 131, 144, 148, 164
adaptatie 183
adjectief 133
adolescentenliteratuur 167
affectief 11
affix 131
afgescheiden deel van de persoonsvorm 140
afkortingen 77, 87, 111
afleiding 131, 162
Afrikaans 131
afwisseling in de zinsbouw 83
afwisseling in de zinslengte 98
afzender 34, 37
akte 171
alexandrijn 189
Algemeen Cités 142
Algemeen Nederlands 92, 150
allegorie 171
alliteratie 197
allusie 168, 182, 183
ambigue taal 86
ambiguïteit 86
AN 92, 150
anachronisme 168
analogisch argument 63
anglicisme 92
anagram 168
antagonist 168, 176, 194
antecedent 132
anticlimax 169, 173

antiheld 169, 182
antiroman 169
antiutopie 200, 209
antoniem 162
antropomorfisme 169
archaïsch 94
argument 63
argumentum ad hominem 64
associatie 169
assonantie 197
aufklärung 210
autobiografie 170, 176
avant-garde 170

B

ballade 170, 187
barbarisme 92
Bargoens 132
barok 170
bastaardwoord 146
beargumenteerde en gedocumenteerde tekst 13
bedrijf 171, 202, 208
bedrijvende vorm 131, 148
beeldspraak 146, 171
beknopte bijzin 83
beletselteken 121
beroep 101, 108
betekenisleer 151
betrekkelijk voornaamwoord 132
bevestigende zin 132, 164
bezitsvorm 102
bezittelijk voornaamwoord 132
bibliografie 14, 15
bijstelling 123, 133
bijvoeglijke bepaling 133
bijvoeglijke bijzinnen 124, 130, 148
bijvoeglijk naamwoord 133
bijwoord 103, 133, 145
bijwoordelijke bepaling 134
bijzin 134
blijspel 186
breuk(getal) 104, 152

broodje-aap(verhaal) 204

C

cabaret 171
catharsis 172
chronologische structuur 14, 32, 56, 57
chronologische volgorde 172
cirkelstructuur 172
citaat 172, 183
cliché 84
cliffhanger 173
climax 173
clou 193
column 173
comparatief 152
congruentie 84, 149, 158
conjunctief 160
connotatie 138
contaminatie 90
contradictio in terminis 173
correcte zinsbouw 85
crisis 173
curriculum vitae 17, 35
cynisme 174, 182

D

dadaïsme 174
decadentisme 180, 207
decor 27, 175, 176, 196, 202
deelteken 119
deelwoord 134, 149
denotatie 139
detectiveroman 198
determinisme 190
deus ex machina 175
dialect 135, 152
dialectisme 92
dialoog 175
dictie 176
didactiek 176, 181
didactische literatuur 176
dierenepos 176
dierenverhaal 176, 179
directe rede 120, 135
docudrama 176

doelpubliek 12, 83
donorprincipe 102
doorvraag 21, 69
dramatiek 176, 181
dramatis personae 176
dramatische ironie 176
dramaturg 177
drie eenheden 177
drogreden 64
dubbele ontkenning 85
dubbelzinnige taal 86
dubbele punt 121
dysfemisme 137, 138
dystopie 200, 209

E

eigennamen 103, 163
elegie 177
ellips 90
emotioneel argument 63
enjambement 177
enkelvoudige zin 136, 164
enscenering 177
epiek 177, 181, 187
epiloog 178
epitheton 178
eponiem 136
epos 178
eretitel 101
essay 178
estheticisme 180, 186, 207
etnisch Nederlands 137
etnolect 137
etymologie 137
eufemisme 137, 138, 205
evaluatiestructuur 26, 40
existentialisme 178
experimentele literatuur 169, 179
expressionisme 179

F

fabel 176, 179
fantasy 180
feitelijk argument 63
fictie 180

figuurlijk 143, 171
fin de siècle 180
flashback 181, 208
flashforward 181, 208
flexie 137
formeel 24, 35, 38, 50, 93, 94
functie in de zin 129
functiewoord 138

G
galgenhumor 212
gallicisme 92
geadresseerde 23, 34, 37, 59
gebiedende wijs 118, 138, 160, 164
gedachtestreep 121
gedocumenteerde tekst 13
genre 181
genus 86, 138, 143
geoniem 138
germanisme 92
gesloten vraag 21, 69
getal 104, 138
gevoelswaarde 139, 161
gezagsargument 63
gezegde 139
godsdienstige namen 105
grafdicht 177
grammatica 150
graphic novel 205
groepstaal 142, 150
grondwoord 140, 162
groteske 181

H
haakjes 122
haiku 181
handelend voorwerp 140, 148
heiligennamen 105
held(in) 182
heldendicht 178
homofoon, homograaf, homogram, homoniem 162
homonymie 149, 162
hoofdletters 106, 109
hoorspel 187
hulpwerkwoord 159
humanisme 182
humor 182
hyperoniem 162
hyponiem 162

I
ideeënroman 199
idiolect 141, 151
illusie 182, 211
imperatief 118, 138, 160
impressionisme 183
indirecte rede 120, 135
indirecte vraag 125, 126
Indo-Europees 141
infinitief 141, 160
informatie over jezelf 19
informeel 24, 50, 94
initiaalwoord 107, 125
in medias res 183, 186
instructie 20, 66
intertekstualiteit 183, 193
interview 21, 68
intonatie 11, 70, 141
intrige 184, 192
inversie 87, 141
ironie 182, 184, 209

J
jambe 189
jargon 142
jeugdliteratuur 184
jongerentaal 142, 150

K
kaderverhaal 184
karikatuur 185
karakterhumor 182, 185
karakterisering 185
karaktertekening 185
keerpunt 173, 186
kernwoord 30, 142, 162
klaaglied 177
klaagzang 177
klankleer 151
klanknabootsing 143, 146
klanksymboliek 143
klucht 186
kolder 167
komedie 186
komma 123
koppelteken 107
koppelwerkwoord 158
kortverhaal 186
kunst om de kunst 180, 186
kwatrijn 203, 205

L
leenvertaling 146
leenwoord 146
leesbalansverslag 22
legende 187
leidmotief 190
lemma 143
letterlijk 143, 171
letter 109
letterwoord 102, 109, 125
lexicaal 143
lexicon 143
lezersbrief 23
lidwoord 138, 143, 161
liggend streepje 107
lijdend voorwerp 144, 159
limerick 187
linguïstiek 151
luisterspel 187
lyriek 177, 181, 187, 193

M
maatregelstructuur 42
magisch realisme 188
meervoud 109, 139
meewerkend voorwerp 144
melodrama 188
metafoor 146, 171
metoniem 146, 171
metrum 188, 198
Middelnederlands 145
mimiek 189
mindmap 66
misdaadroman 199
mise-en-scène 177
miserabilisme 190
modaliteit 144, 159
modernisme 189
modetaal 84
moeilijke woorden 88
monoloog 189
morfologie 151
motief 190
motiverend 11
motorisch moment 190
mythe 190

N
naamwoordelijk gezegde 139
naamwoordstijl 88
namen van dagen, maanden en feesten 110
historische gebeurtenissen en periodes 105
namen van munten 110
namen van organisaties, instellingen, bedrijven, merken ... 110
naturalisme 190
Nederlands 145
neologisme 142, 146, 162
nevengeschikte zin 136, 146, 156, 165
nevenschikking 146, 147, 156, 165
nieuwe zakelijkheid 191
noemvorm 141
nominalisering 88
non-fictie 191
nonsens 167
non-verbale 11
novelle 191

O
octaaf 203
ode 191
omslachtige taal 89
onbepaalde wijs 141
onbepaald voornaamwoord 147
ondergeschikte zin 136, 147, 156, 165
onderschikking 136, 147, 156, 165

onderwerp 148
onderzoeksstructuur 43
ongenuanceerde taal 89
onomatopee 143
onregelmatige werkwoorden 155
ontkennende zin 132, 164
ontknoping 191
ontlening 146
ontwikkelingsroman 200
onvolledige zinnen 90
oorzakelijk argument 63
open einde 192
open vraag 21, 68
opsommingsstructuur 47
opsommingsteken 20
oriënteren 12
ouderwets 94
Oudnederlands 145
overdrachtelijk 143
overgankelijk werkwoord 159
overtollige woorden 90
oxymoron 173

P

paradox 192
parodie 182, 192
passieve zin 140, 148, 164
passivitis 91, 148
personage 20, 169, 176, 185, 192
personificatie 171
persoonlijk voornaamwoord 149
persoonsbeschrijving 25
persoonsvorm 149
persuasief 11, 12
pleonasme 90
plot 184, 192, 208
poëzie 187, 193
pointe 193
Poldernederlands 151
polysemie 149
postmodernisme 172, 193
post rem 183, 193
PowerPoint 73
pragmatisch argument 63
predicaat 150

prefix 131, 162
presentatie 70
probleemstructuur 45
proloog 194
protagonist 176, 182, 194
proza 187, 193, 194
psychologische roman 199
punt 125
puntkomma 125
purisme 92

R

raamvertelling 184
realisme 194
reality-tv 194, 203
recensie 26, 28, 195
redekunst 197
rede(voering) 195
reflecteren 12, 16
refrein 195
regelmatige werkwoorden 117
regie 196
regiolect 135
regisseur 196
register 93, 151, 161
rekwisieten 196
renaissance 196
retardering 211
retorica 197
retorische vraag 197
rijm 197
rijmschema 198
roman 180, 181, 191, 198, 205, 210
romansoorten 198
romantiek 200
rond karakter 185
ruimte 27, 201
ritme 198

S

sage 201
samengestelde zin 136, 164
samenstellende afleiding 163
samenstelling 140, 142, 162
samentrekking 91
samenvatting 32

sarcasme 182, 201
satire 182, 201
scenario 202
scène 202
schema 29
script 202
semantiek 151
short story 186
signaalwoord 16, 18, 23, 30, 32, 42, 45, 66, 154
sitcom 202
situatiehumor 182, 203
sketch 202
slang 150
soap (opera) 194, 203, 210
sociolect 150, 151
sollicitatiebrief 34, 37
sollicitatiegesprek 74
sonnet 186, 203
soortnaam 103, 163
spellingprincipes 99
spraakkunst 150
sprookje 176, 203
stadssage 201, 204
Standaardnederlands 92, 150
standaardtaal 92, 150, 152
stand-upcomedy 204
stemhebbend 118
stemhebbende medeklinker 151
stemloos 118
stemloze medeklinker 151
stereotype 204
sterke werkwoorden 117
stijl 205
stijlbreuk 93
stijlfiguur 205
stijlverschillen 93
straattaal 142, 150
strategie 12, 81, 82
streektaal 135
striproman 205
strofe 193, 195, 205
stroming 205
structuur 205
substantief 163
suffix 162
suggestieve vraag 69

superlatief 152
surrealisme 206
symbolisme 180, 207
symbool 207
synoniem 161
syntaxis 151
synthese 32, 33

T

taalhumor 182
taalkunde 151
taalvariant 151
taalvariëteit 151
talen 111
tangconstructie 95
tantebetjestijl 87
tautologie 90
telefoongesprek 76
telefoonmemo 49
telwoord 152
tendensroman 200
terugverwijzing 181
terzine 203, 205
te veel en te kort 111
thema 26, 207
thriller 199
tijd 27, 158, 159, 208
tijdroman 200
titels van boeken, films, kranten, dvd's, cd-roms ... 111
toekomstroman 200
toneel 176, 181, 208
toneelattributen 196
toneelstuk 208
tragedie 208
tragikomedie 208
transitief werkwoord 159
trappen van vergelijking 133, 152
trema 90, 93, 105
treurlied 177
treurspel 208
treurzang 177
triviaalliteratuur 208
tussenklank -(e)n in afleidingen 112
tussenklank -(e)n in

samenstellingen 112

tussenklank -s in
   samenstellingen 113
tussentaal 135, 150, 152
tussenwerpsel 153
type 185, 209

U

uitgang 153, 155, 162
uitnodiging 50
uitroepteken 126
uitvoeren 12, 13, 14
understatement 182, 184, 209
urban legend 204
utopische literatuur 201,
   209, 216

V

vage woorden 96
vaktaal 150, 153
verbindingswoord 154
verbuiging 137, 151, 153, 155
vergadering 78
vergelijking 171
vergelijkingsstructuur 47
verhaallijn 210, 211
Verkavelingsvlaams 152
verkleinwoord 113
verkortingen 109, 146
verlichting 210

vers 187, 193, 205, 210
verslag 52, 55, 57
versmaat 188
versvoet 189
vertelde tijd 208
verteller 210
vertelperspectief 210
vertelsituatie 210
vertelstandpunt 210
verteltijd 208
vertraging 211
vervoeging 137, 151, 153,
   155, 160
vervreemdingseffect 182, 211
verwarde woorden 93
verwijswoord 30, 96, 155
verwijzing 96, 115
vitalisme 179
vlak karakter 185
voegwoord 138, 156
voegwoordelijk bijwoord 156
volgorde van de werkwoorden
   96
volkeren en etnische groepen
   114
volksetymologie 136
volta 203
voorbereiden 12, 13
voornaamwoordelijk bijwoord
   157
vooruitwijzing 181

voorvoegsel 131, 162
voorzetsel 138, 157
voorzetselvoorwerp 157
vormleer 151
vraagteken 112
vragend voornaamwoord 157
vreemd woord 146
vreemde woorden uit het
   Duits, Engels, Frans 114, 115
vrij vers 211
VRT-Nederlands 150
vulgair 94

W

wederkerend voornaamwoord
   140, 158, 159
wederkerig voornaamwoord
   158
weglating 90
wending 186
werkwoord 158
werkwoorden van Engelse
   oorsprong 118
werkwoorden: vervoeging 115
werkwoordstijd 159
wijs of wijze van het
   werkwoord 158, 160
witregel 21, 32, 37
woordafbreking 119
woordenboek 160
woordgeslacht 86, 138, 143

woordgroep 142, 161, 165
woordherhaling 97
woordomhaal 89
woordontleding 161
woordovertolligheid 90
woordschepping 146
woordsoort 127, 161
woordspel(ing) 182, 184, 212
woordverbanden 161
woordvorming 146, 151,
   161, 162

Z

zakelijke brief 59
zakelijke e-mail 61
zelfstandig naamwoord 163
zeugma 91
zin 128, 146, 147, 164
zinsbouw 83, 85
zinsdeel 165
zinsdeelstuk 166
zinsleer 151
zinslengte 98
zinsontleding 166
zinspeling 168, 182
zwakke werkwoorden 116,
   117
zwarte humor 182, 212